Lex Hixon promovierte in vergleichender Religionswissenschaft an der Columbia University und verfügt über umfangreiche Meditationserfahrung unter Anleitung hinduistischer Meister und Sufis, tibetischer Lamas und griechisch-orthodoxer Priester. Lange Jahre moderierte er eine wöchentliche Radiosendung, in der Vertreter der verschiedenen Religionen interviewt wurden, u. a. Mutter Teresa, Alan Watts, Trungpa Rimpoche und Ram Dass.

Esoterik

Herausgegeben von Gerhard Riemann

Dieses Buch wurde auf chlor- und säurefreiem Papier gedruckt.

Deutsche Erstausgabe Juli 1992

Titel der Originalausgabe »Coming Home«

Originalverlag Jeremy P. Tarcher, Inc., Los Angeles
Umschlaggestaltung Peter F. Strauss
Satz DTP ba · br
Druck und Bindung Ebner Ulm
Printed in Germany
ISBN 3-426-04252-5

2 4 5 3 1

LEX HIXON

Eins mit Gott

Mystik jenseits von Religion und Zeit

Mit einem Vorwort von Ken Wilber

Aus dem Amerikanischen von Rita Höner

Knaur

Inhalt

Vorwort 7

Einführung 11

Zur Terminologie 17

KAPITEL I

Kontemplatives Denken 19

Der europäische und der asiatische Zugang von Heidegger und Krishnamurti

KAPITEL II

Der tantrische Weg der Göttin Kali 49

Ramakrishna von Bengalen

KAPITEL III

Der Weg der natürlichen Erleuchtung 68

Ramana Maharshi

KAPITEL IV

Zehn Stufen der Erleuchtung 90

Die Ochsenbilder des Zen

KAPITEL V

Es gibt nur das Eine 127

Plotin und die Metaphysik der spirituellen Suche

KAPITEL VI

Die Landschaft, die lacht 148

Die Meister des chassidischen Weges

KAPITEL VII

Das Neue Zeitalter ist angebrochen 171

Die Briefe des heiligen Paulus

KAPITEL VIII

Nur Allah kann Allah erkennen 189

Der Sufi Bawa Muhaiyaddeen

KAPITEL IX

Ein Gespräch mit einem alten chinesischen Weisen 212

Der Orakeltext des I Ging

KAPITEL X

Entwurf einer Kontemplation 241

Dem Turiya des Advaita-Vedanta entgegen

Vorwort

Erleuchtung ist das Erwachen zu unserer ursprünglichen Harmonie oder, in einer anderen mystischen Terminologie, zu unserer Verwurzelung im Göttlichen.«

So beginnt die meines Erachtens beste Einführung in die großen mystischen Traditionen der Welt. Wie Lex Hixon selbst sagt, ist sein Buch *Eins mit Gott* weder der Versuch eines akademischen Überblicks noch ein Leitfaden durch die von Geschichte und Lehre tradierten Details der großen Weisheitstraditionen. Es versucht auch nicht, den mystischen oder erleuchteten Zustand philosophisch zu rechtfertigen. Es ist ebenso keine allgemeine, aus den verschiedenen Traditionen zusammengestellte Anthologie.

Solche Anthologien sind wertvoll, weil sie zeigen, daß den diversen Weisheitstraditionen ungeachtet ihrer äußeren Verschiedenheit innerlich tiefe kulturübergreifende Einsichten in die Natur des absoluten Geistes respektive der Gottheit gemeinsam sind. Dabei ist die höchste, von allen großen Traditionen geteilte Einsicht einfach die folgende: Absoluter Geist bzw. Gott ist der letzte Ursprung, die letzte Essenz und Identität jedes individuellen Wesens. Absoluter Geist ist die wahre Natur oder das Urantlitz jedes Menschen, das zugleich das Antlitz des Kosmos ist. Es gibt nur Gott, verkünden diese Anthologien beredt.

So wichtig und wertvoll diese Betrachtungsweisen auch sind, der Ansatz Lex Hixons geht über sie hinaus; er ersetzt oder verfälscht sie nicht, er vervollständigt sie. Lex Hixon geht davon aus, daß die Wahrheit des göttlichen Geistes sich in den verschiedenen Weisheitstraditionen offenbart, und lädt Sie ein, sich dem Geist zu überlassen, der sich durch jede dieser Traditionen manifestiert. Jedes Kapitel ist einem bestimmten Pfad gewidmet, von Krishnamurti über Zen, Plotin, Sufismus und Taoismus bis zum Vedanta. Auch wenn jeder Essay so viel historischen Hintergrund zur Verfügung stellt, daß der Leser sich orientieren kann, besteht die eigentliche Absicht darin, ihn an jenes kontemplative Gewahrsein heranzuführen, welches das mystische Zentrum jeder Tradition bildet, sich aber selbst jenseits aller Worte befindet. Das Denken wird eingesetzt, um uns vom Denken wegzulocken, damit wir uns ins Zentrum des jeweiligen Pfades vertiefen und uns in die Offenheit und die erleuchtete Natur des Göttlichen befreien können. Lex Hixon ist nicht in erster Linie an Dogmen oder Vorstellungen über den Geist interessiert, auch wenn diese relevant sind, sondern eher an der verletzlichen, offenen, leeren, erleuchteten und direkten Erfahrung bzw. Erkenntnis des Geistes selbst, der im Herzen frei dasteht, die Welt bescheint und grenzenlos strahlt. Er möchte, daß wir zumindest einen flüchtigen Blick auf dieses zeitlose Gewahrsein werfen. Weil Geist sich nur in der und als die Welt der Form offenbart – als scheinbar getrennte Dinge und Ereignisse, als scheinbare Trennung, Isolierung und Entfremdung –, muß unsere Suche nach dem Einen hinter dem Vielen in dieser mannigfaltigen Welt beginnen. Wir brauchen dazu ein Yana, ein »Fahrzeug«, das uns zu dem formlosen jenseitigen Ufer der Erleuchtung bringt, auch wenn wir am Ende erkennen, daß kein »Vehikel« notwendig oder überhaupt möglich war. In ebendieser Absicht sind die großen mystischen Pfade der Welt entstanden: Sie sind keine Glaubensbekenntnisse, keine Theorien, keine Vorstellungen und keine Theologien, sondern »Fahrzeuge«: auf Erfahrung beruhende Praktiken. Sie sind Experimente, um durch die Form hindurchzuschauen. Sie sind etwas, das man *tun* und dann *sein* kann, nicht etwas, das nur gedacht und dann geglaubt werden möchte. Letztendlich gibt es keine mystischen Lehren und Überzeugungen; es gibt nur mystische Erfahrungen und Einsichten, die direkt und unmittelbar dem Strom der Urerfahrung in ebendiesem Augenblick entstammen und wie Sonnenlicht an einem kristallklaren Herbsttag alles Seiende erhellen.

Dies ist das Besondere an Lex Hixons Buch. Er hält sich nicht mit den Formen, Lehren und Details der verschiedenen Traditionen auf, auch wenn sie sicher wesentlich sind. Vielmehr führt er uns sanft, aber fast unmittelbar zum nie endenden Schluß jeden Pfades: der Stimmung und Erfahrung der Erleuchtung. Indem er die Begriffe und zuweilen die Übungen jedes erörterten »Vehikels« verwendet, lädt er uns in jedem Kapitel ein, alle Formen, Begriffe, Namen und Gedanken loszulassen und still das zu erkennen und tatsächlich zu fühlen, was Denken und Empfinden immer vorausgeht – nämlich unsere eigene Urerfahrung, unser elementares Gewahrsein, die Gegenwart und den Strom des Geistes selbst.

Dieses fundamentale und universelle Bewußtsein besitzen Sie und alle Wesen in jedem Augenblick vollständig. Es ist Ihr reines, bloßes Gewahrsein in diesem Moment, bevor Sie es handhaben, benennen, beurteilen oder manipulieren. Es geht Ihren Versuchen, es zu verstehen, immer voraus. Und daher gibt es eigentlich keinen Weg zu diesem ursprünglichen, elementaren und höchsten Bewußtsein. Sie können nicht zu den eigenen Füßen gehen. Die verschiedenen Traditionen stellen vielmehr Möglichkeiten zur Verfügung, den suchenden Verstand zu erschöpfen, damit wir müde werden, das Ewige und Unendliche in Zeit und Raum begreifen zu wollen, und der Geist aus eigenem Antrieb strahlen kann. Meister Eckhart sagte: »Gott ist mir näher als ich mir selbst.« Gott respektive

Geist ist nichts anderes als Ihr höchstes Selbst oder Bewußtsein, das jetzt die Worte auf dieser Seite erhellt – das kosmische Bewußtsein, das in allen Geschöpfen eins und ungeteilt ist.

Dieses Verstehen und Verwirklichen der Erleuchtung versuchen die großen Weisheitstraditionen der Welt jenen Menschen zu vermitteln, die bereit sind, das große Werk in ihrer eigenen Seele zu vollbringen. In dem vorliegenden Buch stellt Lex Hixon das zeitlose Ergebnis dieses mystischen Experiments dar; in jedem Kapitel führt er uns vom Oberflächendenken und der Welt des Willens, des Suchens und der Form zu einem tieferen, kontemplativen Verständnis, das selbst von Form, Suche, Beschränkung oder Wissen frei ist. In dieser Offenheit können Blitze des erleuchteten Verstandes aufstrahlen und Sie so radikal über sich selbst hinausführen, daß Sie tatsächlich Ihr wahres Selbst, Ihre ursprüngliche Natur, entdecken. Es ist Ihnen so nah wie Ihre jetzige Erfahrung und Ihr gewöhnliches Gewahrsein in diesem Augenblick. Ohne Wille oder Anstrengung im erleuchteten Gewahrsein und in der einfachen, lichtvollen Gegenwart zu bleiben bedeutet, in eine magische Welt eingeführt zu werden, die Sie in Wirklichkeit nie verlassen haben, und so eine Heimkehr zu verstehen, die von der Zeit zur Ewigkeit und vom Tod zur Unsterblichkeit, zum Einssein mit Gott führt.

Eins mit Gott ist ein hervorragendes Buch. Es erklärt und skizziert gemeinverständlich das Beste der großen mystischen Traditionen der Welt. Durch die Konzentration auf das Zentrum, die Erleuchtung, weist es uns den Pfad des Nicht-Pfades. Mit der traditionellen tibetanischen Geste des Willkommens, der Dankbarkeit und der Wertschätzung berührt meine Stirn die meines Freundes Lex Hixon – der, wie dieses Buch so beredt bezeugt, im Göttlichen wurzelt.

Ken Wilber

Einführung

Erleuchtung ist das Erwachen zu unserer ursprünglichen Harmonie oder, in einer anderen mystischen Terminologie, zu unserer Verwurzelung im Göttlichen. Von der Erleuchtung gehen die Einsicht, das Mitgefühl und die Kraft aus, die zur Lösung der endlos entstehenden individuellen und kollektiven Probleme des Menschen notwendig sind. Erleuchtung ist keine magische Transzendierung des Menschseins, sondern seine volle Entfaltung; sie zeigt die Einheit und das Gleichgewicht im Herzen des Liebens und Leidens, das wir Leben nennen. Dem erleuchteten Menschen offenbart sich das gesamte Dasein als nahtloses Ganzes, als göttliches Leben. Eine Kostprobe der Erleuchtung, die bewußt das Höchste berührt, ist für jeden von uns möglich; sie braucht nicht auf irgendeine zukünftige Existenz im Himmel oder auf Erden verschoben zu werden. Erleuchtung ist die verborgene Essenz unseres Bewußtseins, und die stufenweise Offenbarung dieser Essenz ist der Prozeß des spirituellen Wachstums, an dem jeder beteiligt ist.

Die folgenden Kapitel stellen verschiedene Universen bzw. Sprachen des Geistes vor, deren zentrales Thema die Erleuchtung ist. Jedes ist einzigartig, aber da sie alle ein grundlegendes Gewahrsein spiegeln, gibt es zahlreiche Entsprechungen. Die spirituelle Dimension der Kulturen bildet keine Phalanx dogmatischer, widersprüchlicher Weltanschauungen, sondern ein Spektrum kontemplativer, in ihrer Essenz gleichwertiger Praktiken, die eher zur Erfahrung als zu doktrinären Behauptungen führen. *Eins mit Gott* versucht, verschiedene Türen zu dieser spirituellen Dimension zu öffnen.

Das vorliegende Buch stellt keine systematische Untersuchung heiliger Überlieferungen dar, sondern schildert die Struktur der Erleuchtung als einen Prozeß, der auf geheimnisvolle Weise in allen Kulturen stattfindet. Dabei gehe ich impressionistisch, ja lyrisch vor. Wie ein Film, der ohne Unterbrechung angesehen werden sollte, ist auch jedes Kapitel darauf angelegt, in einem Zug gelesen zu werden, damit es den Leser in eine jeweils vollständige Welt der Erfahrung einführt. Der Eindruck wird durch das laute Vorlesen im Kreis von Freunden verstärkt. Das Buch möchte darstellen, was Hermann Hesse in seinem Roman *Das Glasperlenspiel* schildert: eine kontemplative, multikulturelle Schachpartie, die nicht auf Konkurrenz angelegt, sondern symphonisch ist – durch die also nicht nur intellektuell, sondern als greifbare, gemeinsame Erfahrung heilende und offenbarende Harmonien geschaffen werden, ähnlich wie in der Musik.

Sprache und Denken der Essays wurden nicht im Hinblick auf irgendeinen hypothetischen Durchschnittsleser vereinfacht, sollen aber jeden an der spirituellen Dimension der Kultur interessierten Leser ansprechen. Auf gelehrte technische Einzelheiten habe ich verzichtet. Der Text stellt Anforderungen an Ihre Aufmerksamkeit, setzt aber kein fortgeschrittenes Studium in Religion oder Philosophie voraus. Da die Essays nicht erklären wollen, sondern primär versuchen, das intellektuelle und spirituelle Vorstellungsvermögen anzuregen, können sie als Meditationen charakterisiert werden. Sie verlangen eher mitfühlende Teilnahme als distanziertes Lesen.

Vielleicht ist es hilfreich, die hier zusammengestellten kulturellen Momente kurz zu skizzieren. Heidegger repräsentiert die westlich-philosophischen und die christlich-mystischen

Traditionen. Er ist einer der tiefgründigsten zeitgenössischen kontemplativen Denker des Abendlandes und keiner traditionellen Religion verpflichtet. Krishnamurti, der ebenfalls keiner religiösen Tradition angehört, übersetzt den Geist der alten kontemplativen Praxis Asiens in die moderne Sprache. Ramakrishna dagegen, der von 1836 bis 1886 lebte, war ganz in die kulturellen und religiösen Formen Indiens eingebettet. Trotzdem besaß er eine selten universelle Vision, die über diese Formen hinausführte und doch deren ursprüngliche Integrität bewahrte. Ramakrishnas ekstatische Teilhabe an der ihn umgebenden Spiritualität der Hindus, Christen und Moslems findet ihren Ausdruck im allumfassenden tantrischen Weg. Wiederum im Gegensatz dazu überbrückt der 1951 verstorbene indische Weise Ramana Maharshi im Grunde alle religiösen und kulturellen Formen, östliche ebenso wie westliche. Ramana ist vielleicht der Einstein der irdischen Spiritualität, der vorherige Zugänge zur Religion genauso transzendierte wie die allgemeine Relativitätstheorie frühere, beschränktere Systeme der Physik.
Vom mehr Zeitgenössischen in die Vergangenheit zurückgehend, kontemplieren wir die Ochsenbilder des Zen, Darstellungen der zehn Phasen beim Prozeß der Erleuchtung, die seit dem 12. Jahrhundert das tiefere Verständnis buddhistischer Übender verstärkt haben. Der Essay wird durch eine moderne Version der Ochsenbilder illustriert, die von dem amerikanischen Künstler Eugene Gregan stammt. Das Kapitel über Plotin versucht zu zeigen, daß dieser mystische platonische Philosoph des 3. Jahrhunderts nach Christus vielleicht der tiefgründigste Metaphysiker jener spirituellen Suche ist, die sich zu jeder Zeit und in jeder Kultur ereignet. Der Essay endet mit der Schilderung meiner eigenen, durch spirituelle Imagination zustande gekommenen Erfahrung des Aufstiegs zum Einen, von dem Plotin so beredt spricht.

Die folgenden drei Essays stehen insofern in einem engen Zusammenhang, als sie gleichartige Universen des Geistes erforschen: Judentum, Christentum und Islam. Der Essay über die jüdischen geistigen Führer des Chassidismus, die Zaddikim, führt direkt in die Sphäre der heiligen Ekstase, die sich jeder rationalen Methode entzieht. Der Text über die Paulusbriefe betont die Verwandtschaft zwischen Paulus als mystischem Rabbi und den zuvor dargestellten chassidischen Lehren. Die ekstatische Erfahrung, die Paulus auf der Straße nach Damaskus machte, ist der Ursprung des von der christlichen Tradition entwickelten mystischen Zugangs zum Messias. Wir kommen dann zu einem persönlichen Brief, den Bawa Muhaiyaddeen – ein zeitgenössischer islamischer Weiser, der den Sufi-Weg repräsentiert – mir aus Ceylon schrieb. Im Anschluß daran erörtern wir die bisher besprochenen Themen aus der Perspektive der konfuzianischen und taoistischen Tradition des alten China; dabei suchen wir in traditioneller Weise Führung beim Orakeltext des *I Ging*. Dieser Text gleicht der Unterhaltung mit einem alten chinesischen Weisen. Der zehnte Essay schließlich versucht, all diese Sprachen und Bilder zu einem kontemplativen Experiment zu verschmelzen, das jeder Leser ausführen kann. Das im Sanskrit als Turiya bezeichnete Absolute des Advaita-Vedanta[1] wird mit der kontemplativen Praxis durch eine lebendige Erfahrung verbunden, die mir während der Meditation geschah. So bildet nicht die Ebene des intellektuellen Recherchierens, sondern die Sphäre der spirituellen Übung und Erfahrung den Höhepunkt dieses Buches.

Die Geschichte meines eigenen Weges zum Geist zentriert

1 Einer der drei Hauptzweige des Vedanta, dessen wichtigster Vertreter Shankara (788–820) ist. Der Advaita-Vedanta lehrt, daß die gesamte Erscheinungswelt, Seele und Gott identisch sind (Monismus).

sich um einen weisen spirituellen Sioux-Führer, einen heiligen Schamanen in der Rolle eines Priesters, der mich in Gebet und Meditation einführte, als ich neunzehn war. Vater Deloria weckte in mir das Verlangen nach kontemplativer Praxis und mystischer Erfahrung, indem er Geschichten von seinem Großvater Tipisapa erzählte, einem traditionellen heiligen Mann der Lakota. Mit dem Medium der christlichen Spiritualität praktizierte Vine Deloria das lange Warten in der Stille und erlebte die für die Spiritualität der amerikanischen Indianer charakteristischen heiligen Visionen. Als er die Kommunion zelebrierte, nahm er eine Kugel herrlichen göttlichen Strahlens wahr, die Präsenz von Wakantanka, dem Großen Geist, der am Fuß des Kreuzes schwebte. So ergab mein eigenes spirituelles Leben sich aus der Durchdringung heiliger Traditionen.

Als ich vierundzwanzig war, lernte ich in New York Swami Nikhilananda kennen, einen älteren Mönch des Ramakrishna-Ordens, der weltmännisch, gelehrt und im kontemplativen Leben weit fortgeschritten war. Meine Frau und ich hatten das Glück, in den letzten acht Lebensjahren Nikhilanandas in naher Beziehung zu ihm zu lernen und zu meditieren. Er war ein direkter Schüler von Sarada Devi, der Frau Ramakrishnas, die zu den strahlendsten weiblichen Heiligen der modernen Zeit gehört. In ihrer unmittelbaren Nachfolge erhielt ich Einweihung und spirituelle Schulung. Seitdem habe ich die Einweihung und Unterweisung spiritueller Lehrer aus verschiedenen Traditionen erfahren, wodurch sich mein Verständnis für die universelle Haltung Ramakrishnas und anderer verstärkte.

Als ich diesen allumfassenden Weg erkundete und gleichzeitig meine religionswissenschaftliche Doktorarbeit an der Columbia-Universität fertigstellte, produzierte ich wöchentliche Radiodokumentationen für den Pacifica-Sender in New

York City: Ich interviewte bekannte spirituelle Lehrer aus der ganzen Welt und ihre engen Schüler. Diese Erfahrung war fruchtbar, aber auch schwierig. Die gegensätzlichen spirituellen Praktiken und Bindungen, die nach Amerika kommen bzw. aus der modernen amerikanischen Kultur hervorgehen, sind komplex und verwirrend. Das vorliegende Buch stellt so etwas wie meine Bejahung der spirituellen Harmonie dar, die diese Verwirrung beendet. Die Auflösung ist nicht einfach, wurde aber lange angestrebt und erwogen. Sie bedeutet nicht, daß ich die verschiedenen religiösen Forderungen naiv akzeptiere. Die Sehnsucht nach dem Spirituellen sollte von einer teilnehmenden, aber kritischen Intelligenz begleitet werden, die uns immer wieder auf die mitfühlendsten ethischen Werte und die umfassendste Kontemplationspraxis ausrichtet.

Das Schreiben dieses Buches bedeutet, daß ich mit vielen Lesern teile, während ich es bei den Vorträgen, aus denen diese Essays entstanden sind, in eher vertrauter Atmosphäre mit ungefähr zwanzig Menschen unterschiedlichen Alters und unterschiedlicher Überzeugungen zu tun hatte.

Gemeinsames Verstehen bewegt uns tiefer, als wenn wir für uns allein etwas verstehen, denn es bewirkt durch Worte eine Verwandtschaft, die über Worte hinausgeht.

Meinen Lehrern, den alten Heiligen und den zeitgenössischen Männern und Frauen des Geistes, die zu zahlreich sind, um sie zu nennen, und meiner Familie, meinen Freunden und jetzt meinen Lesern, mit denen ich das spirituelle Abenteuer teile, sage ich Dank. Vielleicht ist die menschliche Beziehung das heiligste Sakrament.

Lex Hixon

Zur Terminologie

Die Essays enthalten eine Vielzahl von Begriffen für die Erleuchtung und das, was sie offenbart. Diese Ausdrücke gehören derselben Bedeutungsfamilie an und erwekken doch leicht verschiedene zusätzliche Vorstellungen. Der Begriff urinnerstes Gewahrsein etwa wird verwendet, um die essentielle Natur des menschlichen Gewahrseins anzusprechen, ohne sie mit einer speziellen heiligen Tradition zu verbinden. Die Bezeichnung höchstes Bewußtsein wird in ähnlicher Weise benutzt, um den Urgrund aller Phänomene zu bezeichnen. Allerdings sind urinnerstes Gewahrsein und höchstes Bewußtsein, zu dem wir durch den Prozeß der Erleuchtung erwachen, nicht voneinander getrennt.

Wahre Natur, ursprünglicher Geist, Turiya, Tao, Gottheit, Allah, Göttliche Mutter, Messiasnatur, Christusnatur – diese und ähnliche Ausdrücke verschlüsseln in verschiedenen »Codes« ein und dasselbe Mysterium. Ihr unterschiedlicher Gebrauch sollte weder als widersprüchlich betrachtet werden, noch sind einige Begriffe »richtiger« als andere. Ähnlich gehören Ausdrücke wie Prozeß der Erleuchtung, Erwachen als das Eine, Gottesverwirklichung, Selbsterkenntnis, Kensho, Gnosis, Erleuchtung, Heimkehr und heilige Ekstase zu einer einzigen Bedeutungsfamilie, genauso wie Weiser, Guru, Zaddik, Heiliger, Schamane.

Diese Begriffe spiegeln die Kontraste der verschiedenen spirituellen und kulturellen Stimmungen. In diesen zahllosen heiligen Sprachen und Bildern existiert das, was ich ursprünglich Harmonie genannt habe, aber es kann nicht systematisch beschrieben werden.

Ich möchte meiner Verlegerin Angela Iadavaia-Cox danken, die diese Anmerkung anregte und deren klärende Aufmerksamkeit jedem Satz dieser Essays galt. Immer wieder schärfte sie meine Bewußtheit für Sie, den Leser, und ließ mich so erkennen, daß der Leser bei der subtilen Kommunikation, die jedes Buch über spirituelle Erfahrung unternimmt, ein gleichwertiger Partner ist.

KAPITEL I

Kontemplatives Denken

Der europäische und der asiatische Zugang von Heidegger und Krishnamurti

Stellen Sie sich vor, Sie wandern durch eine große Kathedrale. Zahllose bemalte Glasfenster, die in der Dunkelheit leuchten, zeigen, welche Formen der religiösen Verehrung und des philosophischen Verständnisses die Menschheit im Lauf ihrer Geschichte entwickelt hat. Einige Fenster, vor denen Suchende hingebungsvoll beten, bilden die göttliche Gegenwart durch menschliche Formen oder Attribute ab. Andere Suchende, die den Pfad der Weisheit vorziehen, kontemplieren vor Fenstern, die nichts Personenbezogenes darstellen, sondern esoterische Muster, die die ursprüngliche Harmonie und Einheit in Erinnerung rufen. Hingabe und Weisheit sind alternative Wege zur Erleuchtung, die von einigen heiligen Traditionen aber auch verbunden werden.

Wenn wir die Fenster dieser Kathedrale betrachten, sehen wir Licht, das sich durch komplizierte, von visionären Künstlern geschaffene Zusammenhänge und Muster ausbreitet. Wir können diese Kathedrale des menschlichen Denkens offenbar nicht verlassen, weil wir auf ein persönliches oder kulturelles Medium angewiesen sind; wir können keine Erfahrung äußern, noch nicht einmal uns selbst gegenüber, ohne dabei zu denken. Die Natur des Lichts bzw. der Realität kommt nur durch ein spezielles Medium als Erfahrung zum Ausdruck.

Können wir dem, was »dort draußen« jenseits des undurchsichtigen Fensters der persönlichen und kulturellen Interpretation ist, wirklich nie direkt begegnen? Können wir die Realität nur indirekt erleben? Was und wo ist der Ursprung dieses Lichts? Solche Fragen führen uns tiefer in das kontemplative Denken hinein; und wenn diese Art des Denkens intensiviert wird, kommt es nach einer gewissen Zeit zu einer überraschenden Umkehrung der Perspektive. Dies ist die Erfahrung der Erleuchtung: Wir hören auf, uns vorzustellen, wir seien nur *in* dieser Kathedrale des menschlichen Verstandes. Wir werden gewahr, daß die Essenz unseres Bewußtseins die Essenz des Lichts ist, das die zahllosen Fenster erhellt. Wir erkennen, das Bewußtsein ist das Licht, aus dem alle Phänomene bestehen. Wir scheinen immer außerhalb der Kathedrale, aber dort draußen ist nichts zu sehen, nur zu sein. Dort ist unsere wahre Natur: göttliches Strahlen, höchstes Bewußtsein.

Bestimmte Erfahrungen kommen nur durch bestimmte Fenster zustande, aber wir sind das klare Licht, das der menschliche Verstand, der diese riesige Kathedrale geschaffen hat, in all seine Sprachen und Bilder bricht.

Jedes Hingebung oder Weisheit thematisierende Fenster bringt durch dargestellte Personen oder symbolische Muster dasselbe Strahlen des höchsten Bewußtseins zum Ausdruck. Wenn wir auch nur vor einem einzigen Fenster intensiv kontemplieren, können wir uns auf das Licht, die Wirklichkeit, einstimmen und schließlich erkennen, daß unsere innerste, intrinsische Natur das Licht *ist.* Sobald wir begriffen haben, daß die gesamte Kathedrale vom bewußten Licht unserer wahren Natur durchflutet wird, sobald die Erleuchtung sich zu entfalten beginnt, sind wir überall zu Hause. Wir sind vom Wettbewerb der Weltanschauungen befreit, denn wir haben verstanden, daß alle Fenster der Kontemplation ihrem Wesen nach gleichwertig und untereinander in Harmonie sind. Überall in dieser riesigen Kathedrale, durch alle Sprachen und

Bilder, erkennen wir nun das Licht oder das Bewußtsein, das wir sind, das alle Wesen sind, das Sein ist.

Das Bild der Kathedrale illustriert die Natur des kontemplativen Denkens, eines für den Verstand natürlichen Prozesses, durch den das Denken zu seinem eigenen Zentrum, seinem Urgrund, geführt wird. Weil kontemplatives Denken nicht außerhalb des normal funktionierenden Verstands geschieht, kann es ohne Herbeiführung einer Trance oder Ekstase erlebt werden. Dieses tiefe Denken hängt auch nicht von formalem Üben ab. Während des normalen Denkens ist der harmonisierende, einende Strom der Kontemplation immer gegenwärtig. Jeder von uns hat in dem Augenblick, in dem er den Urgrund seines eigenen Gewahrseins untersucht, unmittelbaren Zugang zur kontemplativen Stimmung. Der Zugang zur Kontemplation kann jemandem aber auch verborgen sein, weil ihm der Gedanke daran nicht mehr vertraut ist; die von Natur aus präsente Stimmung »schläft« oft, bis sie durch die Berührung eines erwachten Menschen geweckt wird.
Kontemplatives Denken ist nicht nur im Zusammenhang mit Religion, Kunst oder Philosophie möglich, sondern es entfaltet sich subtil in jeder Kultur – oft unauffällig in kleinen Zirkeln oder im Inneren von Menschen, die sich einer speziellen mystischen Tradition vielleicht gar nicht bewußt sind. Der sich immer weiter vertiefende Weg der Kontemplation, der Hingabe und Weisheit zu ihrem Ursprung verfolgt, ist vielleicht die wertvollste menschliche Fähigkeit. In jeder Kultur wird die heilige Person um ihrer machtvollen Berührung willen verehrt, die das tiefe Denken und das mit ihm verbundene Gefühl der Entdeckung, der Freiheit und der Harmonie weckt und aufrechterhält. Die Gestalt des Schamanen ist ein Mysterium, durch das alle Mitglieder der Gesellschaft in die Stimmung der Kontemplation hineinkommen können.

Ich möchte hier zwei dieser Menschen aus der zeitgenössischen Welt vorstellen. Der deutsche Philosoph Martin Heidegger hat die griechisch-philosophischen und christlich-mystischen Traditionen als Hintergrund. Jiddu Krishnamurti, der indische Weise, eröffnet uns einen Zugang zur asiatischen Sichtweise. Obwohl beide aus gegensätzlichen kulturellen Umgebungen kommen, besitzt ihr kontemplatives Denken eine ähnliche Resonanz. Beide schaffen eher Fenster der Weisheit als der Hingabe. Da sie sich mit keinem herkömmlichen religiösen Kontext identifizieren, können wir unsere Untersuchung des kontemplativen Lebens relativ frei von Annahmen über religiöse Vorstellungen beginnen. Trotzdem bilden Heideggers Erfahrung des *Seins* und Krishnamurtis Erfahrung der *Wahrheit* die Erfüllung der heiligen Suche, die sich in unterschiedliche kulturelle Formen kleidet.

Als gefährlichste Eigenschaft unseres weltlichen Zeitalters beschreibt Heidegger[1] die zwanghafte Beschäftigung mit der Oberfläche des Denkens, die uns vom tiefen Denken ablenkt. Heidegger nennt dieses an der Oberfläche bleibende Denken *rechnendes Denken*; er setzt dessen Fähigkeit, unsere Welt zu organisieren, nicht herab, aber er warnt vor dessen Kraft, unsere Energie und unsere Aufmerksamkeit völlig zu absorbieren. Rechnendes Denken ist nicht nur eine beschönigende Bezeichnung für die Methode der empirischen Wissenschaft, sondern ein Kennzeichen jeden Denkprozesses, der darauf aus ist, Situationen zu beherrschen und zu manipulieren. Auch religiöses und künstlerisches Denken sind an ihrer Oberfläche rechnend. Trotzdem kann die Verarmung eines

1 Martin Heidegger, *Gelassenheit*, Pfullingen [9]1988. In diesem kleinen Büchlein findet sich auch der später behandelte Text *Zur Erörterung der Gelassenheit. Aus einem Feldweggespräch über das Denken* (Anm. d. Ü.).

auf die Oberfläche begrenzten Denkens das menschliche Bewußtsein seiner essentiell kontemplativen Natur nicht berauben. Heidegger schreibt, wir könnten nur deshalb gedankenarm oder gar gedankenlos werden, weil der Mensch im Kern seines Wesens die Fähigkeit zum Denken besitzt und zum Denken bestimmt ist, weil er das denkende, das heißt sinnende Wesen ist.

Anstatt Energie zu organisieren, geht es beim tiefen Denken, wie Heidegger sagt, um den Sinn, der in allem waltet, was ist. Die kontemplative Stimmung ist heilend, beruhigend, stärkend. Sie führt den Menschen zu dem ursprünglichen Subjekt allen Nachdenkens, das Heidegger Sein nennt, dem Strahlen bzw. dem Sinn, der überall waltet. Tiefes Denken schließt Oberflächendenken nicht aus, sondern erlaubt der Oberfläche, für ihren tiefsten Grund, das Sein, transparent zu werden. Der Botaniker, der neue Weizenarten entwickelt, braucht auf seine wissenschaftlichen Berechnungen nicht zu verzichten, wenn er zum tiefen Denken erwacht und das allgegenwärtige Strahlen des Seins kontempliert.

Obwohl kontemplatives Denken jedem Menschen erreichbar ist, bedarf es genauso wie die Beherrschung des rechnenden Denkens der Übung. Laut Heidegger ergibt sich ein besinnliches Denken sowenig von selbst wie das rechnende Denken. Das besinnliche Denken verlangt bisweilen eine höhere Anstrengung. Es erfordert eine längere Einübung. Es bedarf einer noch feineren Sorgfalt als jedes andere echte Handwerk. Wir müssen die Kunst des Wartens entwickeln, loslassen und auf einen spirituellen Prozeß vertrauen, der natürlich und spontan ist. Heidegger weist darauf hin, daß tiefes Denken warten können muß wie der Landmann, ob die Saat aufgeht und zur Reife kommt.

Heidegger, der unterstreicht, daß das tiefe Denken einfach, erdhaft und unmittelbar zugänglich ist, sagt, daß wir beim

Nachdenken keineswegs »hoch hinaus« müssen. Es genügt, wenn wir beim Naheliegenden verweilen und uns auf das Nächstliegende besinnen, hier und jetzt, auf diesem Fleck Heimaterde. Die Heimaterde, die am nächsten liegt, ist das urinnerste Gewahrsein, das unser tägliches Tun durchdringt. Im gegenwärtigen, von der Technologie geprägten Zeitalter können wir nicht zu einem Planeten ländlicher Dorfbewohner werden, und trotzdem steht die natürliche Einfachheit und Harmonie des Dorflebens uns durch das kontemplative Denken zur Verfügung – unabhängig davon, wo wir uns befinden. Die Kontemplation ist unsere spirituelle Verwurzelung.

Wenn wir keinen Zugang zum kontemplativen Denken haben, wird rechnendes Denken, das so praktikabel erscheint, zu einer Abstraktion. Es entwickelt Technologien, die manipulative Kräfte besitzen und ein trügerisches Gefühl der Machbarkeit erzeugen. Rechnendes Denken kann menschliche Probleme aber nie wirklich lindern, solange es nicht mit dem tiefen Denken vereint wird. Ein Denken, das auf seine Oberfläche begrenzt ist, beginnt, nur für das Organisieren, Manipulieren, Beherrschen zu leben. Ein solches Denken verbirgt die uns innewohnende Harmonie. Dennoch bemerken wir bei Menschen, die einen Aspekt des rechnenden Denkens gemeistert haben – in der Musik, bei der Töpferei oder auch in der Mathematik –, oft eine friedvolle Kraft. Dies zeigt an, daß es eigentlich nicht zwei voneinander getrennte Arten des Denkens gibt, eine kontemplative und eine rechnende, sondern einen einzigen Strom des Gewahrseins. Die Trennung bezeugt die spirituelle Disharmonie, der die Menschen immer unterworfen waren, besonders im gegenwärtigen technologischen, dem Weltlichen zugewandten Zeitalter. Die Disharmonie zwischen Berechnen und Kontemplation wird geheilt durch den Prozeß der Erleuchtung, der enthüllt,

daß die Essenz allen Denkens Kontemplation ist. Dieser Prozeß existiert nicht nur für einige wenige Heilige oder Yogis, sondern für jeden Menschen.
Tiefes Denken erhebt sich organisch aus unserem Fleck Heimaterde, unserem eigenen Garten, aus einfachen Samen. Es ist nie abstrakt, sondern bleibt sehr praktisch, denn es ist eine persönliche Übung, ein Weg, sich wie beim Anbau von eigenem Gemüse auf sich selbst zu verlassen. Aber eben seine Einfachheit verbirgt seine verheißungsvolle Natur. Heidegger meint, das, wonach wir bei dieser Frage suchen, liege vielleicht sehr nah; so nah, daß wir es allzuleicht übersähen. Denn der Weg zum Nahen sei für uns Menschen jederzeit der weiteste und darum der schwerste. Dieser Weg sei ein Weg des Nachdenkens. Während der Pilgerfahrt durch die Kathedrale erkennen wir schließlich das Licht, das die bunten Glasfenster der Kontemplation erhellt, als unser eigenes Licht. Dies ist das Nahe: urinnerstes Gewahrsein. Aber der Prozeß, in diese Nähe heimzukehren, ist schwierig und anspruchsvoll.
Wenn wir Heideggers *Zur Erörterung der Gelassenheit – aus einem Feldweggespräch über das Denken* zu lesen beginnen, können wir der Sprache möglicherweise schwer folgen. Heidegger erfindet neue Worte und Möglichkeiten, Gedanken zu formulieren, was vielleicht gewunden erscheint, in Wirklichkeit aber ein mutiger Versuch ist, einfacher und direkter zu sehen. Der dichte Dialog illustriert die Natur des kontemplativen Denkens und gleicht dem verwandelnden Spaziergang über einen Feldweg zum urinnersten Gewahrsein am Grunde des Seins.
Mit einem elementaren Paradox des mystischen Pfades beginnend, das auch der Zen-Bogenschütze ausdrückt, der beim Loslassen des Pfeils vom Ziel wegschaut, äußert eine von Heideggers Personen über den Zugang zur Kontemplation: »Das Wesen des Denkens kann nur so erblickt werden, daß

wir vom Denken wegsehen.« Wir müssen uns von unserem Impuls zu berechnen abwenden und in den Himmel oder über die Hügel unseres Wesens schauen, um für die tiefe Natur des Denkens unter seiner Oberflächenfunktion als Wollen empfänglich zu werden. Der zweite Teilnehmer am Dialog entgegnet: »Darum antworte ich Ihnen auch auf die Frage, was ich bei unserer Besinnung auf das Wesen des Denken eigentlich wolle, dies: ich will das Nicht-Wollen.«

Dieses Nicht-Wollen kommt ins Spiel, wenn wir vom Ziel wegschauen. Man kann das Nicht-Wollen nicht willentlich fassen, man muß sich auf es einlassen, wie der dritte Gesprächsteilnehmer bemerkt: »Sie wollen ein Nicht-Wollen im Sinne der Absage durch das Wollen, damit wir uns durch dieses hindurch auf das gesuchte Wesen des Denkens, das nicht ein Wollen ist, einlassen können.« Der kontemplative Denker will das Wesen des Denkens nicht, sondern läßt sich eher auf das Wesen des Denkens ein. Diese Unterscheidung ist nicht nur ein Spiel mit Worten. Wenn wir einen bestimmten Sinn erfassen möchten und die Essenz des Themas mit aller Gewalt eruieren wollen, bleiben wir auf der Ebene des rechnenden Denkens, der willentlichen Kontrolle. Kontemplatives Denken dagegen ist ein vollkommenes Loslassen, das im Grunde Loslassen vom Wollen ist. Der Kontemplierende will nicht behaupten: »Ich kenne das Wesen des Denkens«, vielmehr überlegt er: »Ich will nicht wissen, sondern erwarte das Wesen in ewigem Nicht-Wissen.« Wichtige kulturelle und wissenschaftliche Fortschritte haben sich aus dem ehrgeizigen Wollen der Menschen entwickelt, Essenzen zu erfassen und so die Energie zu kontrollieren, aber dieses Vorgehen wird uns nie für das Wesen der Kontemplation loslassen.

Das Feldweggespräch der drei Denker, die wie die Instrumente in einer musikalischen Komposition aufeinander reagieren, wird wie folgt fortgesetzt:

»Wenn ich nur schon die rechte Gelassenheit hätte, dann wäre ich des gemeinten Entwöhnens bald enthoben.«
»Insofern wir uns wenigstens des Wollens entwöhnen können, helfen wir mit beim Erwachen der Gelassenheit.«
»Eher beim Wachbleiben für die Gelassenheit.«
Die Ansicht, daß unsere persönlichen Anstrengungen zum Erwachen der Gelassenheit beitrügen, impliziert, in einen komplizierten Prozeß des Kalkulierens hineingezogen zu werden. Die Worte »Wachbleiben für die Gelassenheit« bringen das Heraufdämmern der kontemplativen Stimmung zutreffender zum Ausdruck. Wir müssen erkennen, daß wir die »rechte Gelassenheit« schon haben, denn die Aufgabe, sich »des Wollens zu entwöhnen«, ist bereits von Wollen durchdrungen. Das Wollen kann den Willen nie transzendieren. Wir können vom Wollen nur frei sein, wenn wir die Wahrheit erleben, daß vollkommene Gelassenheit bereits existiert.
Und in ebendiesem Sinne wird auch die Unterhaltung fortgesetzt:
»Wir erwecken die Gelassenheit bei uns nicht von uns aus.«
»Die Gelassenheit wird also anderswoher bewirkt.«
»Nicht bewirkt, sondern zugelassen. Gelassenheit erwacht, wenn unser Wesen zugelassen ist, sich auf das einzulassen, was nicht ein Wollen ist.«
Heidegger achtet ständig darauf, uns vom Aktiv- auf den Passivmodus umzuorientieren, vom willentlichen Gefühl des *Bewirkens* der Gelassenheit zum kontemplativen Gefühl des *Zulassens.* Aber diese Parteilichkeit des tiefen Denkens für den Passivmodus im Bereich der Sprache bedeutet nicht Passivität im Bereich des Tuns. Dies wird durch die weitere Unterhaltung der drei Freunde klar, die ziellos über den Feldweg schlendern.
»Sie reden ... von einem Lassen, so daß der Eindruck entsteht, es sei eine Art Passivität gemeint. Gleichwohl glaube ich zu

wissen, daß es sich keineswegs um ein kraftloses Gleiten- und Treibenlassen der Dinge handelt.«

»Vielleicht verbirgt sich in der Gelassenheit ein höheres Tun als in allen Taten der Welt ...«

»Welches höhere Tun gleichwohl keine Aktivität ist.«

Obwohl er in der westlichen philosophischen Tradition stand, erinnert das tiefe Denken Heideggers an das ichlose Tun der Kontemplierenden des Zen und des Tao, deren vollkommene Entspannung inmitten des Tuns den Fluß des Tao bzw. das Nicht-Wollen zuläßt, ihn auf eine Weise läßt, die inmitten intensiver Aktivität Stille gestattet. Dies nennt Heidegger Gelassenheit.

Einer der drei Freunde fragt: »Was hat die Gelassenheit mit dem Denken zu tun?«, und ein anderer antwortet: »Nichts, wenn wir das Denken nach dem bisherigen Begriff als ein Vorstellen fassen.« Dies ist das bereits zu Anfang erwähnte Paradox: Das Wesen des Denkens hat mit rechnendem, vorstellendem Denken nichts zu tun, denn tiefes Denken ist nicht Tun, sondern Sein. Rechnendes Denken ist vorgestellt und wird gewöhnlich aus den Vorräten des Gedächtnisses an persönlichen und gesellschaftlichen Konventionen immer wieder neu zusammengesetzt. Kontemplation bzw. das Wesen des Denkens dagegen ist einfach Gegenwart. Vorstellendes Denken katalogisiert nützliche Denkmuster und breitet sie immer wieder aus, um Energie zu organisieren. Nichtvorstellendes, kontemplatives Denken weckt das Gefühl unseres intrinsischen Freiseins von allen Organisationsmustern, die an der Oberfläche des Denkens unerläßlich sind, in seiner Tiefe aber fehlen.

An diesem Punkt fragen wir uns vielleicht, wie kontemplatives Denken erkannt und praktiziert werden kann, wo es doch weder abgebildet noch vorgestellt werden kann. Das Feldweggespräch geht in dieselbe Richtung:

»Ich kann mir dieses Wesen des Denkens mit dem bestem Willen nicht vorstellen.«
»Weil gerade dieser beste Willen und die Art Ihres Denkens als Vorstellen Sie daran hindern.«
»Was soll ich dann in aller Welt tun?«
»Wir sollen nichts tun, sondern warten.«
Wirklich meditatives Warten wird nur durch das Zusammenbrechen des Wollens entdeckt, das mit einer Stimmung beginnt, die im Gespräch durch den Satz »Was soll ich dann in aller Welt tun?« ausgedrückt wird. Ob diese Stimmung verzweifelt oder leidenschaftslos, voll Verzicht oder Ekstase ist – der Übergang vom willentlichen Denken zum meditativen Warten erfordert einen echten Umschwung in unseren normalen Gewahrseinsmustern. Tiefes Denken hat weder das »Tun« zur Folge, noch geschieht es »in der Welt«, denn Welt und Tun sind Aspekte des rechnenden Denkens. Deshalb gibt die Kontemplation keine direkte Antwort auf die Frage: »Was soll ich dann in aller Welt tun?« Kontemplation kann nie ein Prozeß sein, den Willen zufriedenzustellen.
Der richtige Kontext für die Praxis des meditativen Wartens ist das, was Heidegger das Offene nennt und mit dem folgenden Bild beschreibt: »Der Gesichtskreis ist also ein Offenes, welche Offenheit ihm nicht dadurch zukommt, daß wir hineinsehen.« Das Offene geht nicht auf einen besonderen Gesichtskreis zurück, sondern ist eher die Abwesenheit einseitigen Wahrnehmens und Denkens. Das Offene, das nicht durch eine Anstrengung unsererseits geschaffen wird, ist als urinnerstes Gewahrsein immer präsent. Diesem Offenen stülpen wir verschiedene Welten über, die, wie Heidegger sagt, »somit nur die uns zugekehrte Seite eines uns umgebenden Offenen sind, das erfüllt ist mit Aussicht ins Aussehen dessen, was unserem Vorstellen als Gegenstand erscheint«. Die uns zugekehrten Seiten des Offenen sind die Welten, die wir durch

Oberflächendenken schaffen. Für das vorstellende Denken scheint unsere Welt Gegenstände zu enthalten, aber der Kontemplation offenbart sie sich als die offene Weite des urinnersten Gewahrseins. Mystiker behaupten oft in ihren verschiedenen Sprachen, daß es keine Gegenstände gibt, daß alles ein Fließen ist, daß das, was wir jetzt wahrnehmen, die Facetten bzw. Strukturen einer einzigen harmonischen Realität sind. Heideggers Charaktere beginnen, diese Realität zu untersuchen, die sich durch das Offene zeigt.

»Mir kommt es [das Offene] so vor wie eine Gegend, durch deren Zauber alles, was ihr gehört, zu dem zurückkehrt, worin es ruht.«

»Eine Gegend für alles ist strenggenommen nicht eine Gegend unter anderen, sondern die Gegend aller Gegenden.«

»Und der Zauber dieser Gegend ist wohl ... das Gegnende.«

Das Substantiv Gegend kann herangezogen werden, um einen definierbaren Raum zu bedeuten, und so zum Gegenstand des rechnenden Denkens werden. Die verbale Form »gegnen« deutet die unberechenbare Eigenschaft des Offenen an, seinen Zauber. Dieses ständige Löschen subtilen Rechnens, sobald es aufkommt, ist kontemplatives Denken. Obwohl es eine Dimension der Kontemplation gibt, in der sogar diese Aktivität des Verstands zum Verstummen gebracht wird, kann über die Kontemplation durch die Kontemplation nachgedacht werden. Mit diesem Prozeß ist Heidegger hier beschäftigt: Er führt andere zum Zentrum des Denkens und gibt ihnen ein Gefühl für die Vorsicht und Wachheit, die für die Aufrechterhaltung des kontemplativen Denkens erforderlich sind.

Heidegger läßt die Gesprächsteilnehmer seine eigene mystische Erfahrung beschreiben, von unserer organisierten Welt in das pfadlose, strahlende Zentrum des Seins hineingezogen zu werden. Seine Worte besitzen noch mehr Kraft, wenn sie laut vorgelesen werden. Sie beschreiben »gegnen« als die erste Gabe, die den Menschen angeboten wurde, als Zuflucht im heiligen Herzen des Seins. »Die Gegend versammelt, gleich als ob sich nichts ereigne, jegliches zu jeglichem und alles zueinander in das Verweilen beim Beruhen in sich selbst. Gegnen ist das versammelnde Zurückbergen zum weiten Beruhen in der Weite ... Die Gegnet[1] ist die verweilende Weite, die, alles versammelnd, sich öffnet, so daß in ihr das Offene gehalten und angehalten ist, jegliches aufgehen zu lassen in seinem Beruhen.« Jeder dieser Sätze erinnert an Ausdrücke in traditionellen mystischen Literaturen, die die ekstatische Erfahrung beschreiben, daß die Gegenstände zurückbleiben, wenn man sich ins Göttliche vertieft, ins Absolute expandiert. Carlos Castaneda, ein Anthropologe und Schriftsteller peruanischer Herkunft, wurde von seinem indianischen Yaqui-Führer, dem Zauberer Don Juan, direkt in eine solche »Zaubergegend« geführt. Jedesmal wenn Castaneda von seinem schamanistischen Lehrer aus den Grenzen des rechnenden Denkens herausgestoßen wurde, betrat er eine Dimension des Bewußtseins, in der die Gegenstände verschwanden oder, ihr eigenes Ding-Sein leugnend, bizarr erschienen. Heidegger bemerkt: »Dinge, die in der Gegnet erscheinen, haben nicht mehr den Charakter von Gegenständen.« Damit wird die kohärente Existenz von Gegenständen in unseren verschiedenen organisierten Welten nicht geleugnet. Es wäre zum Beispiel töricht, eine Uhr nicht als ein Instrument zu betrachten, durch das wir wissen, wie spät es ist. Wenn wir jedoch voll gewahr wären, in die »Gegnet« gelassen zu werden, erschiene eine Uhr uns nicht als getrenntes Objekt, sondern als die uns zugekehrte Seite des Offenen, die nützlich und doch völlig

1 Von Heidegger benutztes Wort für Gegend, um *die* Gegend, die Gegend aller Gegenden, zu bezeichnen (Anm. d. Ü.).

transparent ist, wenn sie in die Welt des Seins zurückkehrt und in ihm weilt.

Aber was bedeutet dies tatsächlich? Einer der drei Gesprächsteilnehmer bringt eine Frustration zum Ausdruck, die auch wir vielleicht fühlen:

»Ich muß gestehen, daß ich mir all das, was Sie jetzt über die Gegend, die Weite und die Weile, über Rückkehr und Beruhen sagten, nicht recht vorstellen kann.«

»Es ist wohl überhaupt nicht vorzustellen.«

Wenn wir beim Lesen versuchen, ein klares Bild der »Gegnet« und ihrer Beziehung zu unserer gewohnten, gegenständlichen Welt zu entwickeln, entfernen wir uns vom kontemplativen Denken. Es erfordert Kraft, beim tiefen Denken zu bleiben, nicht die Kraft des Willens, sondern die Kraft des Beruhens, Öffnens und Wartens. Wir haben die Neigung, in unser rechnendes Tun zurückzudrängen, vage oder präzis wieder mit dem Vorstellen zu beginnen. Heideggers Sprache versucht, diesem Drang nach dem Vorstellen zu begegnen. Ohne tatsächlich zu beschreiben, läßt er verschiedene Namen des Seins sich auf nichtvorstellende Weise offenbaren. Die drei Teilnehmer des Gesprächs überlegen:

»Jede Beschreibung müßte das Genannte gegenständlich vorführen.«

»Gleichwohl läßt es sich nennen und nennend denken ...«

»Falls das Denken kein Vorstellen mehr ist.«

Aber wie können wir diesen Prozeß des kontemplativen Denkens tatsächlich beginnen? Sollen wir ewig auf eine Antwort auf die einfache Frage warten, wie wir beginnen sollen? Heidegger antwortet bejahend und weist darauf hin, daß die kontemplative Stimmung eine Stimmung des Wartens ist: »Vielleicht sind wir jetzt nahe dabei, in das Wesen des Denkens eingelassen zu werden ... indem wir auf sein Wesen warten ... Das Warten läßt sich auf das Vorstellen gar nicht ein. Das Warten hat eigentlich keinen Gegenstand.« Kontemplation ist Warten ohne Suche, Warten um des Wartens willen. Dieses Warten ist der Zugang zum tiefen Denken, das das Oberflächendenken nicht unkenntlich macht – es läßt sich einfach nicht auf es ein. Trotzdem können wir nicht sagen: »Ich warte darauf, daß das kontemplative Denken beginnt«, weil dies rechnendes Denken ist: »Warten auf« eher als reines »Warten«. Tiefes Denken beginnt nie, weil es immer da ist und wartend im Zentrum allen Denkens pulsiert. Durch dieses Warten geschieht eine subtile Verwandlung des normalen Bewußtseins, und Ferne wird zu Nähe, Warten zu Weilen. Heidegger schreibt: »Das Warten läßt sich in das Offene selbst ein ... in die Weite des Fernen ... in dessen Nähe es die Weile findet, darin es bleibt.«

An diesem Punkt kommen die Teilnehmer der Unterhaltung unerwartet auf eine nichtvorstellende Definition vom Wesen des Denkens. Diese Definition wird durch die Verwandlung des Bewußtseins nahegelegt, durch die Ferne zu Nähe wird.

»Das Denken wäre dann das In-die-Nähe-kommen zum Fernen.«

»Das ist eine verwegene Bestimmung seines Wesens, die uns da zugefallen ist.«

»Ich habe nur zusammengefaßt, was wir soeben nannten, ohne mir dabei etwas vorzustellen.«

Wie ein nichtdarstellender Künstler, der kreative Tendenzen zusammenbringt, die keinen bildlichen Bezug haben, müssen wir die »Gegnet« mit den reinen Gesten kontemplativen Denkens ausdrücken, die keinen Bezug zur organisierten Welt des Willens haben. Wir sollen kein System von Behauptungen aufbauen, sondern im tiefen Denken – das eher wie ein Fluß fließt, als eine abstrakte Struktur zu werden – unser Gleichgewicht halten. Vorstellendes Denken versucht natürlich, den Fluß des Gewahrseins zu verläßlichen Strukturen zu verfestigen. Um über diesen instinktiven Drang des Vorstellens hinauszugelangen, müssen wir, wie Heidegger sagt, uns öffnen wie das Offene – ein Aufblühen, das dem Menschen genauso natürlich ist wie der verfestigende bzw. organisierende Prozeß.

Wenn Heidegger vom Öffnen des Offenen spricht, ist dies nicht als Zen-Rätsel bzw. Koan gedacht, das Hitze erzeugt, damit das Denken verdampft. Die Zen-Haltung gegenüber dem Denken beinhaltet oft Mißtrauen oder sogar Verachtung. Heidegger dagegen geht mit Hilfe des Denkens tiefer; er akzeptiert und verehrt den Denkprozeß und gestattet ihm, sich allmählich zu verfeinern, um ein Medium der Offenbarung zu werden. Heidegger spiegelt so die Ehrfurcht vor dem Denken, die der traditionellen griechischen Philosophie eigen ist. Für den Buddhismus offenbart die Erleuchtung sich durch rigoroses Nichtbenennen, während der Prozeß des offenbarenden Benennens zu Platos Vision des Guten führt. Aber Heidegger erkennt das Geheimnis dieses kontemplativen Prozesses, ob er nun als Benennen oder Nichtbenennen verstanden wird, genauso wie die Zen-Meister. Einer der drei Gesprächsteilnehmer bemerkt: »Vielleicht kommen diese Namen nicht aus einer Benennung. Sie verdanken sich einer Nennung, in der sich zumal das Nennbare, der Name und das Genannte ereignen.« Wir sind es, die Namen geben bzw. Gegenstände bezeichnen, und wir sind mit der Aktivität des Wollens oder Vorstellens beschäftigt. Wenn wir jedoch erkennen, daß Name und Benanntes spontan zusammen geschehen, zwingen wir nicht den Prozeß des Benennens ins Dasein, sondern lassen uns auf das kontemplative Nennen ein, das bereits existiert.

Heideggers mystisches Benennen ist der traditionellen Praxis, den göttlichen Namen zu singen, näher als dem organisierenden und kontrollierenden Zweck, den der Benennungsprozeß normalerweise erfüllt. Islamische Mystiker zum Beispiel wiederholen stundenlang den göttlichen Namen Allahs, der die Kraft hat, die Kontemplation spontan zu wecken – wie eine Blume aus ihrem Samen sprießt. Heidegger läßt sich auf dieselbe heilige Kraft des Namens ein, aber eher in philosophischer als in hingebender Stimmung. Durch das kontemplative Benennen – das Öffnen des Offenen, die »Gegnet«, die Weite des Seins – erlebt der sich darauf Einstimmende eine Kraft, die durch philosophische Intuition so wirkt wie das Wort Allah durch religiöse Hingabe. Auf dieser Stufe der Kontemplation hört Heidegger auf, ein individueller Denker mit persönlichen Grenzen zu sein; er wird zu einem Brennpunkt für die Weitergabe der westlichen mystischen Tradition, die in unserem Jahrhundert immer noch lebendig ist.

Wie das hingebungsvolle Singen des göttlichen Namens ist Heideggers philosophisches Singen kein Prozeß, der auf ein Ziel gerichtet ist – beides sind Formen ewigen Wartens in göttlicher Gegenwart bzw. nur Gegenwart. Heidegger schreibt: »Das Warten ist ... das Verhältnis zur Gegnet, insofern das Warten sich auf die Gegnet einläßt und, im Sicheinlassen auf sie, die Gegnet rein walten läßt als Gegnet.« Warten ist der Weg und das Ziel: ein Warten, das nie endet, ein ewiges Einatmen. Jede andere Beziehung, etwa Finden, würde das Gefühl des Besitzens stimulieren, das das Gefundene gegenständlich vorführt. Erleuchtung, Einlassen auf die »Gegnet«, kann nie gefunden werden, denn es ging nie verloren. Als bewußte Wesen sind wir bereits von der »Gegnet«, dem urinnersten Gewahrsein, umgeben. Wir sind insofern unerleuchtet, als wir uns noch nicht auf die »Gegnet« eingelassen und nicht gelernt haben, offen und ohne Vorstellen oder Wollen zu warten.

Weil die Gelassenheit bzw. die Erleuchtung jenseits des Bereichs des Willens weilt, wird sie, obwohl sie immer das

Wesen des Denkens ist, als Geschenk erfahren. Heidegger bemerkt: »Die eigentliche Gelassenheit muß in der Gegnet beruhen und aus ihr die Bewegung zur Gegnet empfangen.« Dies ist in Heideggers kontemplativem Denken das Echo auf die traditionelle theistische Bedeutung der göttlichen Gnade, durch die der Fromme »von Gott die Bewegung zu Gott erhält«. In der etwa im Zen-Buddhismus zum Ausdruck kommenden nichttheistischen Stimmung gibt es keinen Gott, der Gnade verteilt, und doch beginnt die Erleuchtung frei von jedem Gefühl persönlichen Strebens, Verdienens und Erreichens auf dieselbe gnadenbestimmte Art. Göttliche Gnade und spontanes Erwachen beschreiben den gleichen Prozeß der Empfänglichkeit und Dankbarkeit in zwei verschiedenen Sprachen – denselben Prozeß, den Heidegger »empfängt die Bewegung zur Gegnet aus ihr selbst« nennt. Menschen, die die Erleuchtung erlebt haben, deuten, ob sie nun eine theistische oder eine nichttheistische Sprache sprechen, ein dankbares Gefühl des Emporgehoben-Werdens bzw. des Loslassens an. In beiden Arten der mystischen Erfahrung entsteht eine spontane Dankbarkeit, wie dann, wenn wir ein liebevolles Geschenk erhalten.

Das Geschenk der Erleuchtung wird als Rückkehr zu unserem göttlichen Ursprung, unserer wahren Natur, erkannt. Heidegger schreibt: »Er [der Mensch] ist ihr [der Gegnet] in seinem Wesen gelassen, insofern er der Gegnet ursprünglich gehört ... Das Warten gründet darin, daß wir in das gehören, worauf wir warten.« Die Erleuchtung *ist* bereits, denn wir gehören in sie, wir sind in ihr zu Hause, und deshalb braucht sie nicht aktiv bewirkt zu werden. Trotzdem bleibt das Paradox, daß viel schmerzliches und frohes Ringen notwendig ist, um uns aus der aktiven, wollenden, rechnenden Dimension in das ewige Warten der Gelassenheit bzw. die Erleuchtung zu führen. Aber dieses Warten, das sowohl die Praxis der Kontemplation als auch ihr Ziel ist, ist nicht frustrierend oder unvollständig, weil wir wartend bereits in es gehören. Das Gefühl, zur kontemplativen Stimmung zu gehören, ist die geheime Essenz allen Denkens. Die Zen-Meister erklären, daß es nicht den geringsten Unterschied zwischen unserem gewöhnlichen Verstand und dem Buddha-Verstand gibt. Es gibt keine intrinsische Trennung zwischen der Oberfläche des Denkens und seinen Tiefen.

Heidegger evoziert die Erleuchtung völlig in den Begriffen der westlichen Tradition. Sein Verständnis ist tiefer als das vieler östlicher und westlicher Kontemplierender, weil er sich die Gelassenheit, die Erleuchtung, eher als ewiges Warten denn als Erreichen eines besonderen Zustands oder eines definierbaren Ziels vorstellt. So bemerkt ein Teilnehmer des Gesprächs auf dem Feldweg der Kontemplation: »Die Gelassenheit ist in der Tat das Sichloslassen aus dem ... Vorstellen und so ein Absehen vom Wollen ... das Schwärmen im Warten ... wodurch wir wartender werden und nüchterner.«

Leere ist ein im Mahayana-Buddhismus oft verwendeter Begriff, um das Wesen der Realität auszudrücken. Heideggers dementsprechende Bezeichnung lautet Offenes. Ewiges Warten als Leere oder Offenes, das Erleuchtung ist, erzeugt paradoxerweise starke Gefühle der Dankbarkeit. Bei Verehrern eines persönlichen Gottes fließt diese Dankbarkeit dem Göttlichen zu. Für Menschen, die in der Stimmung der unpersönlichen Weisheit meditieren, existiert die Dankbarkeit nur um ihrer selbst willen. So erkennen die Teilnehmer an diesem Dialog kontemplatives Denken schließlich als Danken, jenes »Danken, das sich nicht erst für etwas bedankt, sondern nur dankt, daß es danken darf«. In einem anderen Werk schreibt Heidegger einfach: Denken ist danken. Dieses höchste Danken, das als das Wesen des Denkens erkannt wurde, ist das allumfassende Gefühl der Nähe oder, mit Heideggers Worten, »›In-die-Nähe-gehen‹ … im Sinne von ›In-die-Nähe-hinein-sich-einlassen‹«. Diese Nähe, die durch Kontemplation verwandelte Ferne ist, ist das innere Gefühl, daß wir selbst das Licht sind, das die bunten Glasfenster aller persönlichen und kulturellen Kontexte erhellt. Das Licht bzw. das Bewußtsein, das wir sind, ist im Grunde nah. Es ist Nähe.

Am Höhepunkt von Heideggers Dialog wird die heilige und geheimnisvolle Natur der Nähe als weibliches Prinzip von berauschender und verwandelnder Kraft offenbart. Die Teilnehmer werden in eine lyrische Stimmung gelassen, in der sie über der weiblichen Weisheit im Zentrum ihres eigenen Denkens anbetend kontemplieren. Der Feldweg ist in der pfadlosen Wiese des urinnersten Gewahrseins verschwunden, in dem die Stimmen der drei Freunde ineinander übergehen, um das kontemplative Denken zu preisen.

»Sie fügt sie zusammen ohne Naht und Saum und Zwirn.«
»Sie ist die Näherin, weil sie nur mit der Nähe arbeitet.«
»Falls sie je arbeitet und nicht eher ruht …«
»Indem sie die Tiefen der Höhe erstaunt.«
»So konnte denn das Staunen das Verschlossene öffnen?«
»Nach der Art des Wartens …«
»Wenn dies ein gelassenes ist …«
»Und das Menschenwesen dorthin ge-eignet bleibt …«
»Woher wir gerufen sind.«

Heideggers Feldweggespräch führt uns fast unmerklich in die Kontemplation; er stellt uns weder die Qual noch die Ekstase dieser Umkehr im Bewußtsein vor, noch zeigt er, wie die normale Welt erscheint, nachdem diese Umkehr sich in die Erleuchtung vertieft hat. Wir wenden uns deshalb Krishnamurti zu, dessen asiatischer Zugang zum kontemplativen Denken praktischer und erfahrungsbezogener ist und die

philosophischen Themen ausläßt, bei denen Heidegger verweilt. Keine Methode ist der anderen überlegen. Vor seinem akademisch-philosophischen Hintergrund setzt Heidegger sich die Aufgabe, die verfestigten Strukturen der philosophischen Tradition des Abendlandes aufzutauen, die sich, wie er leidenschaftlich betont, um das rechnende Denken konzentriert hat und von ihrer Essenz, der Kontemplation, getrennt ist. Krishnamurti dagegen entwickelte seine Herangehensweise im indischen Umfeld ehrgeizigen spirituellen Übens und zeigt, daß rechnendes Denken sich auch hinter den verschiedenen Formen der mystischen Suche verbirgt.
Krishnamurti weist darauf hin, daß eben die Struktur der Suche, die ihre Erfüllung in eine mehr oder weniger entfernte Zeit bzw. einen mehr oder weniger entfernten Bewußtseinszustand projiziert, das Wesen des Menschen weiter bindet, anstatt uns, um mit Heidegger zu sprechen, in unsere intrinsische Gelassenheit zu lassen. Wie Heidegger erkennt, daß rationales Forschen eher rechnend als kontemplativ ist, erkennt Krishnamurti, daß die religiöse Suche eine willentliche Projektion des Verstands ist und nicht ein Zugang zu dem, was er Wahrheit nennt. Weder rationale noch religiöse Erklärungen führen direkt in die Kontemplation. Solche Erklärungen dienen sogar dazu, das Zentrum respektive den Urgrund des Denkens zu verbergen. Trotzdem gibt es nie eine wirkliche Trennung vom tiefen Denken, denn das Wesen des Gewahrseins ist bereits Kontemplation oder die Weite, die Heidegger Sein und Krishnamurti Wahrheit nennt.
Krishnamurti beginnt wie Heidegger mit einer Betrachtung der elementaren Natur des Denkens und stellt fest, daß sein Wesen leer, offen ist. Er fragt: »Beginnt Denken mit einer Folgerung? Ist Denken die Bewegung von einer Folgerung zur nächsten? Kann es Denken geben, wenn das Denken positiv ist? Ist nicht die höchste Form des Denkens negativ?«

Krishnamurtis negatives Denken, das dem besinnlichen Denken Heideggers ähnelt, taucht unter die Oberfläche der Folgerungen oder Berechnungen. Krishnamurti nennt das Oberflächendenken Wissen; er fragt: »Ist nicht alles Wissen eine Ansammlung von Definitionen, Folgerungen und positiven Behauptungen?« Auch bei ihm wird das gewöhnliche Wissen bzw. die Oberfläche des Denkens nicht mißachtet; er mahnt nur, daß die Oberfläche nicht die Tiefe verbergen darf: »Wissen ist nur ein Teil des Lebens, nicht das Ganze, und wenn dieser Teil eine alles verzehrende Bedeutung annimmt, wie er es jetzt zu tun droht, wird das Leben oberflächlich.« Die zentrale Gefahr des gegenwärtigen technologischen und weltlich orientierten Zeitalters ist das Wissen oder das rechnende Denken, das mehr und mehr von unserer Energie und unserer Aufmerksamkeit auf sich zieht, indem es Versprechungen macht, die es nicht halten kann. Krishnamurti bemerkt: »Mehr Wissen, egal, wie umfassend und geschickt es zusammengesetzt ist, wird unsere menschlichen Probleme nicht lösen; dies anzunehmen hieße Frustration und Elend einladen. Etwas sehr viel Tieferes ist notwendig.« Notwendig ist, daß wir uns für das Zentrum unseres eigenen Denkprozesses öffnen.

Krishnamurtis negatives Denken wird durch seinen Dialog mit Suchenden deutlich, die sich mit verschiedenen Formen des positiven Denkens beschäftigen. Diese Suchenden sind voll von den Annahmen und Vorstellungen ihrer speziellen Suche, und Krishnamurti versucht, sie zu leeren, zu öffnen. Einer dieser Wissenssucher, der in Klöstern überall in der Welt gelebt hatte, um esoterische Traditionen zu studieren, sagte zu Krishnamurti: »Ich bin nicht sicher, daß ich Sie verstehe … wenn Sie sagen, daß das Wissen beiseite gelassen werden muß, um die Wahrheit zu verstehen.« Dieser sehr engagierte Suchende erklärte seine eigenen Voraussetzungen so: »Bei einem erstklassigen Verstand und der Fähigkeit, Wissen anzusammeln, sollte ein Mensch in der Lage sein, sehr viel Gutes zu tun ... Mich verzehrt dieses Bedürfnis nach Wissen.«

Je stärker unsere Motivation ist, desto vollständiger kann das endlos sich selbst verewigende Muster der Suche uns begrenzen. Weil unser urinnerstes Gewahrsein bereits Wahrheit ist, ist die Haltung des Suchens unangemessen. Krishnamurti antwortet diesem ewigen Suchenden: »Positives Denken ist ein Prozeß der Anpassung, und ein Verstand, der sich anpaßt, kann nie in der Verfassung des Entdeckens sein ... Die Wahrheit muß Augenblick für Augenblick neu entdeckt werden, sie ist keine Erfahrung, die wiederholt werden kann ... sie ist ein zeitloser Zustand ... nicht ein Zustand, der erreicht werden muß, oder ein Punkt, zu dem der Verstand sich entwikkeln oder wachsen kann.«

Das Erwachen ins Zeitlose geschieht mühelos und augenblicklich, weil es bereits da ist. Aber das, was Heidegger Wollen nennt, ist bei diesem Suchenden so stark, daß er sich den Übergang zum urinnersten Gewahrsein sofort als mühsamen Willensakt vorstellt, als vollkommenen Verzicht: »Ich glaube, ich verstehe, was Sie meinen, aber ist es nicht enorm schwierig, alles aufzugeben, was man erworben hat?« Ein solcher Verzicht wäre rechnendes Denken, und daher antwortet Krishnamurti einfach: »Etwas aufzugeben, um etwas zu bekommen, ist kein Verzicht.« Der Impuls des Rechnens, der Wille zum Anhäufen – diese Oberflächenfunktionen des Denkens müssen für die Tiefen des Denkens transparent werden. Krishnamurti schlägt keine spezielle Methode oder Suche vor, sondern empfiehlt, daß das Gewahrsein – ungeachtet des von uns als Zeit bezeichneten Netzwerks der Definitionen und Behauptungen – einfach seiner selbst als an sich zeitlos gewahr sein soll. Zeitloses Gewahrsein ist nicht statisch oder leer, sondern fließt mit dem Leben. Zeit ist Rechnen, und Zeitlosigkeit ist die Abwesenheit von Rechnen.

Um das Wesen des zeitlosen Gewahrseins zu illustrieren, erzählt Krishnamurti seine eigenen Wahrnehmungen in poetischen Passagen, die seine Gespräche begleiten. Der scharfe Gedankenaustausch mit Suchenden, durch den Krishnamurti die Nabelschnur der Suche zu durchschneiden sucht, setzt das Drama des Erwachens zum kontemplativen Denken in Szene. Die Aufzeichnungen seines eigenen zeitlosen Gewahrseins offenbaren das Wesen der Erleuchtung, das urinnerste Gewahrsein. Krishnamurti schreibt: »Es hatte die ganze Nacht und den größten Teil des Morgens geregnet, und jetzt ging die Sonne hinter dunklen, schweren Wolken unter. Der Himmel hatte keine Farbe, aber der Duft der regengetränkten Erde erfüllte die Luft. Die Frösche hatten die ganze Nacht beharrlich und rhythmisch gequakt, aber mit der Dämmerung wurden sie still.« Das zeitlose Gewahrsein bleibt die ganze Nacht hindurch wach; es regnet als der Regen, es quakt als die Frösche. Diese Beschreibung zeigt direkt das, was Heidegger philosophisch zu verstehen gibt, wenn er schreibt, es genüge, wenn wir beim Naheliegenden verweilen und uns auf das Nächstliegende besinnen, hier und jetzt auf diesem Fleck Heimaterde – diese Heimaterde des Gewahrseins von Regen, Fröschen, Stille.

Krishnamurtis Sprache ist einfach und klar, genauso wie das Wesen des urinnersten Gewahrseins, das ihr Ursprung ist. Er fährt fort: »Einer der großen braunen Adler beschrieb weite Kreise am Himmel; ohne Flügelschlag schwebte er auf dem leichten Wind. Hunderte von Menschen auf Fahrrädern fuhren nach einem langen Tag im Büro nach Hause.« Der Adler und die Büromenschen bringen ungeachtet ihres unterschiedlichen Empfindens für Begrenzung und Notwendigkeit dasselbe weit kreisende, nach Hause zurückkehrende Gewahrsein zum Ausdruck. Es gibt weder das Weltliche noch das Erhabene. »Eine große Gruppe war stehengeblieben, die Fahrräder gegen die Körper gelehnt, und diskutierte angeregt über irgend etwas, während ein Polizist in der Nähe sie aufmerksam beobachtete.« Im zeitlosen Gewahrsein wird psychologisch genau beobachtet. Keine Ebene der Wahrnehmung wird ausgeschlossen. »Die Straße war voller brauner Pfützen, und die vorbeifahrenden Autos bespritzten einen mit schmutzigem Wasser, das dunkle Flecken auf der Kleidung hinterließ.« Die ganze scheinbare Häßlichkeit der menschlichen Welt ist vollkommen sichtbar, aber es gibt weder heftigen Zorn noch Frustration: Unsere Kleidung ist befleckt, nicht unser bewußtes Wesen. »Ein Junge kam vorbei, der auf dem Kopf eine alte Kerosin-Büchse trug ... Er hatte helle Augen und ein außergewöhnlich fröhliches Gesicht; er war dünn, aber kräftig gebaut ... Er trug ein Hemd und einen Lendenschurz, die beide die Farbe der Erde hatten.« Das kontemplative Gewahrsein ist einfach und jugendlich und in Erdfarben gekleidet; es trägt die Last der Zeit bzw. des Rechnens gelassen und unbekümmert. Aufgewecktheit und ungewöhnliche Fröhlichkeit sind seine einzigen sichtbaren Charakteristika.

Krishnamurti, der nun den Segen der Wahrheit kontempliert, gerät in eine Ekstase, die einfach und klar bleibt und sich schnell wieder im normalen Fluß der Wahrnehmung auflöst: »Es lag ein Segen in der Luft, eine Liebe, die alles bedeckte, eine Sanftheit, die einfach und ohne Berechnung war, eine Güte, die immer blühte. Plötzlich hörte der Junge auf zu singen und wandte sich einer baufälligen Hütte zu, die ein wenig abseits der Straße stand.« Dies ist Gelassenheit in der »Gegnet« wirklich: reines Gewahrsein, von dem nichts ausgeschlossen ist. Soziale Ungerechtigkeit etwa wird anhand des baufälligen Hauses deutlich, zu dem der Junge zurückkehrt.

Die verschiedenen Formen der an der Oberfläche des Denkens erforderlichen verantwortlichen Wahrnehmung und der kontemplativen Ruhe in ihren Tiefen behindern und widersprechen sich nicht. Genausowenig beinhaltet zeitloses Gewahrsein ein Gefühl der Überlegenheit oder Besonderheit. Der Junge beschäftigt sich nicht mit dem Segen der Wahrheit, aber er strahlt ihn durch seine Aufgewecktheit und Fröhlichkeit aus. Sein Nach-Hause-Kommen ist weder reich noch arm, einfach bewußt.

Krishnamurtis Besucher, der dem Weg der Weisheit gefolgt war, wurde mit der Tatsache konfrontiert, daß sein Wissensdurst ihn auf die Oberfläche des Denkens begrenzt hatte, auch wenn es sich um esoterisches Wissen handelte. Betrachten wir aber auch Krishnamurtis Gespräch mit einem Suchenden, der dem Weg der Hingabe folgt. Wie dieser Besucher Krishnamurtis sagt, dauerte sein Reifeprozeß ungefähr fünfundzwanzig Jahre; er begann mit der Phase des weltlichen Erfolgs als gebildeter, glücklich verheirateter Regierungsbeamter mit einem sicheren Arbeitsplatz. Die Ebene der sozialen und persönlichen Errungenschaften sollte nicht als oberflächlich verachtet werden. Bis wir im zeitlosen Gewahrsein erwachen, werden wir alle von dem Wunsch angetrieben, zu disziplinieren, zu organisieren, zu besitzen und dadurch Erfüllung zu finden. Eine solche Sehnsucht mit ihren zahllosen Formen ist rechnendes Denken, und wie Krishnamurtis zweiter Besucher schließlich entdeckt, ist religiöse Sehnsucht nicht unbedingt befreiender als irgendeine andere Form der Sehnsucht. Sehnsucht liefert einen entscheidenden Hinweis, muß sich aber schließlich in ihrem eigenen Ursprung auflösen.

Als dieser erfolgreiche Mann beschloß, der indischen Tradition entsprechend Familie und Karriere zugunsten eines ausschließlich der meditativen Praxis gewidmeten Lebens aufzugeben, verstärkte sich seine Sehnsucht, löste sich aber nicht in die Erleuchtung auf. Nach Jahren des Studiums und strenger Meditationsdisziplin hatte er Visionen von Buddha, Christus und Krishna. Er blieb eine Zeitlang auf dieser belebenden Höhe spiritueller Erfahrung, bis er in einem Vortrag Krishnamurti sagen hörte: »... ohne Selbsterkenntnis, die in sich selbst Meditation ist, ist alles Meditieren ein Prozeß der Selbsthypnose, eine Projektion der eigenen Gedanken und Wünsche.« Der Besucher faßte sich ans Herz und offenbarte Krishnamurti die Wirkung dieser Worte: »Ich sehe, daß das, was Sie sagen, vollkommen wahr ist, und es ist ein großer Schock für mich, zu erkennen, daß ich in den Bildern bzw. Projektionen meines eigenen Verstands gefangen war. Ich erkenne jetzt völlig, was meine Meditation gewesen ist. Fünfundzwanzig Jahre lang war ich in einem von mir selbst geschaffenen wundervollen Garten gefangen; die Persönlichkeiten, die Visionen waren das Ergebnis meiner speziellen Kultur und der Dinge, die ich gewollt, studiert und aufgenommen habe. Ich verstehe nun die Bedeutung dessen, was ich getan habe, und ich bin mehr als entsetzt darüber, so viele wertvolle Jahre vergeudet zu haben.«

Kommen wir noch einmal auf die Allegorie der Kathedrale zurück, die wir durchwandern und durch deren diverse bunte Glasfenster wir dem Licht begegnen, das Krishnamurti als Wahrheit bezeichnet. Solange wir naiv glauben, die Farben oder Figuren dieser Fenster seien selbst der Ursprung des Lichts, sind wir zu dem, was Krishnamurti Selbsterkenntnis nennt, nicht erwacht: der Einsicht, daß unser urinnerstes Gewahrsein selbst das Licht ist, das alle persönlichen und kulturellen Kontexte erhellt. Ohne dieses Verständnis sind alle künstlerischen, religiösen, wissenschaftlichen, zwischenmenschlichen Visionen und Einsichten eher reines Ansammeln als die wirkliche Erkenntnis unseres Wesens als zeitloses Gewahrsein. Krishnamurti steht einer Wanderung durch die

Kathedrale, bei der wir Erfüllung bei den Mustern der verschiedenen Fenster suchen, extrem kritisch gegenüber. Für ihn sollte Abhängigkeit von esoterischen Systemen oder frommen Vorstellungen sofort durch Selbsterkenntnis aufgelöst werden, das heißt durch direkte Aufmerksamkeit gegenüber dem Gewahrsein, das an sich leer, offen, zeitlos und vollständig ist.

Krishnamurtis Besucher hat sich in die dramatische Umkehr gestürzt, die rechnendes Denken in kontemplatives Denken verwandelt: »Ich sehe, daß ich in meiner Meditation in eine Sackgasse geraten bin, obwohl sie mir noch vor ein paar Tagen wunderbar bedeutsam zu sein schien. Auch wenn ich es noch so sehr möchte, kann ich zu dieser ganzen Selbsttäuschung, dieser ganzen Anregung des Egos nicht zurückgehen. Sie können sich nicht vorstellen, was ich in den letzten beiden Tagen durchgemacht habe! Die Struktur, die ich fünfundzwanzig Jahre lang so sorgfältig und mühsam aufgebaut habe, hat keinen Sinn mehr, und ich habe den Eindruck, daß ich ganz von vorn anfangen muß.«

Krishnamurti, der erkennt, daß dieser Besucher immer noch vom rechnenden Denken bezaubert ist, antwortet: »Könnte es nicht sein, daß es überhaupt keinen Neuanfang gibt? Wenn man neu anfängt, ist man vielleicht in einer anderen Illusion gefangen. Der Wunsch, ein Ziel, ein Ergebnis zu erreichen, verblendet uns; aber wenn wir erkennen, daß das gewünschte Ergebnis immer noch innerhalb des ichbezogenen Bereichs liegt, gibt es keinen Gedanken an ein Erreichen mehr.«

Krishnamurti erklärt dem verwirrten Suchenden: »Sie haben Selbstbeherrschung praktiziert, die Gedanken gebändigt und sich auf die Förderung der Erfahrung konzentriert. Dies ist eine ichbezogene Beschäftigung, keine Meditation; und die Erkenntnis, daß es keine Meditation ist, ist der Beginn der Meditation.« Meditation bzw. Kontemplation ist ein fortwährendes Wiederbeginnen mit der Erkenntnis, daß es nichts zu beginnen gibt; sie ist frei von der Motivation, eine Struktur aufzubauen. Wenn wir uns auf einen Prozeß einlassen, den wir für Kontemplation halten, errichten wir eine Struktur, die dann niedergerissen werden muß. Nur die plötzliche Eingebung, daß urinnerstes Gewahrsein nie irgend etwas aufbaut, nennt Krishnamurti den Beginn der Meditation. Er fährt fort: »Freiheit vom Falschen entsteht nicht durch den Wunsch, es zu erreichen; sie entsteht, wenn der Verstand nicht mehr mit dem Erfolg, dem Erreichen eines Ziels beschäftigt ist. Alles Suchen muß aufhören, nur dann besteht die Möglichkeit, daß das Namenlose entsteht.«

Der Besucher, der immer noch unter dem Bann des rechnenden Denkens steht, entgegnet: »All dies ist mit Zeit und Geduld verbunden, nicht wahr?« Dieser hartnäckige Suchende ist bereit, mit einer gänzlich neuen Projektion zu beginnen – bereit, weitere fünfundzwanzig Jahre zu opfern, um das neue Ziel zu erreichen, das Krishnamurti ihm seiner Meinung nach vorgibt. Krishnamurti antwortet: »Ein ehrgeiziger Mensch, sei er weltlich oder sonstwie orientiert, braucht Zeit, um sein Ziel zu erreichen. Der Verstand ist das Produkt der Zeit ... und ein Denken, das daran arbeitet, ihn mit Gewalt von der Zeit wegzubringen, verstärkt nur die sklavische Abhängigkeit von der Zeit. Zeit existiert nur, wenn zwischen dem, was ist, und dem, was sein sollte, eine psychologische Kraft besteht ... Wenn man sich der Falschheit dieser ganzen Art zu denken gewahr ist, bedeutet dies, daß man frei von ihr ist – was keine Anstrengung verlangt, kein Üben. Das Verständnis ist unmittelbar, es hat nichts mit Zeit zu tun.«

Dies ist der Weg der augenblicklichen Erleuchtung. Trotzdem praktizieren Zen-Schüler normalerweise ungefähr fünf Jahre lang die Meditation, bevor sie zum erstenmal Kensho, plötzliche Erleuchtung, erleben. Dies ist der Reifeprozeß. Die gewissenhaft Übenden meditieren die ganze scheinbare Zeit nur, um die Vorstellung der Zeit abzubauen und das Berechnen zu zerstören, daß sie sich um ein Erleuchtung genanntes Ziel bemühen müssen. Wie Heidegger sagt, existiert die Gelassenheit bereits. Wir gehören schon zur »Gegnet«. Wir haben uns nie von unserem Heimatboden entfernt. In diese Nähe zu kommen ist das Wesen des tiefen Denkens.

Don Juan ist ein magischer Zauberer, der Gegenstände in Raum und Zeit verwandelt, um das vorstellungsbezogene Denken seines Schülers Carlos Castaneda zu unterminieren. Die Zauberei Don Juans benutzt visionäre Geisteszustände, die die Objektivität jedes Geisteszustands in Frage stellen und uns keine Welt lassen, mit der wir uns identifizieren können. Krishnamurti ist ein psychologischer Zauberer, der die Welt des Rechnens unterhöhlt, indem er die psychologische Flucht entlarvt, die wir als Wahrheitssuche ausgeben. Die Vorstellung des Suchens ist der Schleier, der das zeitlose Wesen des Gewahrseins verbirgt. Heidegger ist ein philosophischer Zauberer, der durch die enthüllende Macht der Sprache unser Oberflächendenken in das tiefe Denken führt, das die Weite des Seins ist. Die Zauberei oder das schamanistische Drama dieser erwachten Menschen unterminiert bzw. transformiert Welt und Zeit. Beide haben leuchtende Fenster geschaffen, durch die wir das Licht des urinnersten Gewahrseins kontemplieren können. Wir können stehenbleiben, schauen und uns inspirieren lassen. Aber am Ende müssen wir uns selbst in der Nähe des urinnersten Gewahrseins erwecken. Dann können wir frei und ehrfürchtig alle Fenster der Kathedrale kontemplieren und verstehen, daß unsere eigene essentielle Natur das Klare Licht ist, das sie weitergeben.

KAPITEL II

Der tantrische Weg der Göttin Kali

Ramakrishna von Bengalen

Ramakrishna war in allen spirituellen Ausdrucksformen zu Hause, denen er begegnete, vom Christentum und Islam bis zum Hinduismus, der in vielerlei Hinsicht verschieden von den ersteren ist. Er wurde 1836 in einem von europäischem Einfluß unberührten Bauerndorf in Bengalen geboren und brachte doch eine universelle spirituelle Vision zum Ausdruck, die in jeder Kultur selten ist. Er empfand alle Religionen als ein einziges Spektrum der Weisheit und Hingabe, als eine Kommunion des Göttlichen mit dem Göttlichen, in der Verehrender und Verehrtes aus demselben höchsten Bewußtsein stammen. Ramakrishna predigte nie. Für ihn war die spirituelle Entwicklung jedes Menschen einzigartig; so empfahl er dem einen diese Methode und einem anderen vielleicht die entgegengesetzte. Seine Äußerungen waren ekstatisch; seine Gleichnisse sind Lieder zum Meditieren, nicht rationale Erklärungen, die irgendein theologisches System bilden.

Ramakrishna betrachtete sich als Kind der Göttin Kali, der göttlichen Mutter des Universums. Als ein Kind, das nichts wußte und nichts entschied, sprach und handelte er spontan, wenn Sie durch ihn sprach und handelte. Er betrachtete sich noch nicht einmal als Guru, als Lehrer. Wenn fromme Schüler erklärten, er sei ein Avatar, eine besondere Emanation des Göttlichen, saß der halbnackte, Gewürze kauende Ramakrishna in ihrer Mitte; berauscht von der Seligkeit der göttlichen Gegenwart, wiederholte er immer wieder: »Wenn ihr sagt, daß ich es bin, müßt ihr recht haben, aber ich weiß nichts davon.« Er war sehr sensitiv. Er reagierte auf subtile Veränderungen der psychischen und spirituellen Energie so, wie Pflanzen auf ihre Umgebung reagieren. Einmal beobachtete er vom Tempelgarten aus zwei Bootsführer, die sich weit draußen auf dem Ganges schlugen. Sofort erschienen auf seinem eigenen Körper die Male dieser Schläge.

Die Sprache seiner Gleichnisse ist täuschend einfach. Wir sollten uns davor hüten, sie zu konkretisieren oder einseitige Vorstellungen in bezug auf seine Lehren zu entwickeln. Ramakrishna bemerkte oft, die bedenklichste Verzerrung des spirituellen Lebens sei die Einseitigkeit, die uns an einem einzigen Standpunkt festhalten läßt. Seine leitende Vision war ein Bewußtseinskontinuum, in dem alle Formen bzw. Standpunkte wie Luftblasen in einem Fluß Gestalt annehmen und sich wieder auflösen. Er vertrat einen umfassenden Weg der Hingabe an die in allen heiligen Traditionen offenbarten göttlichen Formen und gleichzeitig einen Weg der Weisheit, der göttliche Formen oder Eigenschaften nie als von ihrem Ursprung im höchsten Bewußtsein getrennt empfand. Die tantrische Haltung besteht darin, ekstatisch alle Formen als ein Bewußtseinskontinuum zu erfahren, das Ramakrishna als die Göttin Kali in ihrem allumfassenden Aspekt identifizierte, und so die Wege der Weisheit und der Hingabe zu verschmelzen. Durch diese tantrische Haltung half Ramakrishna fortgeschrittenen spirituellen Suchenden, sich aus den Begrenzungen ihrer formalen Übungen und religiösen Perspektiven in den Strom des höchsten Bewußtseins, die Erleuchtung, zu befreien.

Während einige traditionelle Weisheitspfade betonen, daß nur der formlose Urgrund, das Absolute, real ist und göttliche und menschliche Formen eine Illusion sind, trifft Ramakrishna nie eine derart strenge Abgrenzung zwischen Form und Formlosem, Relativem und Absolutem. Die göttliche Form, Krishna etwa oder Christus, verbirgt weder das formlose Absolute, noch wird sie durch das Absolute unkenntlich gemacht. Ramakrishna reagierte einfach auf den Strom des höchsten Bewußtseins, das keine intrinsische Form besitzt und sich doch durch alle heiligen Traditionen und das manifestierte Sein ganz ausdrückt. Ramakrishna, der diesem universellen Strom des Bewußtseins glich, floß frei und ehrerbietig durch die verschiedenen spirituellen Ausdrucksformen, jede voll verkörpernd und doch keiner ausschließlich verpflichtet.

Die fortgeschrittenen Übenden, die Ramakrishna begegneten, identifizierten sich stark mit einem bestimmten traditionellen Zugang zum Göttlichen. Die erste war die Brahmanin, die die Übungen des Tantra genauso beherrschte wie die Frömmigkeitsformen des Hinduismus, bei denen Gott durch die enge Beziehung zu einem Freund, einem Kind oder einem Geliebten verehrt wird. Als die Brahmanin im Garten des Kali-Tempels von Dakshineshvara ankam, wo Ramakrishna residierte, war sie in den Fünfzigern und eine spirituell mächtige Frau. Obwohl sie nur einen Blick auf ihn warf, als er in glückseliger Stimmung und in tiefer Kontemplation über seine göttliche Mutter Kali dasaß, fühlte sie für ihn die überwältigende Anziehung einer Mutter für ihr Kind. Am selben Tag erlebte sie den Höhepunkt ihrer jahrelangen Meditationspraxis.

Die Brahmanin trug immer ein Steinsymbol der transzendenten göttlichen Weisheit bei sich, das sie zur formalen Verehrung und zur Meditation benutzte. Täglich kochte sie Essen und opferte es der heiligen Kraft, die sich symbolhaft durch den Stein manifestierte. Dann meditierte sie im strahlenden Glanz der göttlichen Gegenwart. Nachdem sie Ramakrishna begegnet war, errichtete sie ihren Feuerplatz am Ganges. Ramakrishna, der in seiner Kammer auf der anderen Seite des Tempelgartens ein Nickerchen machte, erwachte in einer Art Berauschtheit. Er geriet oft spontan in solche Stimmungen, wenn er auf einen durch echte Verehrung hervorgerufenen Strom spiritueller Energie reagierte. In Ekstase ging er zu der Stelle, an der die Brahmanin ihre zeremonielle Gabe darbrachte, und kam gerade an, als sie die Anrufung beendete. Er setzte sich neben den heiligen Stein und begann, die geweihte Nahrung zu essen. Einen Augenblick lang war die orthodoxe Brahmanin schockiert, aber dann öffnete sich ihre spirituelle Vision. Durch Ramakrishna erkannte sie einen vollen Ausdruck der heiligen Kraft, die sie durch das Steinsymbol jahrzehntelang täglich verehrt hatte. Während sie am Fluß saß, geriet sie in eine tiefe Meditation, in der ihr ihre Form, die Form des heiligen Steins und die Form Ramakrishnas als höchstes Bewußtsein offenbart wurden. Einige Stunden später übergab sie den Stein dem Wasser des Ganges, denn sie hatte erkannt, daß diese rituelle Übung nicht mehr notwendig war, um die göttliche Gegenwart zu beschwören. Ramakrishna hatte sie von der formalen Verehrung befreit und ihre spirituelle Sehnsucht erfüllt, indem er die sakramentale Gegenwart durch seine Person manifestierte und für das höchste Bewußtsein transparent wurde.

Ein wandernder Mönch namens Jatadhari war ein weiterer fortgeschrittener Verehrer, der mit Ramakrishna in Berührung kam. Jatadhari trug ein kleines Metallbild des Kindes Rama mit sich herum, das von den Hindus als Inkarnation Gottes verehrt wird. Der mütterliche Jatadhari gab dem heiligen Kind nicht nur zu essen, sondern nahm es auch zum Schwimmen in den Ganges mit und spielte mit ihm in den Feldern Nachlaufen. Er widmete sein Leben völlig der liebenden Sorge für dieses Kind, das er als eine Form des Göttlichen betrachtete. Seiner erleuchteten Sicht erschien das leblose Metallbild als lichtvoller Knabe. Er konnte tatsächlich das Kind Rama tanzen sehen und lachen hören. Dieser weit fortgeschrittene Übende kontemplierte über das spirituelle Reich nicht nur mit geschlossenen Augen in tiefen Trancezuständen, sondern auch im täglichen Leben. Übende dieser Stufe haben die traumähnliche Natur unseres üblichen Universums so vollständig erfahren, daß sie der simultanen Präsenz anderer Universen begegnen, die von göttlichen Formen bevölkert sind, deren intensive Reinheit alle Erfahrungen in Hingabe und Weisheit verwandelt.

Dabei besteht jedoch immer die Gefahr, in einem dieser alternierenden Universen eingeschlossen zu werden und zu vergessen, daß auch das gewöhnliche Universum die heilige Kraft manifestiert und kein Universum das Göttliche ausschließlich ausdrückt. Ramakrishna, der Suchende aus den Grenzen jedweder Weltsicht in das Kontinuum des Bewußtseins entließ, führte Jatadhari auf amüsante Weise aus dem Reich seines göttlichen Kindes hinaus. Jatadhari, der im Tempelgarten saß, stellte fest, daß das Kind nicht da war. Nachdem er ängstlich gesucht hatte, fand er es, wie es mit Ramakrishna spielte. Jatadhari war sprachlos, denn er war noch nie jemandem begegnet, der die durch das Bild konzentrierte spirituelle Energie wahrnehmen und mit ihr spielen konnte. Das Kind Rama spielte immer öfter mit Ramakrishna. Jatadhari war mehr und mehr allein, bis ihm eines Tages eine tiefe Erkenntnis dämmerte. Er ging zu Ramakrishna und rief: »Ich gebe dir dieses Bild von Ramlala. Ich habe es viele Jahre lang verehrt, und jetzt begreife ich, daß ich es nicht mehr brauche.« Ramakrishna deutete Jatadhari gegenüber nicht an, daß seine visionäre Erfahrung eine Illusion war, sondern erfüllte einfach die spirituelle Sehnsucht Jatadharis. Dieser war dahin gekommen, daß er Ramakrishna, das göttliche Kind und sich selbst als transparente Formen desselben höchsten Bewußtseins betrachtete. Dies ist der tantrische Weg, bei dem Form und Formloses als gleichwertig angesehen werden. Von der Notwendigkeit rituellen Übens befreit, werden alle Bewegungen zu spontaner Verehrung, wenn menschliche und göttliche Formen in einem einzigen Bewußtseinskontinuum erscheinen und verschwinden.

Eine weitere fortgeschrittene Übende, die Ramakrishna begegnete, war Gangamayi. Sie wurde von ihren Anhängern als Reinkarnation einer Begleiterin Radhas betrachtet, Krishnas heiliger Geliebten bzw. spirituellen Gefährtin. Gangamayis spirituelle Übung bestand aus der ununterbrochenen Meditation über Radha und ihrer ekstatischen Liebe zu Krishna. Radha und Krishna sind keine getrennten Wesen, die wie gewöhnliche Liebende nach Vereinigung streben. Krishna und seine Gefährtin gelten als Emanationen des männlichen und weiblichen Aspekts des Göttlichen, die sich ewig in vollkommener Einheit befinden. Sie bilden das Drama der Trennung nur deshalb in menschlichen Körpern ab, um die Ekstase der göttlichen Vereinigung durch die Metapher der menschlichen Liebe zu offenbaren. Durch die Kontemplation von Radhas und Krishnas Liebestanz nähert der Verehrende sich dem Göttlichen mit einer tiefen Sehnsucht, die der stark voneinander angezogener romantischer Partner gleicht. Ramakrishna empfahl Suchenden gewöhnlich, sich ständig an Gott so zu erinnern, wie eine verliebte Frau an ihren Geliebten denkt: Sie erledigt tagsüber ihre verschiedenen Arbeiten, während sie ständig an die Vereinigung mit dem Geliebten denkt, den sie des Nachts trifft.

Bevor Ramakrishna Gangamayi begegnete, hatte er über die vollkommene Liebe Radhas zum Göttlichen in der Gestalt Krishnas meditiert. Allmählich wurde der weibliche Aspekt seines Wesens geweckt, was schließlich zur Erfahrung seiner mystischen Identität mit Radha führte. Als er Gangamayi im Verlauf seiner Pilgerreise begegnete, waren die beiden daher stark voneinander angezogen. Gangamayi erkannte Ramakrishna als eine Verkörperung Radhas, über die sie so viele Jahre lang intensiv meditiert hatte. Wie die Brahmanin und Jatadhari wurde auch Gangamayi durch die sakramentale Gegenwart Ramakrishnas erweckt. Dadurch, daß sie sich nicht länger auf die Radha der Vergangenheit konzentrierte, erlebte sie ihre eigene Identität mit der unmittelbaren spirituellen Präsenz Radhas, die sich ihr durch Ramakrishna voll manifestierte. Gangamayi erkannte nun Ramakrishna, Radha und sich selbst als strahlendes Kontinuum des Bewußtseins.

Eine weitere dramatische Illustration der Fähigkeit Ramakrishnas, fortgeschrittene Übende aus traditionellen religiösen Formen ins höchste Bewußtsein zu entlassen, stammt von Gopal Ma. Als Kindbraut verwitwet, widmete sie ihr langes Leben der Verehrung des Säuglings Krishna als einer Inkarnation Gottes. Sie führte ein nach weltlichen Maßstäben karges Leben, das fast ausschließlich darin bestand, den heiligen Namen zu wiederholen und für das göttliche Kind zu kochen. Gopal Ma hatte nicht das visionäre Niveau Jatadharis erreicht, der das lebendige Gotteskind mit offenen Augen wahrnehmen konnte, aber sie fühlte die unsichtbare Gegenwart des Säuglings Krishna. Eines Tages besuchte sie zufällig den Tempelgarten von Dakshineshvara. Sofort kam Ramakrishna auf sie zu, setzte sich auf ihren Schoß und bat sie, ihn zu füttern. Er handelte wie immer spontan und anders als erwartet. Seine spirituelle Stimmung paßte sich automatisch der Verehrung jedes Suchenden an – in diesem Fall Gopal Mas inniger Verehrung des heiligen Kindes. Gopal Ma fütterte Ramakrishna mit den Süßigkeiten, die sie eigentlich im Tempel hatte opfern wollen; er dankte ihr, und sie kehrte zu ihrer Einsiedelei am Ganges zurück. Als sie an diesem Abend wie üblich kochte, war plötzlich der Säugling Krishna in einer strahlenden Form da, die gesehen und berührt werden konnte. Sie hielt das Kind in den Armen, während sie die zubereitete Nahrung verzehrte. Es kam zu einer vollkommenen Durchdringung des transzendenten göttlichen Reichs und der irdischen Ebene.

Früh am nächsten Morgen kehrte Gopal Ma, die das heilige Kind trug, zu Ramakrishna zurück. Sie fühlte einen engen Zusammenhang zwischen ihrer plötzlichen spirituellen Erweckung und diesem ekstatischen Priester in Dakshineshvara. Das Kind krabbelte auf Ramakrishnas Schoß, spielte eine Weile, verschwand in seinem Körper und tauchte wie Licht, das aus Licht herausstrahlt, wieder aus ihm auf. Da begann Gopal Ma zu verstehen, daß Ramakrishna selbst eine Verkörperung Gopalas bzw. des Säuglings Krishna war und daß Ramakrishna ein Wesen war, das sich auf verschiedenen Bewußtseinsebenen gleichzeitig manifestierte. Ungefähr sechs Monate lang lebte Gopal Ma auf der transzendenten Ebene mit dem strahlenden Kind, das nur sie und Ramakrishna wahrnehmen konnten. Nach und nach löste ihre visionäre Erfahrung sich auf, und Ramakrishna in seiner gewöhnlichen menschlichen Form wurde ihr Gopala, den sie in Dakshineshvara nährte. Später entfaltete sich bei ihr eine andere Ebene der Erkenntnis, durch die sie alle lebenden Wesen als das Baby Krishna und damit als das Strahlen des höchsten Bewußtseins wahrnehmen konnte.

Es lag in Ramakrishnas Natur, mit jeder echten religiösen Form, der er begegnete, zu verschmelzen und sie spontan zu verkörpern. Dieser Prozeß der greifbaren Verkörperung göttlicher Formen existiert in allen heiligen Traditionen. Beispielsweise lebte in der ersten Hälfte dieses Jahrhunderts in Süditalien ein katholischer Priester namens Padre Pio bzw. Francesco Forgione. Durch die Intensität seiner Meditationen über die Passion Christi manifestierte er die fünf Wunden, die

Stigmata, und wurde zu einer lebenden Verkörperung Christi und seiner erlösenden Kraft. Dieser moderne Heilige, der als bescheidener Mönch in einem abgelegenen Kloster lebte, zog Suchende aus der ganzen Welt an, die auf wunderbare Weise körperlich und spirituell geheilt wurden. Die fünf Wunden Padre Pios und ihre spirituelle Kraft sind keine frommer Phantasie entsprungene Märchen. Die Stigmata blieben ungefähr fünfzig Jahre, und das ungeachtet der Heilungsversuche moderner Ärzte, die zwar in religiöser Hinsicht skeptisch blieben, aber doch objektiv berichteten, daß die Wunden einen starken Fliederduft verströmten und so über die Sphäre gewöhnlicher körperlicher Verletzungen hinausgingen.

Gestalten aus heiligen Mythen und Erlösergestalten aus der mündlich und schriftlich überlieferten Geschichte können auf diese Weise wiedererstehen, und ihre Kraft kann sich im Wesen der heiligen Person oder des Schamanen aktualisieren. Ramakrishna empfand das intensive Verlangen, die heiligen Persönlichkeiten aller Traditionen wiederzuverkörpern und ihre spirituelle Energie in seiner Person zu kanalisieren. Aus diesem angeborenen Verlangen heraus, die göttliche Gegenwart mit Hilfe aller heiligen Traditionen zu erleben, unternahm er verschiedene Yoga-, Vaishnava-, tantrische, vedische, islamische und christliche Kontemplationsübungen. Er war sich vielleicht gar nicht bewußt, daß sein Üben dazu beitrug, die innere Kraft der verschiedenen spirituellen Pfade für zahllose zukünftige Suchende wiederzuerwecken. Er absorbierte einfach Formen und manifestierte sie wieder, genauso wie die pulsierende Kraft der Göttin das Universum abwechselnd in sich hineinzieht und wieder aus sich herausschleudert.

Kommen wir nun zu einem weiteren fortgeschrittenen Übenden, der mit Ramakrishna in Berührung kam und über die traditionelle Praxis hinaus in die allumfassende Präsenz geführt wurde. Totapuri war ein wandernder Mönch, der dem Pfad der Weisheit des Advaita-Vedanta folgte. Alle bislang angesprochenen Übenden verehrten bestimmte göttliche Formen, während Totapuri ein Jünger der formlosen Realität, des wolkenlosen Himmels des Absoluten war. Er betrachtete die Verehrung göttlicher Formen als kindisch. Nackt und mit Asche beschmiert, wanderte er durch den Tempelgarten von Dakshineshvara und bemerkte Ramakrishna, der dort saß, ekstatisch in die Hände klatschte und immer wieder den Namen der Mutter Kali sang. Totapuri erkannte sofort, daß Ramakrishna, obwohl er wie ein einfacher Verehrer der Göttin aussah, innerlich bereit war, die Einweihung in das Wissen des Absoluten zu erhalten, in dem alle Formen und Emotionen zurückgelassen werden. Ramakrishna übernahm immer die Funktion eines Spiegels. Die verschiedenen fortgeschrittenen Übenden erkannten, daß er in eben ihrem kontemplativen Weg gänzlich vorbereitet war. Totapuri näherte sich Ramakrishna mit dem Vorschlag, ihn in den Advaita-Vedanta einzuweihen. Ramakrishna antwortete: »Ich muß meine Mutter Kali fragen.« Er ging in den Tempel und erhielt die Erlaubnis der lebendigen Gottheit, die sich für ihn durch das Pulsieren des dort aufbewahrten Steinbildes äußerte. An diesem Abend begann Totapuri, ihn in formloser Meditation zu unterweisen. Aber als Ramakrishna sich tief konzentrierte, erschien die strahlende Gestalt der Göttin vor seinem inneren Auge. Als er dies Totapuri berichtete, nahm der asketische Mönch einen scharfen Stein und drückte ihn fest an Ramakrishnas Stirn; dabei sagte er ihm, er solle sich auf den Schmerz konzentrieren, und versicherte ihm, er könne über die göttliche Form hinausgehen und mit der unendlichen Weite des Absoluten verschmelzen. Ramakrishna meditierte noch einmal und durchschnitt, wie er später sagte, »mit dem Schwert der Weisheit die göttliche Form Kalis«. Ihre Form löste sich auf, und seine Individualität verschwand völlig in ihrem formlosen Aspekt. Drei Tage lang war Ramakrishna für die Welt völlig verloren; bewegungslos und ohne zu atmen, saß er in der kleinen Meditationshütte. Totapuri war zutiefst überrascht. Er selbst hatte vierzig Jahre geübt, um Nirvikalpa-Samadhi, das Verschwinden der individuellen Identität im Absoluten, zu erreichen. Ramakrishna war es in einer einzigen Sitzung gelungen.

Als orthodoxer wandernder Mönch hielt Totapuri sich nie länger als drei Tage am selben Ort auf, aber da er sich von Ramakrishna stark angezogen fühlte, blieb er zehn Monate in Dakshineshvara. Während dieses Aufenthalts zog er sich eine schwere Ruhr zu. Die andauernden starken Schmerzen lenkten ihn während der Meditation ab. Da er den Körper nur als Medium betrachtete, das nach der Erkenntnis des Absoluten eigentlich nutzlos war, beschloß er, ihn aufzugeben, indem er sich im Ganges ertränkte. Die Gezeiten waren so, daß er weit in den Fluß hineingehen mußte, ohne jedoch tiefes Wasser zu erreichen. Als er zurückblickte, sah er den Kali-Tempel im Mondlicht glänzen und erlebte ein plötzliches tiefes Erwachen zur Präsenz der Göttin. Er erkannte sie als reine göttliche Kraft, als reines göttliches Bewußtsein, das sich durch alle Wesen bewegt und alle Ereignisse kontrolliert, einschließlich seines eigenen Versuchs, den Körper aufzugeben. Er verstand nun, daß die göttliche Mutter die erhabene Traumkraft des Absoluten war. Was er Maya, die reine Illusion der Formen, genannt hatte, war in Wirklichkeit die Göttin, die alle Wesen hervorbringt, nährt und zerstört. Totapuri akzeptierte damit das manifestierte Universum und dessen Energie als strahlenden Ausdruck des Absoluten. Die Grenze zwischen Form und Formlosem existierte für ihn nicht mehr. Er begleitete Ramakrishna zum Tempel und verneigte sich ehrfürchtig vor dem Bild Kalis. Die bloße Gegenwart Ramakrishnas hatte

Totapuri ohne verbale Unterweisung über seine Erfahrung des formlosen Absoluten hinaus für das Kontinuum des Bewußtseins geöffnet, aus dem keine göttlichen, menschlichen oder natürlichen Formen ausgeschlossen sind und auf das keine einzelne Lehre ausschließlich anwendbar ist. Totapuri war durch das tantrische Verhalten Ramakrishnas verwandelt worden.

Swami Nikhilananda, ein Schüler von Ramakrishnas Frau und Mönch des Ramakrishna-Ordens, beschreibt diese tantrische Haltung: »Die göttliche Mutter bat Shri Ramakrishna, sich nicht im merkmallosen Brahman zu verlieren, sondern in Bhavamukha zu bleiben, an der Schwelle des absoluten Bewußtseins, der Grenze zwischen Absolutem und Relativem ... Ekstatische Hingabe an die göttliche Mutter wechselte mit der heiteren Versunkenheit in den Ozean der absoluten Einheit. So überbrückte er die Kluft zwischen den persönlichen und den unpersönlichen, den immanenten und den transzendenten Aspekten der Realität.« Ramakrishna wurde von vielen spirituellen Stimmungen durchströmt, aber sie alle erschienen und verschwanden im Kontinuum des Bewußtseins, das ursprünglicher ist als Persönliches oder Unpersönliches, Relatives oder Absolutes und das er als den höchsten Aspekt der göttlichen Mutter betrachtete. Dieses ekstatische, die Einheit verwirklichende Verständnis, daß alles Bewußtsein ist, schließt nichts aus und errichtet keine Hierarchie. Dies ist der tantrische Weg.

Einmal, als Ramakrishna in seiner Eigenschaft als Tempelpriester die rituelle Verehrung der Mutter Kali ausführte, bemerkte er eine streunende Katze. Mit der Milch, die der Göttin geopfert werden sollte, fütterte er die Katze, die er einfach als andere Manifestation der göttlichen Mutter bzw. des höchsten Bewußtseins wahrnahm. Ramakrishna beschreibt seine Erfahrung sehr lebendig: »Die göttliche Mutter offenbarte mir im Kali-Tempel, daß sie zu allem geworden ist. Sie zeigte mir, daß alles voller Bewußtsein war. Das Abbild war Bewußtsein, der Altar war Bewußtsein, die Wassergefäße waren Bewußtsein, die Türschwelle war Bewußtsein. Deshalb fütterte ich eine Katze mit der Nahrung, die der göttlichen Mutter dargebracht werden sollte. Ich empfand klar, daß all dies die göttliche Mutter war – sogar die Katze.« Eine Metaphysik des Universums, in dem Ramakrishna lebte, würde auf dem Axiom basieren, daß alles Bewußtsein ist. Dieses Bewußtsein würde nicht nur alle Geschöpfe umfassen, sondern auch die verfestigte Lebensenergie, die wir Materie nennen. Das gesamte Universum, nicht nur unser Verstand, ist ein Gebilde des Bewußtseins. Ebenso, wie wir zu völlig lebendigen und kohärenten Träumen fähig sind, die wir beim Aufwachen als aus Traumbewußtsein bestehend erkennen, kann der spirituell erwachte Mensch Lebendigkeit und Kohärenz der gewöhnlichen Welt als nur aus höchstem Bewußtsein bestehend betrachten. Deshalb verkündete Ramakrishna, die Türschwelle und die Wassergefäße seien nichts als Bewußtsein.

Einmal hörte Vivekananda, ein naher Schüler Ramakrishnas, wie dieser erklärte, sogar die Tontasse, aus der er trank, sei Brahman bzw. höchstes Bewußtsein. Vivekananda, der eine westliche Erziehung erhalten hatte, war über diese »irrationale Bemerkung« leicht irritiert und zog sich zu einer Zigarettenpause auf die Veranda zurück. Er unterhielt sich mit einem anderen skeptischen Schüler über diesen Unsinn einer Tontasse, die Bewußtsein sei, als Ramakrishna auf die Veranda kam und Vivekananda berührte, der sofort alle physischen Gegenstände als substanzloses, transparentes Bewußtsein erlebte. Die spirituelle Energie der Berührung Ramakrishnas war so stark, daß Vivekanandas Verstand aus der herkömmlichen Wahrnehmung geweckt wurde, genauso wie jemand durch eine Berührung aus einem Traum geweckt wird. Die Erfahrung Vivekanandas gleicht der, wenn uns im Traum bewußt wird, daß wir träumen. Alle Traumobjekte bleiben weiterhin sichtbar, werden aber klar als Traumbewußtsein erkannt. Für den im mystischen Rausch befindlichen Vivekananda blieb die empirische Welt ungefähr drei Tage nach dieser Erweckung transparent. Für seinen Meister Ramakrishna war dies eine permanente Vision.

Weil die mystischen Erfahrungen Ramakrishnas für das Verständnis des kontemplativen Lebens so reichhaltig sind, kann hier nur kurz das am wichtigsten Erscheinende dargestellt werden: die gleichwertige Verehrung aller heiligen Traditionen als Wege zur Erleuchtung.

Um die vielen spirituellen Ausdrucksformen zu illustrieren, erzählte Ramakrishna folgendes Gleichnis. Die Hindus nennen das, was unseren Durst stillt, *jal*, die Moslems *pani*, die Engländer *water*, die Deutschen *Wasser*. Und obwohl jeder ein Behältnis mitbringt, das aus einer anderen Kultur stammt, schöpfen sie alle aus derselben Quelle der Erquickung. Das klare Wasser des Bewußtseins, das selbst keine Form besitzt, füllt alle kulturellen Gefäße vollkommen. Aber auch diese Analogie könnte in die Irre führen, wenn wir folgerten, daß Bewußtsein eine von uns oder unseren verschiedenen Gefäßen getrennte Substanz ist. Alles ist Bewußtsein – wie Ramakrishna sagte: »Es gibt nur Gott.« Dies ist die ekstatische Einsicht hinter der tantrischen Haltung, die alle Wege zum Göttlichen als schon im Göttlichen vereinigt umfaßt.

Obwohl Ramakrishna lehrte, daß alle spirituellen Pfade zum selben Ziel, der Erkenntnis des höchsten Bewußtseins, führen, deutete er nie an, daß wir die verschiedenen spirituellen Formen und ihren kontrastierenden kulturellen Ausdruck ignorieren sollten. Jede heilige Tradition besitzt ihre eigenen Kontemplationsmethoden, deren Integrität respektiert werden sollte. Als Ramakrishna die ständige Lobpreisung Allahs praktizierte, in die er durch einen wandernden Sufi-Meister eingeweiht wurde, betrat er den Kali-Tempel nicht. Nach drei Tagen ununterbrochener Versenkung in den heiligen Namen Allahs hatte Ramakrishna eine Vision des Propheten Mohammed, dessen leuchtende Form mit seiner eigenen verschmolz, und beide wurden als das Strahlen des höchsten Bewußtseins offenbart. Ramakrishna erlebte eine ähnliche Kommunion mit der transzendenten Form Jesu, nachdem er sich tagelang ständig auf Christus konzentriert hatte.

Eine weitere wichtige Dimension der Lehre Ramakrishnas dreht sich um die Einsicht, daß das Universum nicht fest und dauerhaft, sondern eine Traumprojektion des höchsten Bewußtseins ist. Dies kann leicht als Ablehnung der Welt oder Flucht vor Verantwortung mißverstanden werden. Ramakrishna betrachtete den Traum der relativen Existenz jedoch nie als bedeutungslos – schließlich offenbart die göttliche Gegenwart sich ständig durch ihn, insbesondere durch ein Leben spiritueller Sehnsucht. Unser Traum des Lebens ist ein wertvoller Schatz, ein Strom archetypischer Bilder des höchsten Bewußtseins. Die wache Erforschung dieses universellen Traums schließt ein Gefühl liebenden Interesses für alle Wesen ein. Dies ist der tantrische Weg: Alle Phänomene werden als das Traumspiel des Bewußtseins erkannt. Das Wissen um den Traum gibt jedem Menschen die Freiheit, sich durch dieses einzigartige, strömende Leben hindurchzubewegen wie ein Fisch im Wasser. Dies ist die große Seligkeit, die im Tantra durch die Metapher der sexuellen Vereinigung ausgedrückt wird.

Bevor Totapuri von seiner ausschließlichen Bindung an das formlose Absolute befreit wurde, betrachtete er die Welt des Relativen als Maya, als sinnlose Illusion, der völlig entsagt oder die doch soweit wie möglich ignoriert werden sollte. Der tantrische Übende aber lehnt den Welttraum nicht ab. Er träumt das Universum weiter, das höchstes Bewußtsein ist, das ekstatisch sich selbst verehrt. Totapuris Erfahrung des formlosen Absoluten diente jedoch als Reifeprozeß für die allumfassende tantrische Ekstase, die beginnt, wenn der Übende aus dem klaren Himmel von Nirvikalpa-Samadhi – der mystischen Erfahrung, in der die Individualität verschwindet – zurückkehrt. Die irdischen und die himmlischen Facetten des Welttraums werden nun genauso wie das formlose Absolute als ein Bewußtseinskontinuum erkannt, das ewig zugleich in Aktion und in Ruhe ist.

Zentrales Thema des spirituellen Lebens Ramakrishnas war vielleicht seine Kommunion mit der Göttin Kali. Seine letzte Äußerung vor seinem physischen Tod war die Wiederholung des Mantras Om Kali, was erhärtet, daß er mit der Göttin als ihr Verehrer und ihre Emanation unauflöslich verbunden war. Alle anderen göttlichen Formen sowie das formlose Absolute betrachtete er als ihre Ausdrucksformen. Dies ist für den tantrischen Weg charakteristisch: Die Formen des Gurus und der gewählten Gottheit – in Ramakrishnas Fall Kali selbst – werden durch die Erfahrung des Formlosen nie unkenntlich gemacht oder in der ekstatischen Umarmung aller Formen aus dem Blick verloren. Intensive Hingabe an den Guru oder die Gottheit bleibt für das spirituelle Leben des erleuchteten Übenden auch bei vollkommener, in der Einheit gründender Weisheit zentral. Gleichzeitig entwickelte der tantrische Übende ein Gefühl der Identifikation mit dem Guru bzw. der Gottheit – das Gefühl, Emanation der Gottheit und ewiger Verehrer, Guru und ewiger Schüler zu sein. Am speziellen Festtag der Göttin nahm Ramakrishna, während er mit seinen Schülern sprach und lachte, spontan die Mudra, die Körperhaltung Kalis an: Mit zum Segnen und zum Zerstören erhobenen Händen blieb er dann tief im Bhava-Samadhi, das heißt in die Gottheit versunken, und lange verklärt; er vergaß seinen menschlichen Körper und die gewöhnliche Welt. Er wurde tatsächlich zu einer sichtbaren Manifestation Kalis und strahlte die Kraft ihres Segens aus, der von den Anwesenden als Freude und Erleuchtung erlebt wurde. Dies war keine Besessenheit von der Gottheit, sondern eine vorübergehende Offenbarung von Ramakrishnas intrinsischer Kali-Natur. Wenn diese Stimmung vorüber war, erschien er wieder als das hilflose, spielerische Kind der göttlichen Mutter.

Ramakrishnas Verehrung des weiblichen Aspekts des Göttlichen galt allen Frauen, die er als besondere Manifestation der Göttin betrachtete. Wir haben bereits gesehen, wie wichtig Frauen in Ramakrishnas Leben waren. Seine Frau und erste Schülerin, Sarada Devi, wird als ihm spirituell ebenbürtig angesehen, als Zwillings-Emanation Kalis. Sie waren ein einziger weiblicher Strom göttlicher Energie, der sich in zwei Körpern ausdrückte. Sarada betrachtete ihren vom Göttlichen berauschten Mann immer als die glückselige Göttin selbst, nicht nur als menschliches Wesen. Als Sarada Ramakrishna einmal fragte: »Was denkst du von mir?«, antwortete er: »Auch die, die mich geboren hat, erscheint als die göttliche Mutter Kali, und du bist diese Mutter ebenfalls.« Sarada wurde zum spirituellen Nachfolger Ramakrishnas; nach seinem Tod leitete sie seine Schüler an und übermittelte Tausenden von Suchenden visionäre Kraft.

Die Mutter Kali war der Aspekt des Göttlichen, den Ramakrishna am häufigsten verehrte, und zwar nicht nur als die schwarze, vierarmige, ekstatisch spielerische Göttin, mit der er von Angesicht zu Angesicht reden konnte, sondern auch als der grenzenlose Schoß, die formlose Matrix aller Formen, das Kontinuum des Bewußtseins. Für Ramakrishna war das höchste Bewußtsein, in dem alle Formen erscheinen und verschwinden, weder männlich noch sächlich, sondern eindeutig weiblich. Aus der Sicht des Advaita-Vedanta besitzt das Absolute, das als Atman oder Brahman bezeichnet wird, kein Geschlecht. Aber sogar Totapuri, der überzeugte Vedanta-Anhänger, akzeptierte schließlich Ramakrishnas Verehrung der Göttin, um das manifestierte Sein voll als höchstes Bewußtsein anzunehmen. Diese Bedeutung des weiblichen Prinzips spiegelt die tantrische Haltung, die alle Frauen als besonders machtvolle Kanäle der Göttin betrachtet, die ihre mitfühlende, weise Kraft weitergibt.

Ramakrishnas Beziehung zur Göttin Kali war in erster Linie die eines Kindes zu seiner Mutter. Ein klarer Ausdruck seiner kindlichen Haltung war seine Machtlosigkeit, seine Weigerung, durch die Ausübung ihm potentiell zugänglicher psychischer und spiritueller Kräfte Heilungen und andere Wunder zu vollbringen. »Alles liegt bei der Mutter«, verkündete er ekstatisch. »Ich bin nur ihr Kind.« Als er am Ende seines Lebens an Kehlkopfkrebs litt, flehten seine Schüler ihn an, zur Göttin Kali um Heilung zu beten. Er machte Einwendungen, aber sie bestanden darauf. Ramakrishna gibt die folgende Schilderung seiner Unterhaltung mit der göttlichen Mutter des Universums: »Ich sagte ihr: ›Mutter, wegen meiner Schmerzen kann ich keine Nahrung schlucken. Ermögliche es mir, ein wenig zu essen.‹ Sie machte mich auf euch alle aufmerksam und sagte: ›Was? Du ißt genug durch all diese Münder. Ist es nicht so?‹ Ich war beschämt und konnte kein Wort mehr sagen.«

Kali forderte Ramakrishna also auf, sich mit allen Geschöpfen zu identifizieren, weil sie sein eigenes Wesen sind. Die Identifikation mit allen Wesen bringt ein Mitgefühl zum Ausdruck, das die vollkommene Einheit von allem erkennt. Ramakrishnas Mitgefühl hatte die Form der intensiven Sehnsucht, die spirituelle Energie wirklichen Verehrern Gottes und durch sie dem gesamten Planeten weiterzugeben.

Ramakrishna weinte und flehte zur Mutter Kali, sie möge ihm ein paar reine und starke Schüler senden, die die sein Wesen durchströmende göttliche Energie aufnehmen und halten konnten. Aber inmitten dieser Sorge erkannte er, daß nur das Kontinuum des Bewußtseins existiert, daß Bewußtsein sich nur Bewußtsein mitteilt. Er pflegte zu sagen: »Ich habe gesucht, aber ich habe festgestellt, daß alles die göttliche Mutter ist.«

KAPITEL III

Der Weg der natürlichen Erleuchtung

Ramana Maharshi

Ramana Maharshi, der von 1879 bis 1951 lebte, gehört zu den größten indischen Heiligen der Neuzeit.[1] Obwohl er in einer einfachen ländlichen Umgebung blieb und nie stark durch die europäische Kultur beeinflußt wurde, lebte er im Zentrum des Gewahrseins, von dem die Sprachen und Bilder aller Kulturen ausstrahlen. Aufgrund der Direktheit seines Wegs zur Erleuchtung ist seine Lehre außergewöhnlich zugänglich: Sie ist weder der indischen Kultur noch den speziellen Formen irgendeiner Kultur oder Religion eng verbunden, sondern entspringt dem ursprünglichen »Ich bin«, dem bewußten, ganz natürlich von den Mitgliedern jeder Kultur geteilten Sein.

Ramanas Vater war ein Schreiber und Landadvokat. Im Haushalt herrschte eine gewisse Atmosphäre der Frömmigkeit, die die rituelle Verehrung verschiedener Hindu-Götter und -Göttinnen einschloß, aber der junge Ramana erhielt keine intensive religiöse Unterweisung. Er besuchte die christliche Schule des Ortes, in der Sport ihn mehr interessierte als das Lernen und in der er als durchschnittlich und umgänglich galt. Er hatte nur einen unüblichen Wesenszug: Sein Schlaf war so tief, daß nichts ihn aufwecken konnte. Seine

1 Vgl. Paul Brunton, *Von Yogis, Magiern und Fakiren. Begegnungen in Indien,* Knaur-Tb. 4113, S. 149–184 und 323–364; und *Ramana Maharshi. Seine Lehren,* zusammengestellt von Arthur Osborne, München 1983 (Anm. d. Ü.).

Freunde trugen ihn von einem Ort zum anderen, während er schlief, und noch so eifrige Versuche, ihn zu wecken, blieben erfolglos. Wenn er Stunden später erwachte, war ihm nicht bewußt, was geschehen war.
Ramanas Leben verlief weiterhin auf die herkömmliche Weise, bis er mit sechzehn Jahren vom Leben und den Übungen der südindischen Heiligen las. Er geriet plötzlich in eine milde Euphorie, die mehrere Tage anhielt. Er interpretierte seine Stimmung nicht als spirituelle Erfahrung, sondern nahm lediglich an, er habe ein leichtes Fieber. Dies war der erste Schauder seines spirituellen Erwachens.
Mehrere Monate später erlebte Ramana die plötzliche Öffnung zum höchsten Bewußtsein, in der seine individuelle Identität fast völlig verlorenging. Ein Verwandter der Familie war gestorben, und der junge Ramana beschloß, die Erfahrung des Todes direkt zu erforschen. Sein Motiv war eher Neugierde als ein Gefühl des Verlusts. Er zog alle Kleider aus, legte sich auf den Boden seines Zimmers und stellte sich ganz intensiv vor, sein Körper sei tot. Er schloß die Augen und simulierte den Zustand tiefen Schlafs. Plötzlich blitzte, zeitlos und vollständig, das urinnerste Gewahrsein in ihm auf, das an der Quelle unseres Wesens liegt, das höchste Bewußtsein, das der Ursprung des Seins selbst ist.
Es stellte sich heraus, daß dies keine isolierte Trance war. Ramana erlebte den strahlenden Strom seines ursprünglichen Gewahrseins im Wachen, im Traum und im traumlosen Schlaf. Es sammelte sich in dem spirituellen Zentrum, das Ramana später das rechtsseitige Herz nannte und das sich zwei Fingerbreit rechts vom Brustbein befindet. Der Junge war sich immer noch nicht seiner Erleuchtung bewußt. Er interpretierte seine spontane Erfahrung nicht religiös. Er bemerkte nur den beseligenden Strom des urinnersten Gewahrseins, der im rechten Herzen Tag und Nacht weiterging.

Ramana beschrieb den Strom der Erleuchtung als ähnliche Empfindung wie das plötzliche prickelnde Gefühl, welches das Nervensystem elektrisiert, wenn man überrascht ist. Allerdings sei sie eher beständig als vorübergehend, eher heilend und vertiefend als betäubend oder zerstreuend.

In den ersten Monaten nach seiner Erleuchtung besuchte Ramana oft den Shiva-Tempel. Als Kind war er selten dorthin gegangen, aber jetzt wurde er von verschiedenen Tempeln angezogen; obwohl sie in gewisser Weise Institutionen darstellten, war doch das urinnerste Gewahrsein auf geheimnisvolle Weise in ihnen konzentriert. Wenn Ramana vor dem Bild Shivas stand, betete er manchmal um Führung: Wohin sollte er gehen, was sollte er tun, nachdem er die Welt als belanglos und als für das Licht des urinnersten Gewahrseins transparent erkannt hatte? Dann wieder empfand er kein Bedürfnis zu beten und stand nur still vor dem Bild, die grenzenlose Ausdehnung des höchsten Bewußtseins erlebend, das er und Shiva gleichermaßen ausdrückten. Allmählich wurde diese Art der Einheit vollkommen natürlich für ihn.

Ungeachtet dieses Zustands vollkommener Einheit oder Erleuchtung blieb für Ramana ein gewisses Lebensmuster wirksam. Sein Schicksal war es, am Berg Arunachala zu wohnen. Er empfand ein brennendes körperliches Gefühl, das nicht gelindert wurde, bis er sein Zuhause verließ und, ohne selbst zu wissen, warum, zum Arunachala reiste, dem heiligen Berg Südindiens, wo seit Hunderten von Jahren Weise und Asketen lebten und sich übten. Als Ramana den Namen des Arunachala zum erstenmal hörte, begann sein Körper durch die bloße Erwähnung des Berges dieses verlangende Gefühl zu entwickeln, bis er den Ort erreichte, wo er über fünfzig Jahre lang bis zu seinem physischen Tod blieb.

In der ersten Zeit am Arunachala war dem jungen Ramana die

Erhaltung des Körpers recht gleichgültig. Manchmal blieb er tagelang regungslos, aß und schlief nicht und war völlig in den Strom des urinnersten Gewahrseins versunken, aus dem alle Phänomene auftauchen und in dem sie sich wie Luftblasen in einem Fluß wieder auflösen. In diesem Zustand interessierte er sich noch nicht für lebende Wesen, denn er nahm keine getrennten Wesen oder Gegenstände wahr, sondern nur die ungestörte Ausdehnung des höchsten Bewußtseins. Ein wandernder frommer Mann entdeckte ihn in einer Höhle weit oben auf dem Berg, zwang ihn zu essen und hielt ihn so am Leben.

Mitgefühl und Teilnahme stellten sich spontan ein. Die verschiedenen auf dem Berg lebenden spirituellen Übenden oder Sadhus nahmen an, Ramana habe ein Schweigegelübde abgelegt, weil er nie sprach. Ramana war jedoch an kein Gelübde gebunden. Er dachte einfach nicht daran, zu sprechen, zu essen oder sich zu bewegen, weil er so in das Gewahrsein der vollkommenen Einheit versunken war. Der Sadhu, mit dem Ramana seine Höhle teilte, hatte Schwierigkeiten mit einer schwerverständlichen Passage der heiligen Schriften. Ramana ging spontan auf ihn zu und erklärte die verborgene Bedeutung vor dem Hintergrund seiner eigenen spirituellen Erfahrung. Danach kamen verschiedene Sadhus und Dorfbewohner zu Ramana, der ihre praktischen und philosophischen Probleme mit ein oder zwei Worten oder sogar durch Schweigen löste. So entstand auf natürliche Weise ein kleiner Ashram, eine spirituelle Gemeinschaft, um den Ort, an dem Ramana hoch oben auf dem Berg lebte.

Das wachsende Interesse Ramanas, anderen auf ihrem Weg zur Erfahrung der Einheit zu helfen, stellt eine wichtige Vertiefung seiner ursprünglichen Erleuchtung dar, in der die Struktur des Selbst und die des anderen sich in reinem Bewußtsein aufgelöst hatten. Nun tauchten in der Wahrnehmung Ramanas wieder individuelle Wesen auf, ohne daß dadurch das Ausmaß der vollkommenen Einheit eingeschränkt wurde. Diese Menschen wurzelten zwar von Natur aus im urinnersten Gewahrsein, kannten aber ihren Ursprung nicht und brauchten daher Ramanas Teilnahme oder seine persönliche Hilfe.

Obwohl Ramana lieber hoch oben auf dem schwer zugänglichen Berg geblieben wäre, ließ er sich schließlich am Fuß des Berges nieder, wo er sein Schicksal erfüllte, indem er in ganz Indien und in der Welt bekannt wurde. Seine Rückkehr, die auch eine weitere Vertiefung seiner Erleuchtung anzeigt, geschah auf folgende Weise: Ramanas Mutter, die ihren Sohn, seit er sie verlassen hatte, suchte, hörte von einem jungen Sadhu, der hoch auf den Abhängen des Arunachala lebte. Sie unternahm die beschwerliche Reise, erkannte ihr Kind und blieb als Schülerin bei ihm; Ramanas kraftvolle, schweigende Gegenwart hatte sie veranlaßt, ein kontemplatives Leben zu führen. Als sie im Sterben lag und ihre letzten Atemzüge tat, legte Ramana ihr seine Hände auf Kopf und Herz und leitete sie durch schwierige psychische Bereiche, indem er verschiedene Hindernisse für die Erfahrung der vollkommenen Einheit aus dem Weg räumte. Durch seinen mächtigen Beistand erreichte sie Mukti, die Erlösung zum höchsten Bewußtsein. Aus diesem Grund wurde ihr die Bestattung einer Heiligen am Fuße des Berges zugestanden. Ramana kam jeden Tag vom Berg herunter, um einige Zeit an ihrem Grab zu verbringen. Ungefähr sechs Monate nach ihrem Tod ließ er sich für immer in der Nähe des Grabs nieder, das er nicht als Ort der physischen Überreste seiner menschlichen Mutter betrachtete, sondern als Heiligtum der göttlichen Mutter des Universums. Der Arunachala verkörperte Shiva, die göttliche Transzendenz; das Grab der Mutter verkörperte Shakti, die göttliche Immanenz, die in der Hindu-Überlieferung als weiblich erlebt wird. Zuerst hatte der Arunachala bzw. Shiva Ramana vom Heim seiner Familie weggeführt, und jetzt zog Shakti, das weibliche Göttliche, Ramana durch seine menschliche Mutter zu sich hin und machte ihn so für die ganze Menschheit verfügbar. Jetzt, da der Zugang zu Ramana leichter war, begann um ihn herum am Fuß des heiligen Berges ein großer Ashram zu entstehen.

Obwohl Ramana jahrzehntelang Mittelpunkt seines Ashrams war, zu dem Tausende von Suchenden aus der ganzen Welt kamen, erkannte er nie irgend jemanden als seinen Schüler an. Viele betrachteten sich als seine Schüler, und alle nahmen seine spirituelle Unterweisung an, aber Ramana erklärte unmißverständlich, daß niemand sein Schüler sei. Unermüdlich wiederholte er, nur das höchste Bewußtsein sei der »Guru«.

Ramana erklärte, daß der Ursprung des »Ich bin« im »rechtsseitigen Herzen«, zwei Fingerbreit rechts vom Brustbein, erlebt wird, wenn wir uns unseres Körpers gewahr sind; wenn unsere Aufmerksamkeit sich jedoch völlig in den Strom des urinnersten Gewahrseins vertieft, löst jedes Gefühl für einen individuellen Körper sich auf, und es gibt keine ausschließliche Lokalisierung mehr. Urinnerstes Gewahrsein oder höchstens Bewußtsein ist dann nirgendwo und überall.

Wenn wir mit dem Finger auf uns selbst deuten, nähert sich der Zeigefinger oft instinktiv dem rechten Zentrum der Brust. Auch Linkshänder deuten im allgemeinen auf die rechte Seite. Ramana erlebte einmal eine klare Demonstration seines rechtsseitigen Herzens. Er wanderte mit einigen Freunden den Berg entlang und bemerkte plötzlich ein Licht, das sich von der linken Seite seines Brustkorbs auf die rechte bewegte. Er fiel gelähmt zu Boden, hörte auf zu atmen, und sein Körper wurde blau. Ein paar Minuten lang gab es keine physischen Anzeichen des Lebens. Das Herz hatte aufgehört zu schlagen. Ramana konnte nicht sprechen, hörte aber, wie seine Freunde seinen Tod beklagten. Er war völlig wach und bemerkte, daß sein Gewahrsein von der rechten Seite des Brustkorbs ausstrahlte. Er berichtet, daß es ein Aufblitzen gab, als ein Funke dieses universellen bewußten Lichts von der rechten auf die linke Seite sprang und sein physisches Herz wieder aktivierte. Ramana benutzte später eine bestimmte religiöse und philosophische Sprache seiner indischen Heimat, um seine elementare spirituelle Einsicht auszudrücken, nahm aber immer an, daß die offenbarende Erfahrung des rechtsseitigen Herzens für sich selbst sprach.

Obwohl der Guru als urinnerstes Gewahrsein in jedem vorhanden ist, kann ein erleuchteter Lehrer uns nach Ansicht Ramanas doch eine Ausrichtung geben, die er als inwärts im Sinn von ursprünglich bzw. primär bezeichnete. Ramana konnte diesen initiatorischen Anstoß geben, indem er einen Menschen berührte oder ansah. Er saß schweigend da, drehte sich plötzlich um und sah den Betreffenden starr an, der daraufhin das rechtsseitige Herz und seinen vibrierenden Strom urinnersten Gewahrseins direkt bemerkte. Menschen, die die Kraft von Ramanas Blick erlebten, berichteten, die Einweihung sei so klar und lebhaft gewesen, daß sie nie mehr ernstlich bezweifelten, daß ihr urinnerstes bewußtes Sein der Guru war.

Ramana konnte die Einweihung auch durch Träume herbeiführen. Es gibt Beispiele von Menschen, die träumten, er würde ihnen in die Augen schauen. Ramana betrachtete sich nicht als von diesen Träumenden getrennt, sondern als ihr eigenes urinnerstes Gewahrsein, das ihnen wirksame Hinweise zur Selbstverwirklichung gab. In manchen Fällen jedoch war er tatsächlich an zwei Orten zugleich und projizierte seine Gegenwart nicht in den Traum, sondern in den Wachzustand des Suchenden; er verwendete dazu die Kraft des bewußten Träumens, für das der Wachzustand lediglich ein weiterer Traumzustand ist – »Traum eins« und »Traum zwei«, wie Ramana zu sagen pflegte. Ramana berichtet von einer Erfahrung der Bilokation, bei der er seinen gewöhnlichen physischen Körper im Ashram verließ und feststellte, daß er gleichzeitig Hunderte von Kilometern entfernt eine Straße entlangging. Er betrat einen Tempel und erkannte, daß einer seiner Schüler dort meditierte. Der Suchende rief Ramana an, was diesen dazu veranlaßt hatte, sich dorthin zu projizieren, um das spirituelle Üben dieses aufrichtigen Meditierenden zu intensivieren; dieser sah auf und bemerkte tatsächlich Ramanas leuchtende Gestalt. Ramana setzte diese psychischen Kräfte jedoch nie in großem Umfang ein, denn er wollte nicht die Ereignisse des Wachstums manipulieren, sondern den Suchenden zum urinnersten Gewahrsein erwecken, das den Zuständen Träumen und Wachen, Geburt und Tod vorausgeht. Seine initiatorische Aktivität war völlig von der Anteilnahme motiviert, die in der Höhle hoch oben in den Bergen plötzlich erwacht war: der mitfühlenden Anteilnahme, alle Geschöpfe zu ihrem immer gegenwärtigen Ursprung zu führen.

Ramanas Mitgefühl war instinktiv und weitreichend. Nachdem der Ashram groß geworden war, bemerkte er eines Tages, daß nur den ständigen Besuchern, die im Speisesaal in seiner Nähe saßen, Kaffee angeboten wurde. Ohne eine Bemerkung darüber zu verlieren, lehnte er es in Zukunft einfach ab, Kaffee zu trinken. Dies ist kein Mitgefühl im emotionalen oder sentimentalen Sinn, sondern ein intensives Erleben des Lebens aller Wesen als eigenes Leben, eine Einsicht in die Einheit allen Lebens als höchstes Bewußtsein, das sich in zahllosen Formen offenbart. Ramanas Mitgefühl erstreckte sich auf Tiere und Menschen gleichermaßen. Er erklärte sogar – eine im Kontext der indischen Philosophie völlig unorthodoxe Ansicht –, daß ein Tier Selbstverwirklichung bzw. Erleuchtung erreichen kann. Eine bestimmte Kuh kam jeden Morgen, um Ramana zu grüßen, verbrachte den Tag mit Grasen und kam von allein bei Dämmerung zurück, um ihm eine gute Nacht zu wünschen. Als sie starb, legte Ramana ihr die Hände auf Kopf und Herz, wie er es bei seiner Mutter getan hatte, und führte das Tier durch die Illusionen von Getrenntheit und Vielfalt. Ramana bestätigte, daß die Kuh ins höchste Bewußtsein eingegangen war, und ihr wurde die Bestattung eines Heiligen gewährt.

Ramanas Mitgefühl galt auch spirituell weniger entwickelten Mitgliedern des Tierreichs. Ein Hund jagte ein Eichhörnchen. Ramana sah dies, wandte sich plötzlich um und warf seinen Stab zwischen die Tiere. Dies lenkte den Hund lange genug ab, um dem Eichhörnchen die Flucht zu ermöglichen, aber Ramana fiel und brach sich ein Schlüsselbein. Diese Selbstaufopferung geschah völlig spontan. Ramana, der nicht nur in der Transzendenz, sondern auch in der Immanenz mit dem einen Bewußtsein vollkommen verschmolzen war, erlebte das Leiden des Eichhörnchens als sein eigenes.

In den spirituellen Lehren Ramana Maharshis tauchen bestimmte traditionelle religiöse Einstellungen, die oft jedoch notwendig sind, nicht auf. Das Bedürfnis nach einem von der eigenen Person getrennten Gott bzw. Absoluten war für ihn überflüssig. Die Erleuchtung kann, wie Ramana sagen würde, direkt aus dem Urgrund des »Ich bin« entspringen, indem wir uns auf jenes Wort konzentrieren, das wir so oft verwenden: ich. Das »Ich bin« sollte nicht als egozentrisch oder begrenzend betrachtet werden, sondern als unser Hauptzugang zum höchsten Bewußtsein. Es ist die ursprüngliche Erkenntnis, die allen Behauptungen vorausgeht.

Ramanas Methode der Erweckung zum urinnersten Gewahrsein wird Vichara genannt, was wörtlich »Unterscheidung, Prüfung, Ergründung« bedeutet. Es besteht darin, daß die existentielle Frage »Wer hat diesen speziellen Gedanken, diese spezielle Wahrnehmung, die ich jetzt habe?« bzw. »Wer bin ich?« beständig gestellt und schließlich gelebt wird. Gefragt wird nicht, um ein individuelles Ich zu isolieren, sondern um die Verwurzelung des getrennten Ich im universellen »Ich bin« aufzuspüren, das sich schließlich in urinnerstem Gewahrsein auflöst. Diese dynamische Methode besitzt keine vorgeschriebene Form und keinen speziellen intellektuellen oder emotionalen Inhalt. So wurde Ramana einmal gefragt, ob ein Suchender über die vedische Affirmation »Ich bin er« meditieren sollte, um die Erfahrung der Einheit mit dem Göttlichen anzuziehen. Ramana antwortete: »Finde zuerst heraus, wer es ist, der über das ›Ich bin er‹ meditiert.«

Jahr für Jahr saß Ramana in der Meditationshalle des Ashrams, empfing alle Besucher und unterwies sie in Vichara. Er schwieg viele Stunden, wobei er entweder mit geschlossenen Augen über den transzendenten Aspekt des Bewußtseins meditierte oder in Kontemplation über das Bewußtsein als Immanenz aus dem Fenster sah. In diesen Zeiten der Stille saßen Besucher und Bewohner des Ashrams in seiner kraftvollen Gegenwart und gingen ihrem eigenen urinnersten Gewahrsein nach, indem sie sich mit offenen oder geschlossenen Augen fragten: »Wer bin ich?« Ramana initiierte oder verstärkte den Vichara-Prozeß der Anwesenden durch seinen Blick und beantwortete Fragen, wobei er den Fragenden immer zu der Grundfrage »Wer bin ich?« zurückführte.

Ramana betrachtete die Praxis des »Wer bin ich?« nicht als formale Meditationstechnik, sondern als eine Haltung, die das tägliche Bewußtsein sanft durchdringen sollte. Er ermutigte Anfänger jedoch, morgens und abends in formaler Meditation zu sitzen, damit der Vichara-Prozeß im Wach- und auch im Traumzustand weitergehen konnte. Wenn man tief genug darin eindringt, wird ein natürlicher Strom entdeckt, woraufhin es unwillkürlich geschieht. Die wachsende Schwerkraft des urinnersten Gewahrseins intensiviert das »Wer bin ich?«, wenn wir dem Zentrum des gewöhnlichen Gewahrseins näher kommen. Ramana sagt: »Die Suche nach dem Selbst, von der ich spreche, ist eine direkte Methode, denn in dem Augenblick, in dem ihr wirklich in die Suche hineinkommt und beginnt, tiefer zu gehen, wartet das wahre Selbst auf euch, um euch zu empfangen, und dann wird alles, was getan werden muß, von jemand anders getan, und ihr als Individuum habt nichts mehr damit zu tun.«

Suchenden, die nicht vom reinen Vichara angezogen waren und Mantras oder Gebete benutzen wollten, empfahl Ramana, durch die Frage »Wer betet?« den Ursprung des Mantras oder des Gebets aufzuspüren und so Vichara zu praktizieren. Obwohl Vichara an sich von verbalen Formulierungen abhängig ist, kann es daher in Verbindung mit traditionellen religiösen Praktiken erfolgreich ausgeübt werden. Trotzdem zielen Ramanas Lehren darauf ab, uns über die religiösen Vorstellungen hinaus direkt zu ihrem Ursprung zu führen. Wir können jahrelang im Gebet oder Meditation göttliche Formen visualisieren, bis wir schließlich erkennen, daß sie nichts anderes sind als mächtige Manifestationen des urinnersten Gewahrseins. Ramana zog die direkte Erforschung der Ursache unseres Gewahrseins vor. Wenn wir immer noch von der traditionellen Verehrung Christi oder Krishnas angezogen werden, nachdem wir alles als höchstes Bewußtsein erlebt haben, ist diese Verehrung unser karmisches Schicksal, das Fließen des urinnersten Gewahrseins durch unser spezielles Muster bzw. Samenkorn. Ramana selbst hatte ein klares karmisches Schicksal. Er war mit dem Berg Arunachala als Manifestation Shivas, der transzendenten Wahrheit, verbunden. Er mußte dorthin gehen. Ähnlich war Ramakrishna mit der göttlichen Mutter Kali verbunden, wie sie sich im Tempelgarten von Dakshineshvara zeigte. Wir alle besitzen tiefe karmische Muster, die von der indischen Philosophie als Eindrücke aus früheren Leben interpretiert werden, die aber auch als Wechselspiel spiritueller Archetypen verstanden werden können, die sich durch uns konzentrieren. Wenn wir im Vichara Fortschritte machen, entfallen diese Manifestationsmuster nicht einfach. Die Formen, Orte und spirituellen Sprachen erscheinen weiter, aber sie unterbrechen das Vichara nicht, das grundsätzlich formlos, ortlos und still ist.

Weil die Vichara-Methode umfassend ist und immer weiter geht, läuft sie allen formalen Regeln zuwider. Ramana bemerkt: »Die Regulierung des Lebens, etwa zu einer bestimmten Zeit aufstehen, baden, die Wiederholung eines Mantras, die Einhaltung eines Rituals – all dies ist für Menschen, die nicht vom Vichara angezogen werden. Aber für die, die diese Methode praktizieren können, sind Regeln und Disziplin unnötig.« Da der Frage »Wer bin ich?« nicht rein rational nachgegangen wird, sondern mit dem gesamten Spektrum an Erfahrungen, wird schließlich der Punkt erreicht, an dem das Nachfragen kein bewußter mentaler Akt mehr ist, sondern Teil des täglichen Gewahrseinsstroms, der sich unaufhörlich und natürlich auf seinen Ursprung, das urinnerste Gewahrsein, ausrichtet.

Das »Wer bin ich?« ist eine unterschwellige Haltung, kein Mantra, das ständig wiederholt wird. Ramana bemerkte oft scherzhaft, daß für den, der darauf besteht, ein Mantra zu wiederholen, das beste Mantra »Ich, ich, ich« sei – scherzhaft, denn wir wiederholen dieses Mantra bereits genug. Dabei geht es jedoch nicht darum, das Ich als besonderes persönliches Wesen zu verstärken – was wir gewöhnlich tun –, sondern den Ursprung des »Ich bin« zu enthüllen, der nicht beschreibbar ist, weil er weder Form noch Eigenschaft besitzt, sondern einfach ist. Ramana wurde einmal gefragt, ob es auf

das »Wer bin ich?« je eine Antwort gäbe, und er erwiderte: »Du hörst einfach auf zu fragen.« Das Bewußtsein, das die Frage stellt, ist schon die Antwort.
Ramana charakterisiert Vichara als Schwächung des Ego. Das Ego schafft verschiedene Melodien, die sich vom unterschwelligen Summen des urinnersten Gewahrseins abheben. Ramana berichtet, daß seine Hauptaufmerksamkeit sich beim Anhören klassischer indischer Musik ganz natürlich auf den klangvollen Begleitton konzentriert und nicht auf die Melodie. Im unerleuchteten Zustand bemerken wir den stark integrierenden Ton des urinnersten Gewahrseins kaum, weil das Spiel des Ego uns ablenkt. Selbstverwirklichung oder Erleuchtung ist die Wiederentdeckung, daß dieser friedliche Begleitton des bewußten Seins ein einziger ewiger Strom ist, der die zahllosen Melodien nicht zerstört, sondern harmonisiert und ihre Grundlage bildet.
Ramana benutzte den Begriff Verstand als Synonym für das Ego. Er sprach vom Verschwinden des Verstandes und meinte damit das Erwachen zum urinnersten Gewahrsein, dabei verglich er den Verstand des Weisen mit dem Mond am Tageshimmel. Der Weise braucht das Mondlicht nicht, um zu sehen, weil die Sonne des urinnersten Gewahrseins scheint. Zugleich ist der Weise sich des Tagmonds – des Verstands – voll bewußt und bezieht sich in konventionellen weltlichen Dingen auf ihn. Wie die Sonne der Ursprung des reflektierten Mondlichts ist, so ist das urinnerste Gewahrsein der Ursprung für Denken und Wahrnehmung des Verstands. Das Verschwinden des Verstands bedeutet daher einfach, daß der Ursprung des reflektierten Lichts beachtet wird, und beinhaltet nicht notwendigerweise den Verlust der Fähigkeit, zu denken und wahrzunehmen.
Die Transzendierung des Verstands bzw. des Ego kann jedoch nicht direkt oder willentlich unternommen werden,

denn dies würde sofort wieder das Ego auf den Plan rufen, das, wie Ramana oft scherzhaft sagte, wie der Dieb ist, der den Polizisten spielt, um sich selbst zu fassen. Anstatt das weltliche Ego mit einem stärkeren spirituellen Ego zu bekämpfen, empfiehlt Ramana, das Ego auszuzehren, indem man es ignoriert. Man zehrt das Ego aus, indem man die ihm innewohnende Leere sieht, erkennt, daß es eine reine Spiegelung ist. Das Mondlicht ist nichts anderes als reflektiertes Sonnenlicht, und im eigentlichen Sinne gibt es kein Mondlicht. Ramana lehrte: »Anstatt zu sagen, da ist ein Verstand bzw. ein Ego, und ich will es töten, müßt ihr beginnen, seinen Ursprung zu suchen, und herausfinden, daß es überhaupt nicht existiert ... Wenn der Verstand unaufhörlich sein eigenes Wesen erforscht, stellt sich heraus, daß es so etwas wie Verstand nicht gibt. Dies ist der direkte Pfad für jeden ... Es ist eine Tatsache, daß der Verstand nur ein Bündel von Gedanken ist ... Findet seinen Ursprung, und haltet an ihm fest. Der Verstand wird sich freiwillig auflösen.« So erkennt der Vichara-Übende langsam und stetig die Illusion des getrennten Ego, das zunächst unversehrt zurückzuweichen scheint und sich dann einfach auflöst. Die Ausrichtung auf den Ursprung des »Ich bin« löst allmählich und natürlich die Fata Morgana der Ablenkungen auf und befähigt uns, den endlos strömenden und erfrischenden Fluß des urinnersten Gewahrseins zu erkennen.

Vichara geht an die Wurzel aller kontemplativen Praktiken. Zur Yoga-Form der Kontemplation – »Ich bin nicht der Körper, ich bin nicht der Verstand, ich bin nicht die Sinne« – bemerkte Ramana: »Um ›Ich bin das und das nicht‹ sagen zu können, muß ein Ich dasein, das es sagt ... Der Ich-Gedanke ist der Wurzelgedanke. Wenn die Wurzel herausgezogen wird, wird das übrige gleichzeitig herausgerissen.« Um zu diesem Urgrund, diesem höchsten Bewußtsein, das wir bereits sind, zurückzukehren, sind keine besonderen Affirmationen oder Negationen notwendig. Trotzdem sind wir oft versucht, uns auf irgendeine Form des Analysierens einzulassen, und vergessen dann die Frage »Wer analysiert?« Ein Besucher fragte Ramana: »Angenommen, ich hätte den Gedanken ›Pferd‹ und würde versuchen, seinen Ursprung aufzuspüren. Ich stelle fest, daß die Erinnerung die Ursache ist, die ihrerseits auf die frühere Wahrnehmung des Gegenstands ›Pferd‹ zurückgeht.« Ramana antwortete: »Wer hat dich gebeten, über all das nachzudenken? All dies sind ebenfalls Gedanken. Was nutzt es dir, über Erinnerung und Wahrnehmung nachzudenken? Finde das Ich heraus, das die Erinnerung wahrnimmt ...« Das Nachfragen ist also direkter als die östliche und die westliche psychologische Analyse, denn es basiert nicht in erster Linie auf einer Gliederung. Vichara ist sogar noch direkter als die meisten kontemplativen Techniken, die, wenn sie nicht ihrem Wesen nach analytisch sind, auf der Vorstellung beruhen und sich daher nicht direkt auf das urinnerste Gewahrsein konzentrieren, das jeder Gliederung vorausgeht. Ungeachtet der Form der von uns praktizierten Kontemplation müssen wir schließlich immer fragen: »Wer übt?«

Aber eben weil keine intellektuelle oder emotionale Ausdrucksform Vichara stützt, kann es sehr schwierig durchzuhalten sein. Ständiges Vichara gleicht dem Versuch, tagelang wach zu bleiben. Die Schläfrigkeit, die uns bei diesem Versuch überwältigt, ist die von den verschiedenen Objekten oder Strukturen des Gewahrseins verursachte Ablenkung von der Ursache des Gewahrseins. Der Pfad, für das urinnerste Gewahrsein wach zu bleiben, den Ramana für den einfachsten und direktesten hält, ist vielleicht die anspruchsvollste Praxis von allen.

Kommen wir jetzt von der Betrachtung des »Wer bin ich?«

zum Ziel dieser Methode, der natürlichen Erleuchtung. Die ständige Frage »Wer bin ich?« wird gestellt, um zum höchsten Bewußtsein zu erwachen, aus dem Denken und Wahrnehmung des Alltags bereits bestehen. Ramanas Erkenntnis ist schlicht: Die Erleuchtung ist immer vorhanden. Wir sind schon urinnerstes Gewahrsein. Der Verstand, der jetzt denkt und liest, ist nichts anderes als höchstes Bewußtsein, Urgrund des Seins. Solange wir dieser Behauptung nicht voll zustimmen können, müssen wir die spirituelle Praxis fortsetzen und warten. Aber wenn wir uns mit der Einstellung, daß das höchste Ziel erreicht ist und immer erreicht war, aufrichtig vertraut fühlen, dämmert die Selbstverwirklichung herauf. Die Rückkehr zur ursprünglichen Klarheit des höchsten Bewußtseins gleicht einem Schachspiel, bei dem wir nach und nach alle Figuren opfern müssen, um uns für das Schachmatt zu öffnen. Dieser Klärungsprozeß läßt nichts zurück, das noch gedacht oder erkannt werden kann. Seinen Zuhörern sagte Ramana: »Die Meditation trägt dazu bei, die Illusion zu überwinden, daß das Selbst bzw. Atman etwas ist, das man sehen kann.« Es gibt nichts zu sehen, nur zu sein. Ramana fragte oft: »Wie erkennt ihr euch jetzt? Braucht ihr einen Spiegel?« Man braucht noch nicht einmal zu fragen: »Wer bin ich?« Probieren Sie es aus. Schließen Sie die Augen. Wenn die einzelnen Empfindungen nachlassen, verschmilzt der Körper mit dem allgemeinen sensorischen Hintergrund. Zumindest ein paar Augenblicke lang bricht der Verstand nicht in die üblichen Denkmuster aus. Das Gleichgewicht in diesem Moment ist einfaches Gewahrsein. Brauchen Sie jetzt einen Spiegel, einen Namen oder einen Begriff, um auf sich zu deuten? Dieses urinnerste Gewahrsein *sind* Sie und alle Geschöpfe. Dies ist höchstes Bewußtsein, das Ziel jeder heiligen Suche. Jede spirituelle Praxis bereitet uns vor bzw. läutert uns, um diese einfache Gegenwart zu bleiben.

Sie müssen die Augen aber nicht schließen. Dies sollte lediglich das kontemplative Experiment unterstützen. Wiederholen Sie das Ganze mit offenen Augen. Spüren Sie, wie das Gewahrsein vom urinnersten »Ich bin« ausstrahlt und allmählich ins Denken und in die Wahrnehmung hineinwächst. Wenden Sie sich jetzt von dieser Ausdrucksform ihrem Ursprung zu.

Ein weiterer Beweis für das urinnerste Gewahrsein ist nicht notwendig, noch sind da zwei Arten des Selbst, ein höheres und ein niedrigeres, ein absolutes und ein relatives. Es gibt nur ein Bewußtsein. Ramana sagte: »Bewußtsein ist das Selbst, dessen jeder gewahr ist. Niemand ist je von seinem Selbst entfernt, und deshalb ist jeder faktisch selbstverwirklicht. Aber, und das ist das große Geheimnis, die Menschen wissen es nicht und wollen das Selbst verwirklichen.«

Wenn wir uns bewußt der Erleuchtung als einem Ziel zuwenden, trennen wir uns ironischerweise von ihr. In unserer Sehnsucht, das Höchste zu erreichen, glauben wir unabsichtlich, das Ziel liege weit jenseits unseres gegenwärtigen Gewahrseins; dabei ist das höchste Bewußtsein bereits präsent als Basis für normale Tätigkeit des Verstands oder der Sinne. Auch wenn das Streben nach Erleuchtung erwacht ist, durchstreifen wir zahllose Nebenwege, bis wir zum urinnersten Gewahrsein heimkehren. Dieser Prozeß der spirituellen Entwicklung gleicht dem Gang durch ein Spiegelkabinett. Das Wissen, daß wir ein Labyrinth aus Spiegeln durchqueren müssen, hilft uns nicht, den kürzesten Pfad zu finden. Wir müssen verschiedene Korridore erkunden und gegen Spiegelwände stoßen, die wie offene Türen aussehen.

Aber auch wenn wir diesen Prozeß der spirituellen Entwicklung erleben, der sich vielleicht mit einem Schachspiel oder einem Labyrinth vergleichen läßt, sollten wir dabei Ramanas grundlegender Erkenntnis zustimmen, daß wir natürlich erleuchtet sind. Ramana bemerkte einmal: »Die Selbstverwirklichung besteht nur darin, die falsche Vorstellung loszulassen, daß man nicht verwirklicht ist.« Wenn Ramanas erleuchtete Feststellung uns von dieser falschen Vorstellung befreit hat, erkennen wir, daß das höchste Bewußtsein intrinsisch und die Erfüllung ist, die die Menschen immer gesucht haben. Diese Einsicht, mit der die Erleuchtung heraufdämmert, braucht sichtbare Strukturen nicht zu verändern. Man braucht sich nicht von einem in der Stadt arbeitenden Juristen in einen Mönch oder eine Nonne zu verwandeln, die in den Bergen meditieren. Die Erkenntnis, daß das Ziel allen Lebens als urinnerstes Gewahrsein immer erreicht war, verhindert keine Form der Kreativität. Das Leben wird nun in erster Linie nicht als Entwicklung, sondern als Spiel betrachtet.

Aber auch nach der Erleuchtung bleibt unser karmisches Schicksal, unser spezielles Energiemuster, erhalten. Jedes Wesen besitzt seinen eigenen besonderen Impuls, seine eigene Motivation. Aus diesem Grund manifestiert das relative Universum sich weiter. Unser karmisches Moment kann uns beispielsweise dazu führen, die Gesellschaft umzugestalten. Doch wir sollten erkennen, daß es zwar keine »höchste« Gesellschaft gibt, das Bewußtsein aber, das wir zur Gestaltung sozialer Institutionen verwenden, intrinsisch das höchste ist.

Wenn Ramana sprach, unterwies er entweder Suchende in der Praxis des »Wer bin ich?«, oder er beschwor seine tiefste Erkenntnis: die natürliche Erleuchtung aller Wesen. Wenn er schweigend ins urinnerste Gewahrsein vertieft war, war seine bloße Anwesenheit Unterweisung in Vichara und zugleich Ausdruck der natürlichen Erleuchtung, die vor jeder spirituellen Praxis existiert. Ramana lehrte: »Du sprichst von verschiedenen Pfaden, als ob du an dem einen Ort wärst und das Selbst an einem anderen und du losgehen müßtest, um das

Selbst zu erreichen. Tatsächlich aber ist das Selbst hier und jetzt, und du bist es immer. Es ist das gleiche, als wärst du hier im Ashram und würdest die Leute nach dem Weg zum Ramana-Ashram fragen und dich dann beklagen, daß dir jeder einen anderen Weg angab, und dann fragen, welchem du folgen sollst.« Durch diese Worte können wir Ramakrishnas Überzeugung, daß alle spirituellen Pfade zum selben Ziel führen, auf einer tieferen Ebene verstehen. Die Pfade sind illusorisch, und deshalb sind sie im Grunde ironischerweise auch in Harmonie. Es gibt keine getrennten Pfade. Es gibt nur Bewußtsein, das immer gegenwärtig ist und daher nicht als Ziel beschrieben werden kann. Was wir für Pfade zum Ziel hielten, ist einfach die Verspieltheit des höchsten Bewußtseins. Jeder spirituelle Pfad, dem wir folgen, ist eine Illusion, denn als Pfad erweckt er den Eindruck, als würde er uns von da, wo wir sind, wegführen, wo doch das Bewußtsein immer hier ist. Aber wir können spirituellen Pfaden folgen und frohen Herzens wissen, daß sie Illusionen bzw. provisorisch sind, genauso wie Ramana den heiligen Berg Arunachala oft verehrte, indem er ihn umwanderte – ein Weg der Verehrung, der schon von den geographischen Gegebenheiten her kreisförmig ist.

Die verschiedenen spirituellen Praktiken verleihen der Selbstverwirklichung, der Erleuchtung, ihre eigene Note. Die Göttin Kali als vom höchsten Bewußtsein angenommene göttliche Form ließ ihren Duft dem erleuchteten Wesen Ramakrishnas zukommen, der mit seinem letzten Atemzug ihr Mantra wiederholte. Ähnlich blieben die Umwanderung und das Lob des Arunachala für den erleuchteten Ramana bis zu seinem Tod eine Form der Verehrung. Kali und der Arunachala können für die beiden erleuchteten Wesen ebendeshalb weiterbestehen, weil diese göttlichen Formen vom urinnersten Gewahrsein eigentlich nicht getrennt sind. Ihre

Natur ist traumähnlich, aber ihre Realität ist archetypischer als der Traum von Raum und Zeit. Sie sind den transzendenten Formen der Philosophie Platos vergleichbar, lebenden Prinzipien, deren Seinsmodus unzerstörbar ist, weil er im physischen Sinne nicht materiell ist. Wir können einen geometrischen Lehrsatz nicht zerstören. Und zahllose Geometriesysteme mit ihren gegensätzlichen Axiomen können nebeneinander bestehen. Sie behindern sich nicht. Genauso verhält es sich mit dem Wesen der verschiedenen spirituellen Pfade. Sie sind für das höchste Bewußtsein an ihrem Ursprung transparent.

Beschäftigen wir uns nun mit Ramana Maharshis Tod. Mit siebzig bekam er einen Tumor im Arm, der verschiedentlich ohne Betäubung operiert wurde. Ramana versuchte, die Bedeutung bzw. die Bedeutungslosigkeit von Schmerz und Krankheit für den völlig erleuchteten Menschen klarzumachen: »Sie halten diesen Körper für Ramana und glauben, daß er leidet. Wie schade! Wo ist der Schmerz, wenn kein Intellekt da ist?« Ramana ging nicht wie ein Heiler vor, der den Schmerz beseitigt, sondern wie ein Weiser, der alle Phänomene einschließlich des Schmerzes als höchstes Bewußtsein erkennt. Ramana hatte diesen Punkt bereits vor Jahren erklärt: »Wenn die Hand des Jnanin, des Wissenden der Wahrheit, mit einem Messer abgeschnitten würde, hätte er Schmerzen wie jeder andere, aber weil sein Geist in der Glückseligkeit weilt, fühlt er den Schmerz nicht so stark wie andere.« Die normale körperliche Erfahrung existiert also ebenfalls für den erleuchteten Weisen, wenn auch in sehr gedämpfter Form.

Als er von einigen Schülern gebeten wurde, sich durch Yoga-Kräfte zu heilen, antwortete Ramana im Sinne des Vichara: »Wer hat einen solchen Gedanken? Wer will dies?« Als Ramakrishna dem Tode nahe war, trugen seine Anhänger dasselbe Anliegen an ihn heran. Anstatt wie Ramana direkt aus der Erkenntnis der Einheit zu antworten, war Ramakrishna einverstanden, seine göttliche Mutter Kali zu fragen. Er ging zum Tempel und fragte bescheiden: »Mutter, bitte laß mich ein wenig essen, um meinen Körper zusammenzuhalten.« Die Göttin Kali antwortete: »Du ißt durch alle Münder. Warum durch diesen Mund?« Das Urbewußtsein Ramanas und die göttliche Mutter Ramakrishnas sind Ausdruck derselben Wahrheit. Der Ursprung und die Mutter sind dasselbe urinnerste Gewahrsein.

Während seiner tödlichen Krankheit klagten verschiedene Schüler Ramanas, sie brauchten seine physische Gegenwart, damit sie ihnen bei ihrer spirituellen Praxis helfe. Ramana antwortete: »Ihr meßt dem Körper zuviel Aufmerksamkeit bei. Man sagt, daß ich sterben werde, aber ich gehe nicht weg; wo sollte ich hingehen? Ich bin hier.« Ramana ist, wie jedes erleuchtete Wesen, überall. Er ist jetzt bei uns, wenn wir an ihn denken. Ramana ist das höchste Bewußtsein, das wir sind. Und wir sind Ramana. Sein Leben ist Ausdruck unseres eigenen tiefsten Lebens. Seine Geschichte ist eigentlich unser eigenes Erwachen.

Der physische Tod trat am 14. April 1951 ein. Einige seiner Anhänger sangen außerhalb seines Zimmers eine seiner Hymnen an Shiva als den Berg Arunachala. Als Ramana dieses Lied hörte, »öffneten sich seine Augen und strahlten. Ein unbeschreiblich zärtliches Lächeln ging über sein Gesicht.« Es war die ergreifende Zärtlichkeit einer Mutter für ihre Kinder. Die Schüler sangen als spirituelle Kinder zum Berg Arunachala, der, wie Ramana wußte, in Wirklichkeit ihr eigenes urinnerstes Gewahrsein war. Der Augenzeuge fährt fort: »Aus den äußeren Augenwinkeln rollten Tränen der Glückseligkeit. Noch ein tiefer Atemzug, und dann nichts mehr. Es gab keinen Kampf, kein anderes Zeichen des Todes, außer daß der nächste Atemzug nicht kam.«

Der französische Fotograf Henri Cartier-Bresson war in der Woche zuvor im Ashram angekommen. Er berichtet das folgende bemerkenswerte Erlebnis in Ramanas Todesstunde: »Ich sah eine Sternschnuppe mit einem leuchtenden Schweif, wie ich sie noch nie gesehen hatte, die sich langsam durch den Himmel bewegte, den Gipfel des Arunachala-Berges erreichte und hinter ihm verschwand. Wir sahen sofort auf die Uhr. Es war 8.47 Uhr. Wir eilten zum Ashram und erfuhren, daß der Meister in genau dieser Minute ins Mahanirvana eingegangen war. Dieses Erlebnis wurde nicht nur von ein paar Auserwählten dokumentiert ... Alle englischen und tamilischen Zeitungen, die an diesem Morgen aus Madras kamen, berichteten über den Meteor, der in der Nacht des 14. April um 8.47 Uhr am Himmel über Madras von sehr vielen Menschen an verschiedenen Orten gesehen worden war. Diese Augenzeugen waren von seinem besonderen Aussehen und Verhalten beeindruckt.« War dies ein normaler Meteor, oder träumte Ramana nur dessen strahlende Gegenwart in den kollektiven Traum unseres Wachzustandes – gewissermaßen als letzten Tribut an Arunachala, als letzten Akt der Verehrung bzw. Umwanderung des heiligen Berges? Ramana würde wohl antworten: »Wer stellt diese Frage?«

KAPITEL IV

Zehn Stufen der Erleuchtung

Die Ochsenbilder des Zen

Erleuchtung ist keine vereinzelt auftretende Errungenschaft alter oder legendärer Weiser, sondern ein Prozeß, der sich in den Mitgliedern jeder Kultur entfaltet und bei dem unser Bewußtsein für die ihm innewohnende Natur stufenweise transparent wird. Die verschiedenen Traditionen haben subtile Beschreibungen entwickelt, um die Phasen dieses Prozesses anschaulich zu machen; sie spiegeln das komplexe Gewebe des Gewahrseins wider, das durch das Gewahrsein seiner selbst allmählich geläutert und geklärt wird.

Wer Erleuchtung sucht, muß sein Bewußtsein so genau beobachten wie ein Eskimo die unterschiedliche Beschaffenheit des Schnees. Erleuchtung ist ebensowenig gleichförmig, wie der Schnee keine homogene weiße Weite darstellt, sondern ein Prozeß, der verschiedene Phasen durchläuft. Die im 12. Jahrhundert in China entwickelten Ochsenbilder symbolisieren zehn Stufen der Erleuchtung; durch sie wird die spirituelle Suche als Suche nach einem schwer faßbaren Ochsen geschildert, der wild im Regenwald umherschweift. Dieser Ochse symbolisiert die intrinsische Natur des Bewußtseins, das Geheimnis dessen, was wir sind.

Der Buddhismus lehrt, unsere intrinsische Natur sei, keine intrinsische Natur zu besitzen; das heißt, die Essenz unseres Bewußtseins ist leer, frei oder offen. Die von den zehn Ochsenbildern aufgezeigten Dimensionen der Erleuchtung werden zunehmend umfassender, wenn diese Essenz des Bewußtseins, das, was Zen-Meister unsere wahre Natur nennen, klarer wird.

Das erste Ochsenbild bzw. die erste Phase der Erleuchtung heißt »Suche nach dem Ochsen«.[1] Damit wird der Augenblick bezeichnet, in dem wir uns des Prozesses der Erleuchtung deutlich gewahr werden. Wir stellen uns nun vor, das Geheimnis unserer wahren Natur suchen zu müssen. Vor der »Suche nach dem Ochsen« fand unser spirituelles Wachstum im normalen Leben statt, denn alle Wünsche drücken mehr oder weniger klar die Sehnsucht nach der höchsten Erfüllung, der Erleuchtung, aus. Jetzt sind wir zu formalen spirituellen Suchenden geworden – eine für die Ausrichtung unserer bewußten Energie auf die wahre Natur unerläßliche Entwicklung, die jedoch auch eine von der Zen-Tradition klar erkannte fundamentale Illusion beinhaltet. Der traditionelle Kommentar zu den Ochsenbildern besagt: »Der Ochse ist in Wirklichkeit nie verlorengegangen. Warum also ihn suchen?« Durch die Suche nach unserer wahren Natur schaffen wir eine trügerische Dualität zwischen Suchendem und Gesuchtem. Warum die wahre Natur suchen, die als das Bewußtsein, das die Suche ausführt, bereits gegenwärtig ist? Unsere wahre Natur geht nie verloren und kann daher nie gefunden werden. Wir können auf das Problem »Warum suchen?« keine befriedigende Antwort finden, und dadurch hört das Suchen allmählich auf, wodurch sich die Erleuchtung entfaltet.

Der alte Kommentar fährt fort: »Da der Mensch sich aber von seinem wahren Wesen abgewandt hat, kann er es nicht sehen. Wegen seiner Verunreinigungen hat er den Ochsen aus den Augen verloren. Plötzlich sieht er sich einem Wirrwarr von Wegen gegenüber.« Das Bild zeigt den Suchenden, wie er

1 Vgl. Philip Kapleau, *Die drei Pfeiler des Zen*, München [7]1987, S. 407–419 (Anm. d. Ü.).

1. Den Ochsen suchen. Der Ochse ist in Wirklichkeit nie vom Weg abgekommen. Unsere wahre Natur ging nie verloren und kann daher auch nie gefunden werden.

durch einen gebirgigen Regenwald wandert. Das Gewirr der Pfade stellt die komplexen Möglichkeiten des Denkens und Handelns dar, die in jeder Kultur und in jedem Individuum existieren. Der Suchende nimmt an, daß der Ochse einen dieser Wege oder Nebenwege eingeschlagen hat, aber auch wenn er den verschiedenen Pfaden noch so aufmerksam folgt, wird er den Ochsen der wahren Natur nie auf irgendeinem bestimmten Pfad finden. Er begreift schließlich, daß der Ochse das gesamte Gewirr der Pfade ist, daß er der endlose Regenwald genauso ist wie der Suchende, der ihn durchwandert. Unsere wahre Natur ist nichts anderes als das elementare Prinzip des Seins, das Zen-Meister auch ursprünglichen Geist nennen. Der Kommentar beschreibt diese illusorische Suche nach dem ursprünglichen Geist, der nie verlorengehen kann, von dem wir uns jedoch abgewandt haben: »Trostlos in endloser Weite bahnt er sich auf und ab den Weg in wucherndem Gras und sucht seinen Ochsen, den er nicht findet. Weites Wasser, ferne Berge, und der Weg zieht sich endlos dahin.« Heiterkeit und Abenteuer kennzeichnen diese Phase der Suche, aber auch ein wachsendes Gefühl der Einsamkeit und sogar der Verzweiflung. Der Suchende hat alltägliche Begierden hinter sich gelassen, um sich in transzendentem Streben zu verlieren. Es ist ein unmögliches Unterfangen, denn gerade die Auffassung des Suchens verbirgt die wahre Natur, die wir suchen und die sich nicht jenseits unseres gegenwärtigen Sehens oder Hörens befindet. Der Kommentar zu diesem ersten Ochsenbild endet vielsagend: »Im Abendnebel hört er einzig Zikaden im Ahorn zirpen.« Die Musik der Zikaden verweist subtil auf die wahre Natur des Suchenden. Der summende Laut erfüllt den Dschungel genauso wie der ursprüngliche Geist alle Strukturen des Suchens. Der Suchende erkundet frustriert und erschöpft die fährtenlose Wildnis, aber der besänftigende Gesang der Zikaden ist allgegenwärtig und durchdringt alle Dimensionen seines Verstands und seiner Sinne.

Das zweite Ochsenbild, die zweite Phase der Erleuchtung, heißt »Die Spuren finden«. Der Kommentar lautet: »Durch Sutras[1] und Lehren findet er die Spur des Ochsen. Er hat genau verstanden, daß verschieden geformte goldene Gefäße doch alle von gleichem Gold sind und daß gleichermaßen alles und jedes eine Offenbarung des Selbst ist. Noch ist er nicht wirklich durch das Tor getreten, aber er sieht versuchsweise die Spuren des Ochsen.« Die Spuren sind die von verschiedenen erleuchteten Wesen dargelegten Weisheitslehren, daß der Gesang der Zikaden und wirklich alle Phänomene dasselbe Licht des ursprünglichen Geistes, der wahren Natur, sind. Der Suchende wird jetzt zum Findenden, aber da die Suche von vornherein illusorisch war, ist auch das Finden illusorisch. Die Spuren des Ochsen sind nichts anderes als die Spuren des Suchenden durch sein eigenes Bewußtsein.

»Im Wald und am Gestade des Wasser finden sich unzählige Fußspuren; sieht er wohl das zerteilte Gras?« Anzeichen für die Anwesenheit des Ochsen werden überall bemerkt. Aber die Verfolgung dieser Spuren führt nirgendwohin, denn, so der Kommentar: »Selbst die tiefsten Schluchten der höchsten Berge können des Ochsen Nase nicht verbergen, reicht sie doch bis zum Himmel.« Der Ochse repräsentiert das gesamte Reich des Bewußtseins, das Suchende der ersten Phase und beginnende Übende der zweiten Phase erforschen, indem sie überall ihre Spuren hinterlassen. Die Verfolgung dieser Spuren ist jedoch eine fruchtbare und unerläßliche Illusion, ohne die der Suchende in die eigentliche Praxis des Meditierens über die intrinsische Natur aller Phänomene als ursprüngli-

1 Buddhistische Schrifttexte, die die Gespräche und Predigten des Buddha Shakyamuni zum Inhalt haben (Anm. d. Ü.).

2. *Die Spuren finden.* Diese Spuren symbolisieren die Weisheitslehre, daß alle Phänomene das Licht des ursprünglichen Geistes sind. Wie verschieden geformte goldene Gefäße doch alle von gleichem Gold sind, ist alles und jedes eine Offenbarung des Selbst.

cher Geist nicht tiefer hineingezogen würde. Kindern muß oft ein unvollständiges Bild präsentiert werden, um sie in die richtige Richtung zu lenken.

Das dritte Ochsenbild heißt »Den Ochsen erblicken«. Der Kommentar führt aus, was der Gesang der Zikaden bereits andeutete: »Wenn er nur gespannt auf die alltäglichen Laute horcht, wird er zur Erkenntnis gelangen und in eben dem Augenblick den wahren Ursprung erblicken.« Man begegnet dem Ochsen nicht durch das Anhören esoterischer Lehren oder die abstrakte Kontemplation der Sutras, sondern durch direkte Erfahrung. Man stellt sich nun nicht mehr vor, daß der Ochse irgendwo draußen im Dschungel ist. Der Kommentar erläutert: »Die sechs Sinne unterscheiden sich nicht von diesem wahren Ursprung.« Jede Sinneswahrnehmung und jeder Gedanke können zu einem Erblicken des Ochsen werden. Der Kommentar fährt fort: »In jedem Wirken ist der Ursprung unverhüllt gegenwärtig. Wenn der Hirte die Augen weit aufschlägt, wird er gewahr, daß das Geschehene vom Ursprung nicht verschieden ist.« Der Übende, der den Ochsen erblickt hat, ist bewußt erleuchtet, denn er sucht weder den Ochsen, noch findet er seine Spuren. Nicht durch abstrakte Kontemplation, sondern durch direkte Erfahrung weiß er, daß der Ochse allgegenwärtig ist. Der Kommentar überlegt: »Die Nachtigall schlägt auf einem Zweig, warm scheint die Sonne, sanft weht der Wind, die Weiden grünen. Dort steht der Ochse, wo könnte er sich verbergen?« Der Ursprung kann sich nicht verbergen, denn er existiert in allen Formen, auch wenn sie sich in Strukturen und Aussehen wie Sonnen, Nachtigallen und Weiden unterscheiden. Aber diese dritte Phase der Erleuchtung liefert nur einen berauschenden Schimmer, eine ekstatische Erkenntnis, die kommt und geht. Weiteres Streben, weitere Disziplin sind erforderlich, um dieses Aufblitzen der Einsicht auszuweiten und zu festigen.

3. Den Ochsen erblicken. Man begegnet dem Ochsen nicht durch das Anhören esoterischer Lehren, sondern durch direkte Erfahrung. Man stellt sich nicht mehr vor, daß der Ochse irgendwo draußen im Dschungel ist.

Das vierte Ochsenbild heißt »Den Ochsen einfangen«. »Heute hat er den Ochsen getroffen, der lange in der Wildnis umhergestreift war, und hat ihn tatsächlich gepackt. Doch der Ochse schwelgte so lange in dieser Wildnis, daß es nicht leicht ist, ihn von seinen alten Gewohnheiten loszureißen. Er sehnt sich noch nach dem süß duftenden Gras, noch ist er eigensinnig und wild. Will der Hirte ihn zähmen, so müßte er zur Peitsche greifen. Er müßte ihn fest am Leitseil packen und nicht loslassen, denn der Ochse hat immer noch schlimme Neigungen.« Der in dieser Phase erlebte unnachgiebige Charakter des Ochsen wird im Japanischen wörtlich als wilde Kraft ausgedrückt. Dies ist die »Rohenergie« der Erleuchtung, für die nichts von Bedeutung ist, die vollständige Hingabe, die Erschaffung und Zerstörung als eins erkennt. Diese Energie muß gemäßigt und verfeinert werden, was der Zweck fortgeschrittener spiritueller Disziplinen ist, die erst beginnen können, wenn eine tiefe Einsicht in die Allgegenwart des ursprünglichen Geistes gewonnen wurde. Vor einer solchen Einsicht drücken spirituelle Disziplinen lediglich die Illusion des Suchens aus. Jetzt müssen wir den Ochsen festhalten und umfassen und unsere Erkenntnis der wahren Natur durch Disziplinen wie völliges Mitgefühl, absolute Gewaltlosigkeit, unerschütterliche Wahrhaftigkeit stärken. Sie sind die »Peitsche« und das »Leitseil«. Wir haben es mit der wilden Kraft des Ochsen zu tun, die gefährlich werden kann. In dieser Phase sind Verdrehungen der echten Spiritualität möglich. Wenn der Stand des Schülers und diszipliniertes Üben vorzeitig aufgegeben werden, kann die Energie der Erleuchtung sich in launenhafter, eigenwilliger Aktivität verzetteln. Daß der Ochse immer noch eigensinnig und wild ist und sich nach süß duftendem Gras sehnt, spiegelt die Tatsache, daß das urinnerste Gewahrsein in einem unendlichen, von menschlichen Konventionen nicht begrenzten Feld schon ewig da ist.

4. Den Ochsen einfangen. Wir müssen jetzt den Ochsen festhalten und umfassen und unsere Erkenntnis der wahren Natur durch Disziplinen wie völliges Mitgefühl, absolute Gewaltlosigkeit und unerschütterliche Wahrhaftigkeit stärken.

Das herkömmliche Oberflächendenken, das unseren Alltag regiert, hat sich als Nebenweg entwickelt, der scheinbar vom offenen Feld der wahren Natur getrennt ist. Wenn diese trügerische Trennung durchbrochen wird und der wilde Ochse in das herkömmliche menschliche Gewahrsein eindringt, müssen das Wert- und auch das physische Nervensystem des fortgeschrittenen Übenden umorganisiert werden, damit die Erfahrung der Erleuchtung mit dem persönlichen und kulturellen Sein harmoniert.

Das fünfte Ochsenbild, »Den Ochsen zähmen«, verweist auf eine größere Vertrautheit mit der wahren Natur. In der vorherigen Phase sollte spirituelle Einsicht unter allen Umständen erhalten und kontrolliert werden. »Den Ochsen zähmen« ist subtiler. Jetzt wird eine mühelose Vertrautheit bzw. Freundschaft mit dem Ochsen hergestellt. Alle Denkschritte sollen nun in die Erkenntnis der wahren Natur integriert werden. Alle Phänomene werden durch die kindliche Freundlichkeit des Menschen »gezähmt«, der nun kein fortgeschrittener Übender mehr, sondern ein erleuchteter Weiser ist. Im Kommentar heißt es: »Erhebt sich ein Gedanke, so folgen weitere und weitere. Die Erleuchtung führt zu der Erkenntnis, daß solche Gedanken nicht unwirklich sind, denn auch sie stammen aus unserer wahren Natur. Nur infolge der Verblendung werden sie unwirklich.« Wir meinen vielleicht, das Zähmen des Ochsen beginne mit der Ausmerzung aller Gedanken oder zumindest bestimmter Gedanken, die als negativ, unrein oder unwirklich betrachtet werden. Dies ist jedoch nicht der Weg der Erleuchtung, der im Grunde eher durch Einbeziehung als durch Ausschließung funktioniert. Den Ochsen zähmen bedeutet, daß der Übende Anschauungen bezüglich Disziplin, Reinheit und Unterscheidung aufgibt, die in früheren Phasen wichtig waren. Wenn wir den Spuren des Ochsen folgen, die die Lehren verschiedener hei-

5. Den Ochsen zähmen. Eine mühelose Vertrautheit bzw. Freundschaft mit dem Ochsen wird hergestellt. Der Ochse wird zu einem freien Begleiter; er ist nicht mehr das Werkzeug, um das Feld der Erleuchtung zu pflügen.

liger Traditionen symbolisieren, lernen wir, zwischen Unwirklichem und Wirklichem, zwischen unseren tiefverwurzelten menschlichen Illusionen und der Weisheit der Weisen zu unterscheiden. Wir entdecken jetzt, daß alle Gedanken eigentlich dasselbe sind, denn sie entstammen alle dem ursprünglichen Geist. Nur weil noch Spuren der Illusion bleiben, wird das Denken als von der Erleuchtung verschieden betrachtet. Ohne diese vorläufige spirituelle Illusion der Unterscheidung zwischen höchster Wahrheit und relativer Wahrheit, zwischen Einsicht und Unwissenheit, hätte es jedoch keine Klärung der wahren Natur, sondern nur das Chaos der gewöhnlichen Begierde gegeben.

Die Zähmung des Ochsen beginnt, die nun nicht mehr zweckmäßige, trügerische Unterscheidung zwischen spirituellem und gewöhnlichem Leben zu zerstreuen. Der zukünftige Weise schließt Freundschaft mit den Begrenzungen des gewöhnlichen Ichs und zieht sich nicht in das transzendente Ich des spirituellen Suchenden zurück. Dies ist der erste Hinweis auf die geheimnisvolle Normalität, in die der Weise sich schließlich begibt. Der Kommentar beschreibt den Ochsen in dieser Phase wie folgt: »Recht gezähmt jedoch, wird er sauber und sanft. Gelöst vom Seil, folgt er willig dem Hirten.« Das Zähmen soll den Ochsen vom Seil lösen, das heißt das urinnerste Gewahrsein befreien, das sich in uns konzentriert. Der Ochse wird zu einem freien Begleiter; er ist nicht mehr das Werkzeug, um das Feld der Erleuchtung zu pflügen. Dies ist ein behutsamer Prozeß, keine heftige Entladung von Energie. Alle Schritte werden ausgewogen.

Das sechste Ochsenbild, die sechste Phase der Erleuchtung, heißt »Heimritt auf dem Ochsen«. Der fortgeschrittene Übende wird nun zum erleuchteten Weisen: »Der Kampf ist vorüber. Gewinn und Verlust berühren ihn nicht mehr. Der Hirt singt die ländliche Weise der Holzfäller und spielt auf

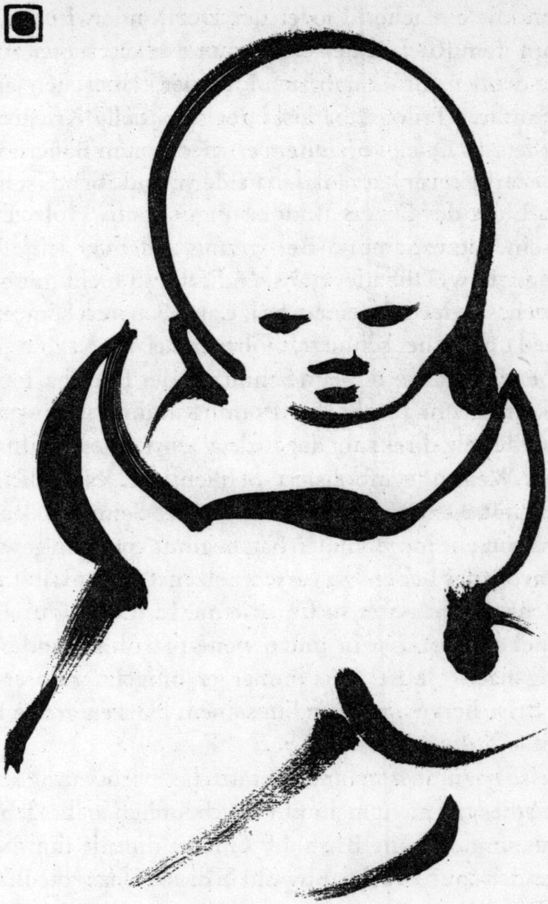

6. Heimritt auf dem Ochsen. Der fortgeschrittene Übende wird nun zum erleuchteten Weisen. Der Kampf ist vorüber. Der Weise beginnt, von innen heraus die Erleuchtung auszustrahlen.

der Flöte die einfachen Lieder der Dorfkinder. Er sitzt bequem auf dem Rücken des Ochsen und blickt heiter zu den Wolken droben auf.« Im dritten Film der klassischen japanischen Samurai-Trilogie bereitet der spirituelle Krieger sich auf sein letztes Duell vor, indem er wieder zum Bauern wird. Tagsüber arbeitet er hart auf den Feldern, und abends schnitzt er beim Licht des Feuers Buddha-Figuren aus Holz. Er gewinnt seine letzte Samurai-Begegnung, indem er seine Rolle als Krieger bzw. Übender transzendiert und nicht mit einem stählernen, sondern mit einem hölzernen Schwert kämpft, das er schnell und sicher schnitzt, wobei er aus der Kraft und der Hingabe schöpft, die er beim Schnitzen der Buddha-Figuren entwickelt hat. Er macht den Buddha und das Schwert aus Holz, weil Holz direkt auf der Erde wächst. Diese Erdhaftigkeit des Weisen symbolisiert Schlichtheit, Natürlichkeit, Spontaneität. Der Weise, der sein eigenes Sein und das Sein aller Phänomene losgebunden hat, beginnt, mit dem gewöhnlichen Strom des Lebens zu verschmelzen. Bequem sitzt er auf dem Ochsen: »Er reitet so frei wie die Luft, und durch den Abendnebel kommt er in einem weiten Strohhut und einem Umhang nach Hause. Wo immer er hingeht, ruft er eine frische Brise hervor, während in seinem Herzen große Ruhe herrscht.«

Der Weise beginnt, von innen heraus die Erleuchtung auszustrahlen; diese ist nicht mehr nur eine heimlich in ihm lebende Einsicht, sondern eine Brise der Gnade, die alle ihm Nahekommenden spüren. Aber obwohl in dieser Phase die Probleme des Entdeckens, Einfangens und Zähmens des Ochsen der wahren Natur nicht mehr bestehen, beinhaltet sie immer noch eine subtile Illusion. Der Weise behandelt den Ochsen immer noch als getrenntes Wesen, auch wenn er ihm nun so vertraut ist, daß er mühelos und ohne im geringsten auf den Weg zu achten auf ihm reiten kann. Der Ochse muß ganz als getrennte

Wesenheit verschwinden und voll durch uns selbst ausgedrückt werden.

Das siebte Ochsenbild heißt »Der Ochse ist vergessen, der Mensch bleibt«. Der Weise sieht sich schließlich als vollen Ausdruck der wahren Natur: »Es gibt keine Zweiheit. Der Ochse ist unser urinnerstes Wesen: das hat er nun erkannt ... Heimkommen konnte er nur auf dem Ochsen, nun gibt es den Ochsen nicht mehr. Allein sitzt der Hirt, heiter und ruhig ... Unter dem Strohdach liegen nun Peitsche und Leitseil nutzlos herum.« Alle spirituellen Übungen und Konzepte sind jetzt nutzlos. Es geht nicht mehr darum, etwas erreichen oder ausbilden zu müssen. Der kontemplative Weg ist vom täglichen Leben nicht mehr zu unterscheiden. Meditation, die genausowenig etwas Besonderes ist wie Gehen oder Atmen, ist zur natürlichen Aktivität des Weisen geworden; die vermeintliche Trennung ist aufgehoben, und die Meditation bedarf keiner speziellen Motivation mehr. »Heimkehren konnte er nur auf dem Ochsen.« Die noch nachklingende Dualität zwischen dem Übenden und seiner wahren Natur war bis zu dieser Phase des Heimkehrers den ganzen Weg über notwendig. Hier taucht ein neues Bild auf. In der Zeit des – illusorischen – Suchens, Ausbildens und Erreichens symbolisierte der Ochse die wahre Natur, aber das Bild des Zuhause enthält diese Täuschungen nicht mehr. Obwohl jedoch der Ochse als einzelnes Wesen nicht mehr da ist, existiert der erleuchtete Weise als besondere Verkörperung der wahren Natur immer noch. Diese durch die getrennte Existenz des Weisen geschaffene subtile Zweiheit muß sich in die vollkommene Einheit des ursprünglichen Geistes auflösen. Wie die Rolle des Suchenden und des Übenden allmählich verschwanden, muß auch die des Weisen aufhören, die Erleuchtung zu begrenzen.

Das achte Ochsenbild heißt »Ochse und Mensch sind vergessen«. Die letzte trügerische Grenze hat sich aufgelöst: »Aller

7. Der Ochse ist vergessen, der Mensch bleibt. Der Weise betrachtet sich schließlich als vollen Ausdruck der wahren Natur. Alle spirituellen Übungen und Konzepte sind jetzt überflüssig. Der kontemplative Weg ist vom täglichen Leben nicht mehr zu unterscheiden.

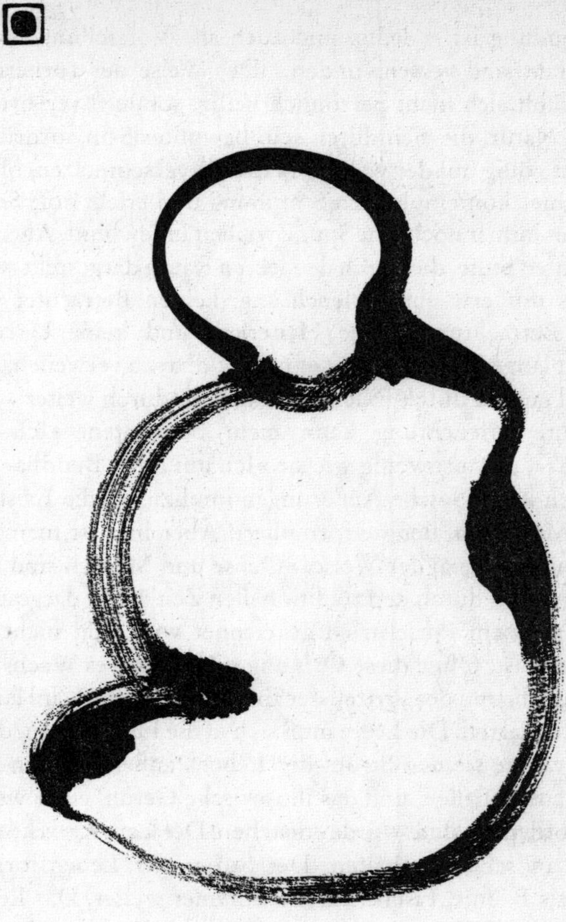

8. Ochse und Mensch sind vergessen. Es gibt nur erwachte Erleuchtung: keinen Betrachtenden und keine Betrachtung, keine Heiterkeit und keine Unruhe. Es gibt niemanden mehr, nicht einmal den Weisen.

Verblendung ist er ledig, und auch alle Vorstellungen von Heiligkeit sind verschwunden.« Der Weise der vorherigen Stufe fühlt sich nicht persönlich heilig, sondern verehrt die wahre Natur, die sich durch sein bewußtes Sein ausdrückt. Anstatt völlig mit der wahren Natur zu verschmelzen, bleibt er in einer kontemplativen Stimmung und erlebt eine Seligkeit, der immer noch eine Spur Zweiheit innewohnt. Aber auf der achten Stufe, die durch den leeren Raum dargestellt wird, gibt es nur erwachte Erleuchtung: keinen Betrachter und keine Betrachtung, keine Heiterkeit und keine Unruhe. »Nicht länger mehr braucht er ›in Buddha‹ zu verweilen, und schnell geht er durch ›Nicht-Buddha‹ hindurch weiter.« Die erwachte Erleuchtung kann nicht behaupten: »Ich bin Buddha«, genausowenig wie sie »Ich bin nicht Buddha« behaupten kann. Solche Äußerungen implizieren die Existenz eines Menschen, der sie formuliert. Aber hier ist niemand, noch nicht einmal der Weise. »Ochse und Mensch sind vergessen« wird durch den traditionellen Zen-Kreis dargestellt, der mit einem Pinselstrich gezeichnet wird und nicht geschlossen ist. Ohne diese Öffnung wäre weiteres Wachstum unmöglich, und der Prozeß der Erleuchtung würde im leeren Raum erstarren. Die Leere muß sich in die Fülle öffnen, denn sonst würde sie den Strom des Lebens außerhalb von sich selbst ausschließen, und das illusorische Gefühl einer weiteren subtilen Dualität würde entstehen. Der leere Kreis könnte eine Landschaft enthalten. Der Strom der Lebensformen fließt als Bäume, Fische, Insekten immer weiter. Das Leben darf durch die Erleuchtung nicht ausgeschlossen werden.

Das neunte Ochsenbild heißt »Zum Ursprung zurückgekehrt«. Berge und Kiefernwälder, Wolken und Wellen erscheinen von nirgendwoher. Der offene Raum der Leere verschmilzt in einer Art Frühling: Formloses Gewahrsein wird wieder zu Formen, ohne sein formloses, das heißt voll-

9. Zum Ursprung zurückgekehrt. Formloses Gewahrsein wird wieder zu Formen, ohne sein formloses bzw. vollkommen eins seiendes Wesen zu verlieren. Erleuchtung *ist* der blaue See und der grüne Berg.

kommen eins seiendes Wesen zu verlieren. Das erleuchtete Sein sieht sich nicht mehr der Illusion der Erleuchtung gegenüber: »Von Urbeginn an gibt es keinerlei Staub, der die ursprüngliche Reinheit befleckte.« Nach dem ersten Blick auf den Ochsen spürt der Übende, daß alles Tun direkt vom Ursprung herkommt, und doch muß er all die subtilen Zwischenebenen der Entwicklung durchmessen, um wirklich zu diesem Ursprung zurückzukehren. Die Rückkehr des Weisen mußte sich im Kreis der Leere auflösen, bevor er völlig verschwinden und einfach der Ursprung *sein* konnte. Aber es wird nichts vernichtet. Die erwachte Erleuchtung betrachtet jetzt alle Manifestationen als ihre Emanation: »All das Werden und Vergehen des Lebens ist kein Wahn und keine Illusion, sondern eine Manifestation des Ursprungs. Warum sollte es notwendig sein, um irgend etwas zu ringen? Blau sind die Gewässer, grün die Berge.« Erleuchtung *ist* einfach das blaue Gewässer und der grüne Berg. In früheren Phasen besaß die Erkenntnis eine dramatische Qualität, aber auf der neunten Stufe verblaßt das Drama und hinterläßt nur Frische und Einfachheit: »Blau sind die Gewässer, grün die Berge.« Aber wo sind die Menschen? In dieser Rückkehr zum Ursprung liegt etwas Nichtmenschliches. Der Prozeß der Erleuchtung hat durch viele Vereinfachungen ein Stadium erreicht, in dem die Konstruktion der menschlichen Persönlichkeit und der menschlichen Gesellschaft nur schwer erkannt und akzeptiert werden können: »Es ist, als wäre er jetzt blind und taub. In seiner Hütte sitzend, sieht von alldem da draußen nichts.« Es besteht noch eine subtile Zweiheit zwischen dem Ursprung, der als Kiefer oder Kirschbaum blüht, und seiner Manifestation als chronische Verblendung und dauerndes Leid der menschlichen Zivilisation. Die Rückkehr zum Ursprung muß tiefer werden, um die Rückkehr ins weltliche Leben einzuschließen.

10. Den Markt mit offenen Händen betreten. Der Mensch, der die Erleuchtung voll erlangt hat, ist vergnügt und folgt keinem Pfad. Er trägt eine mit Wein gefüllte Kürbisflasche, Symbol der tantrischen Ekstase, die den Wein der trügerischen menschlichen Welt von Gift in Nektar verwandelt.

Das zehnte Ochsenbild, das Einheit und Zweiheit auslöscht, heißt »Den Markt mit offenen Händen betreten«. Die erwachte Erleuchtung nimmt die Form eines dicken, lustigen Bauern an, der von Dorf zu Dorf wandert, von einer weltlichen Situation zur nächsten. Sein Körper strömt über vor Lebensenergie. Sein Wesen ist voll mitfühlender Liebe. Seine offenen Hände drücken vollkommene Leere aus. »Die Tür seiner Hütte ist verschlossen, und selbst der Weiseste kann ihn nicht ausfindig machen.« Er ist weitergegangen, sehr viel weiter, nicht um sich noch mehr von der Menschheit zu entfernen, sondern um ganz in die menschliche Welt zurückzukehren. Er hat sogar den Ursprung verlassen, wo die Erleuchtung sich wie in einer Zitadelle geschickt selbst isolieren könnte. »Der Weiseste kann ihn nicht ausfindig machen«, weil nicht er umherwandert, sondern die Aktivität erwachter Erleuchtung. Er erlebt keinen intrinsischen Unterschied zwischen sich und den Dorfbewohnern bzw. sich und der dörflichen Landschaft. »Sein geistiger Überblick ist verschwunden. Er geht seinen eigenen Weg und versucht nicht, den Schritten früherer Weiser zu folgen.« Fortgeschrittene Übende und auch Weise empfinden starke Verehrung für frühere Weise und können sich dadurch als von diesen Großen getrennt betrachten. Aber die durch diese zehnte Phase ausgedrückte erwachte Erleuchtung ist völlig identisch mit der Erleuchtung aller Buddhas in Vergangenheit, Gegenwart und Zukunft. Wem könnte er also folgen? Der Mensch, der die Erleuchtung voll erreicht, ist vergnügt und folgt keinem Pfad. Er trägt eine mit Wein gefüllte Kürbisflasche, Symbol der tantrischen Ekstase, die den Wein der trügerischen menschlichen Welt von Gift in Nektar verwandelt. »Er kommt mit der Kürbisflasche auf den Markt. Schankwirte und Fischhändler führt er auf den Weg, ein Buddha zu werden. Mit entblößter Brust kommt er barfuß zum Markt. Schmutzbedeckt und mit

Asche beschmiert, lacht er doch breit übers ganze Gesicht. Ohne Zuflucht zu mystischen Kräften bringt er verdorrte Bäume schnell zum Blühen.« Nicht nur Fischhändler und Schankwirte, sondern alle Menschen auf dem Markt der Begierden werden dadurch, daß die ihnen innewohnende Buddha-Natur erkannt wird, schnell zum Blühen gebracht.

Um die traditionelle Beschreibung der Erleuchtung in den Ochsenbildern zu bestätigen und zu bereichern, möchte ich nun eine zeitgenössische Japanerin vorstellen, die die höheren Stufen der Erleuchtung während eines intensiven Zeitraums von fünf Jahren durchmaß und dann im Alter von 25 Jahren starb.[1] Yaeko war eine körperlich schwache, von Krankheit geplagte junge Frau, deren spirituelle Hingabe dennoch außerordentlich groß war. Fünf Jahre lang, während derer sie ans Bett gefesselt war und regelmäßig zu Hause von Zen-Meister Harada Roshi besucht wurde, praktizierte sie intensiv Zazen bzw. Meditation über die wahre Natur. In diesen fünf Jahren geduldigen Übens durchmaß sie die Ebenen der Erleuchtung, die als »Den Ochsen suchen« und »Die Spuren finden« bezeichnet werden, und erreichte schließlich »Den Ochsen erblicken«, die plötzliche und berauschende Erfahrung aller Phänomene als ursprünglicher Geist. In den fünf Tagen nach diesem Kensho, dem Anblick ihrer wahren Natur, durchlief Yaeko alle übrigen Stufen der Erleuchtung – ein Prozeß spiritueller Entwicklung, für den fortgeschrittene Übende im allgemeinen ein ganzes Leben brauchen. Ich zitiere hier aus Yaekos Briefen an ihren Zen-Meister; sie beschreiben ihre ekstatische Erfahrung und die wachsende Einsicht in diesen wunderbaren fünf Tagen. Harada Roshi, der Yaekos Wachstum aus seiner Perspektive des »Den Markt mit offenen

1 Vgl. Philip Kapleau, *Die drei Pfeiler des Zen,* München, [7]1987, S. 369–397 (Anm. d. Ü.).

Händen betreten« bestätigte, schrieb seine Anmerkungen an den Rand ihrer Briefe.

Yaeko schreibt: »Gestern morgen sagten Sie mir: ›Was du wahrgenommen hast, ist noch verschwommen.‹ Ich hatte also das Gefühl, daß ich tiefer forschen müsse. Als ich gestern um Mitternacht plötzlich wach wurde, war es weitaus klarer geworden … und ich konnte einzig die Hände in Gassho[1] erheben vor Freude, schierer Freude. Ich sehe wahrhaftig, daß es Tiefengrade der Erleuchtung gibt.« Harada Roshi kommentiert: »Ja, aber wenige erkennen diese bedeutsame Tatsache … Der Ochse ist hundert Meilen näher gekommen.« Die hier angesprochene verschwommene Wahrnehmung der wahren Natur war Yaekos Kensho, der erste Anblick des Ochsen. Sie hat nun die größere Klarheit der vierten Phase erreicht, »Den Ochsen einfangen«. Viele Übende glauben noch Jahre nach dieser Erfahrung, der berauschende Anblick der wahren Natur, das Aufblitzen der ersten Erleuchtung, sei etwas Endgültiges. Die Entdeckung der höheren Stufen der Erleuchtung ist, wie der Roshi bemerkt, selten. Von ihrer neuen Perspektive aus fährt Yaeko fort: »Ich schäme mich meiner Mängel und werde alle Anstrengungen unternehmen, um meinen Charakter zu bilden.« Als fortgeschrittene Übende, die den Ochsen ständig wahrnimmt, beginnt sie, ihren Charakter zu bilden. Sie erkennt, daß die direkte Erfahrung aller Phänomene als ursprünglicher Geist der Beginn der spirituellen Bildung ist und nicht etwa die plötzliche Befreiung von der Verantwortung, die der egozentrische Suchende sich vielleicht unter Erleuchtung vorstellt. Die Bildung auf dieser Stufe umfaßt nicht die strengen Übungen und Lehrkonzepte, die ein Suchender oder ein beginnender Übender

1 Gassho: Das Aufheben der Hände, Handfläche an Handfläche, als Ausdruck der Verehrung, Dankbarkeit, Demut oder aller drei (A. d. Ü.).

verwendet; sie ist ein verfeinernder, erweiternder Prozeß, der ohne Ehrgeiz oder Bemühung betrieben wird.

Die Unvollkommenheiten, die sogar der fortgeschrittene spirituelle Übende auf die wahre Natur projiziert und die Yaeko ihre Mängel nennt, werden auf dieser Stufe klar erkannt. Aus der umfassenderen Sicht des Weisen sind solche Erkenntnisse jedoch illusorisch. Der Weise sieht nur die Weite der wahren Natur und schließt daraus, daß es keine Unvollkommenheiten gibt. Harada Roshi merkt an: »Hat den Ochsen deutlich gesehen, aber der Punkt, ihn zu ergreifen, ist noch zehntausend Meilen fern. Ihr Erlebnis ist noch von begrifflichem Denken gefärbt.« Dieses Ergreifen, von dem Roshi spricht, ist ein Umfassen bzw. Sich-zu-eigen-Machen, das sich auf die fünfte Dimension der Erleuchtung bezieht, »Den Ochsen zähmen«. Auf dieser Stufe wird die Vorstellung des Bemühens – begriffliches Denken, wie der Roshi sagt – durch vertraute Freundlichkeit mit allen transzendenten und weltlichen Manifestationen der wahren Natur ersetzt.

Obwohl Yaeko zehntausend Meilen von zu Hause entfernt ist, beginnt sie eine enge Verbundenheit mit allen Wesen zu spüren. Sie betrachtet sie als Ausdrucksformen ihrer eigenen wahren Natur – so wie eine Mutter ihre Kinder. Diese Verbundenheit mit allen Lebewesen verwandelt sich für den spirituellen Übenden in Mitgefühl und den starken Wunsch, alle Wesen möchten zu der ihnen innewohnenden Erleuchtung erwachen. Yaeko beteuert: »Jetzt, da meines Geistes Auge geöffnet wurde, erhebt sich spontan in mir das Gelübde, alle Lebewesen zu retten.« Paradox an diesem Gelübde des Mitgefühls für alle Wesen ist, daß mit dem allmählichen Tieferwerden der Erleuchtung immer klarer wird, daß es keine einzelnen, von der wahren Natur getrennten Geschöpfe gibt.

Neben allumfassendem Mitgefühl empfindet Yaeko auf dieser Stufe immense Selbstsicherheit. Sie schreibt: »Selbst mein

Roshi zählt in meinen Augen nicht mehr.« Diese Sicherheit ist nicht Arroganz, sondern Ekstase, die Schüler und Lehrer gleichermaßen als wahre Natur erkennt. Diese Ekstase beinhaltet paradoxerweise auch innige Dankbarkeit gegenüber dem Meister: »Meine Dankbarkeit und mein Entzücken lassen sich unmöglich beschreiben ... Ich schreibe jetzt nur, weil ich glaube, daß mein Roshi allein meine Glückseligkeit verstehen kann und mit mir zufrieden sein wird.« Aufgrund von Yaekos Sicherheit, ihrem Mitgefühl und ihrer Hingabe an die spirituelle Praxis bestätigt Harada Roshi, daß sie den Ochsen nicht flüchtig erblickt, sondern wirklich gesehen hat: »Hat den Ochsen wirklich gesehen, denn in ihrem Erlebnis liegen tiefe Selbstbejahung, das Verlangen, alle Lebewesen zu retten, und die Entschlossenheit, sich im täglichen Leben geistig zu schulen.« Der Roshi merkt jedoch an, daß Yaeko zwar die Stufe »Den Ochsen zähmen« abgeschlossen hat, ihn aber noch nach Hause reiten muß: »Solche Geistesverfassung allein kann man als die wahre Gesinnung der Kinder des Buddha ansprechen. Aber noch gibt es ein Subjekt, das sieht. Noch liegt die geistige Heimat in weiter Entfernung.«

Yaekos zweiter Brief bringt eine bemerkenswerte Vertiefung der Erleuchtung zum Ausdruck. Sie hat die Phasen »Den Ochsen zähmen« und »Heimritt auf dem Ochsen« abgeschlossen und »Der Ochse ist vergessen, der Mensch bleibt« erreicht. Sie ist nun nicht mehr die fortgeschrittene Übende, sondern die erleuchtete Weise. Yaekos Entwicklung, die nach der im ersten Brief angezeigten Erleuchtungsebene normalerweise noch jahrelanger Übung und Führung bedurft hätte, hat sich wunderbarerweise in einem einzigen Tag verdichtet. Yaeko schreibt: »Heute habe ich zum erstenmal große Erleuchtung erlangt. Ich bin so überglücklich, daß alles an mir tanzt.« Auf die Tiefe ihres Erlebnisses weist die Wendung »alles an mir« hin. Nichts wird ausgeschlossen. Ihr ganzes Wesen, das transzendente und das weltliche, wird als wahre Natur erkannt. Harada Roshi merkt an: »Jetzt hat sie zum erstenmal den Weg gefunden – ihren Geist deutlich erkannt. Sie ist von Verblendung, die keine dauerhafte Wurzel hat, befreit worden. Wunderbar! Wunderbar!« Yaeko fährt fort: »Niemand als mein Roshi kann überhaupt solche Begeisterung begreifen … Es gibt absolut keine Verblendung mehr. Da ist weder Ochse noch Mensch. Ich habe mein Ur-Angesicht[1] deutlicher gesehen als einen Diamanten in meiner Hand. Ich brauche Dokusan[2] nicht mehr, und alle Koans[3] sind jetzt wie nutzlose Möbel geworden.« Diese letzte Wendung enthält ein Element der Illusion, wie Harada Roshi später kommentiert. Yaeko braucht nicht weiterhin Dokusan, selbst wenn die Koans für sie jetzt tatsächlich nutzlos sind, weil sie alle Phänomene klar als ihren ursprünglichen Geist erkennt.

Eine der Täuschungen, die während des langen Erleuchtungsprozesses immer wieder entstehen, ist die vorzeitige Ablehnung spiritueller Unterweisung und Führung. Bei fortgeschrittenen Übenden ist diese Täuschung nicht auf gewöhnliche Überheblichkeit, sondern auf eine nicht assimilierte Begeisterung zurückzuführen, die der gerade erreichten Stufe der Erleuchtung eine trügerische Endgültigkeit verleiht. Yaekos große Erleuchtung ist zwar kein Abschluß, aber sicher sehr viel klarer als Kensho, das erste Erblicken der

1 Das Ur-Angesicht bzw. Ur-Antlitz (auch wiedergegeben mit »Gesicht vor Geburt der Eltern«) erblicken heißt, des Selbst innezuwerden, zur Selbst-Wesensschau kommen, also Erleuchtung zu finden (Anm. d. Ü.).

2 Die Begegnung mit dem Roshi in der Zurückgezogenheit des Lehrraums (Anm. d. Ü.).

3 Koan: eine für den Verstand paradoxe Formulierung, die auf die letzte Wahrheit hinweist. Koans lassen sich nicht mit Hilfe logischen Denkens lösen, sondern nur, indem man zu einer höheren geistig-seelischen Ebene erwacht, die jenseits des diskursiven Intellekts liegt (Anm. d. Ü.).

wahren Natur. Yaeko schreibt: »Wer nur Kensho hat, kennt diesen Zustand unbegrenzten Freiseins und tiefsten Seelenfriedens nicht. Ja, man kann das gar nicht kennen, solange man nicht zu voller Erleuchtung gekommen ist. Wenn mein Roshi mir, nachdem er diesen Brief gelesen hat, immer noch Unsinn erzählt, werde ich ohne Zögern sagen, daß an der Wesensschau des Roshi etwas mangelt.«

Der Begriff »Unsinn« wird von Zen-Übenden verwendet, um ein spirituelles Konzept – zum Beispiel zielorientiertes Üben oder allmähliche Läuterung – zu beschreiben, das die wahre Natur verdunkelt. Eine solche Illusion der Zweiheit ist ein unvermeidlicher Aspekt jeder Phase der Erleuchtung, und Yaeko ist davon nicht ausgenommen. Harada Roshi kommentiert: »Gut! Gut! Dieses Stadium kennt man: auf dem Gipfel eines einsamen Berges stehen oder zum eigenen Haus zurückkehren. Dennoch muß ich ihr ›Unsinn‹ erzählen. Eines Tages wird sie wissen, warum.«

Yaeko ist so tief in die Ekstase eingetaucht, daß sie ihrem Zen-Meister spielerisch drohen kann, seine Selbstverwirklichung in Frage zu stellen. Sie empfindet sich selbst als voll verwirklichten Meister bzw. Weisen: »Wenn ich bedenke, daß ich tatsächlich das große Gelübde, das ich in zahllosen vergangenen Existenzen abgelegt habe, erfüllt habe und Dokusan halten kann, bin ich unendlich dankbar.« Yaeko betrachtet diese Bemerkungen später als Ergebnis ihrer nicht verinnerlichten Begeisterung und zieht ihren vorzeitigen Anspruch zurück, ein Roshi zu sein, der anderen Dokusan, also spirituelle Anleitung zur Erleuchtung, geben kann. Zu Yaekos Anspruch, den Stand des Schülers hinter sich gelassen zu haben, bemerkt Harada Roshi: »Es ist noch zu früh. Doch wie viele gibt es heutzutage unter denen, die man erleuchtet nennt, die sich solche innere Sicherheit geschaffen haben?« Für Yaeko besteht keine Notwendigkeit mehr, die wahre Natur zu verwirklichen oder diese Verwirklichung zu vertiefen, denn es wird jetzt als »Unsinn« erkannt. Es gibt nur das Gefühl der Sicherheit, daß ihr ganzes Wesen bereits wahre Natur ist. Ihr erleuchteter Führer erkennt an dieser Sicherheit, daß sie tatsächlich heimgekehrt ist. Denn sie sagt: »Weder Buddhas noch Teufel können mich erschüttern. Dieser Zustand spottet jeder Beschreibung. Ich habe alles vergessen und bin mit leeren Händen in meine wahre Heimat zurückgekehrt.« Obwohl sie in die leere, strahlende Weite des ursprünglichen Geistes zurückgekehrt ist, verstärkt sich Yaekos mitfühlendes Interesse an allen Wesen. Und obwohl sie keine spirituelle Disziplin und keine besondere Übung mehr braucht, drückt sich ihr Verlangen nach immer größerer Klarheit spontan durch jeden Gedanken und jede Empfindung des Alltags aus. »Jetzt kann ich mit der nie endenden Aufgabe beginnen, alle Geschöpfe zu retten. Das macht mich so glücklich, daß ich kaum an mich halten kann. Alles ist Glanz, lauterer Glanz. Nun kann ich auf immer in natürlichem Einklang mit meinem alltäglichen Leben zur Vollkommenheit fortschreiten.« Angesichts der Worte »auf immer zur Vollkommenheit fortschreiten« werden sogar die zehn Ochsenbilder zu einem »Unsinn«, weil die Dimensionen der Erleuchtung als endlos erkannt und in Ewigkeit auf verschiedene Weise wieder und wieder durchmessen werden. Harada Roshi reagiert voll Freude: »Sie begreift wahrhaftig. Haargenau so ist es. Wie viele sogenannte Zen-Leute sind zu solch tiefgreifender Wesensschau gelangt? ... Ich bin so dankbar, solch eine Schülerin zu haben, daß ich nun glücklich sterben kann.« Daß der Prozeß der Erleuchtung ewig ist, wird auch von Yaeko angedeutet, sie schreibt: »Ich bin auferstanden wie auch der Roshi und alles andere in Ewigkeit.« Die buddhistische Anschauung lehrt, daß sich aus der Sicht des Suchenden alle Phänomene ständig verändern, aber Yaeko aus der Sicht der Weisen gibt zu verstehen, daß sie und alle Phänomene in Ewigkeit auferstanden sind. Sie läßt hier erkennen, daß die Erleuchtung zeitlos ist, daß sie mit dem Entstehen und Vergehen einzelner Augenblicke oder ganzer Zivilisationen nichts zu tun hat, sondern alles durchglänzt und alle Phänomene mit einem Gefühl ewiger Gegenwart bestrahlt.

Yaeko fährt fort: »Der Roshi allein kann meine Seele verstehen. Doch gibt es weder den Roshi noch mich. Leib und Seele sind mir in der Tat vollkommen weggefallen.« Wenn ein nicht auf den ursprünglichen Geist eingestimmter Mensch auf Körper, Geist und Welt schaut, erscheinen sie undurchsichtig oder fest, und er begegnet scheinbarer Trennung und Fragmentierung. Dem Weisen dagegen zeigen alle Strukturen sich als transparent, so daß sie den Strom der wahren Natur nicht verdunkeln. Yaeko kann daher Harada Roshi weiter ihre Dankbarkeit bezeugen, obwohl sie erkennt, daß sie und er für die wahre Natur völlig transparent sind. Sie schreibt emphatisch: »Ich bin inmitten des großen Weges, da alles ganz natürlich und mühelos ist, weder in Eile noch zögernd; wo es weder Buddhas noch den Roshi gibt, nichts. Und wo ich ohne meine Augen sehe und ohne meine Ohren höre. Von dem, was ich geschrieben habe, bleibt auch nicht eine Spur; es gibt weder Feder noch Papier, noch Wörter – überhaupt nichts.« Yaeko drückt hier glaubwürdig ihre Erleuchtung aus. Worte und Begriffe verschwinden für sie sofort in der Weite des ursprünglichen Geistes. Der Roshi merkt an: »Dieser Grad der Erleuchtung ist ... das wahre Gewinnen des Weges. Das ist die Rückkehr ins eigene Haus.«

Yaekos nächster Brief zeigt an, daß sie die Begeisterung über die große Erleuchtung bereits verarbeitet hat. Sie schreibt: »Mein Brief vom 25. muß Sie glauben gemacht haben, ich sei verrückt geworden ... Ich hatte einen solchen Höhepunkt der Begeisterung erreicht, daß ich mich nicht mäßigen konnte. Als ich wieder zu Sinnen gekommen war ... brach ich in Lachen aus bei dem Gedanken, wie in meinen Gefühlen alles durcheinandergeraten war.« Der Roshi kommentiert: »Solche Selbstvorwürfe sind unnötig. Eine derart freudige Verzükkung ist die erste Reaktion aller, die solch großes Erwachen erlebt haben.« Diese Verzückung wird auf der sechsten Stufe der Erleuchtung erlebt, nämlich »Heimritt auf dem Ochsen«, auf der der Betreffende berauscht ist von subtiler Ekstase. Weil diese der normalen Alltagserfahrung so drastisch entgegensteht, stärkt sie die illusorische Trennung zwischen spirituellem und gewöhnlichem Leben. Die beiden Erlebnisarten müssen so vollständig ineinander übergehen, daß in gewissem Sinne keine bleibt. Von ihrer neuen Ebene der Klarheit bzw. Reife aus fährt Yaeko fort: »Ich bin mir zutiefst der Notwendigkeit sorgfältiger Selbsterziehung bewußt und begreife voll und ganz den Ernst von Dokusan. Ich schwöre, daß ich nie wieder etwas so Anmaßendes schreiben werde wie gestern, da ich sagte, daß ich volle Erleuchtung gefunden hätte und deshalb andere im Dokusan unterweisen könnte.« Diese Weigerung Yaekos, die Erleuchtung für sich zu beanspruchen, kommentiert Roshi einfach und kraftvoll: »Sie ist wahrlich erwacht.« Er fährt fort: »Obgleich die meisten Gläubigen nach Kensho fünf bis zehn Jahre brauchen, um auf diese Stufe zu gelangen, hat sie das in weniger als einer Woche erreicht.« Yaeko hat die Stufe »Ochse und Mensch sind vergessen« erreicht, auf der die Illusion aufgegeben wird, daß man Erleuchtung für sich beanspruchen kann. Die Ambitionen werden fallengelassen, und auch die Rolle des erleuchteten Weisen wird transzendiert.

Im vierten Brief Yaekos an Harada Roshi hält diese bemerkenswerte Beschleunigung an: »Verzeihen Sie, daß ich so oft schreibe. Ich habe jene Stufe der Wesensschau erreicht, die die letztmögliche ist, solange man noch ein Schüler ist.« Yaeko hat die Begeisterung jetzt so ausgewogen verinnerlicht, daß neue Ebenen der Erleuchtung ihren Stand als Schülerin nicht erschüttern. Der Roshi, der ihre selbstlose Sicherheit beobachtet, kommentiert einfach: »Wahrlich, so ist es.« Yaeko beschreibt die Gewöhnlichkeit der Rückkehr zum Ursprung, der neunten Phase der Erleuchtung: »Ich dachte immer: ›Wie großartig muß man nach der Erleuchtung werden!‹ und ›Wie bewundernswert ist der, der sich buddhistischem Wirken so gänzlich widmet, daß er nicht mehr an sich denkt!‹ Aber ich habe mich sehr geirrt.« Yaeko begreift, daß sie ungeachtet ihrer Erleuchtung ein normales menschliches Wesen bleibt. Die reine Buddha-Aktivität, jetzt bewußt in ihr konzentriert, ist einfach ihre ganze Menschlichkeit. Es ist nichts besonders Großartiges daran. »Vor der Erleuchtung war ich so darum bemüht und dachte oft: ›Wie edel ist der, der in Frieden und Zufriedenheit heimkehrt.‹ Nachdem ich aber zu voller Erleuchtung gelangt bin, sage ich mir jetzt: ›Warum hast du dich darüber nur so aufgeregt?‹ Denn ich habe eine entschiedene Abneigung dagegen, ›erleuchtet‹ genannt zu werden.« Der erleuchtete Weise ist im Ursprung aufgegangen und hinterläßt nur ein Aufblitzen transzendenten Humors. Yaeko schreibt: »Es reizt mich, mir zu sagen: ›Soso, das ist sie also, die volle Erleuchtung!‹«

Wie wir sehen, gehen von der Erleuchtung drei transzendente Gefühle aus: Mitgefühl, Dankbarkeit – und jetzt Lachen. Alle haben weder Objekt noch Subjekt und geschehen spontan. Obwohl Yaeko im Ursprung aufgegangen ist, zeigt sie weiter ihre Dankbarkeit: »Ich kann gar nicht ausdrücken, wie dankbar ich bin, daß ich mit dem wahren Dharma[1] auf immer eins

1 Ein Grundbegriff des Buddhismus, der in verschiedenen Bedeutungen verwendet wird, zum Beispiel universelles Gesetz, Lehre des Buddha, Religion (Anm. d. Ü.).

bin, vollkommen und ganz natürlich.« Anders als in früheren Briefen gibt es keine Fragen mehr zu weiterem Üben und Läuterung, sondern ein Gefühl müheloser Einheit mit dem Dharma, der wahren Natur. Harada Roshi charakterisiert Yaekos Selbstverwirklichungsstufe als »jenen Zustand völliger Natürlichkeit, da die wechselseitige Durchdringung der Welt der Unterschiedenheit und der Welt der Gleichheit so vollkommen ist, daß man sich keiner von beiden mehr bewußt ist«. Nach dem Entschwinden im Ursprung existiert weder die trennende Unwissenheit der Unterscheidung noch die einende Weisheit, die die Gleichheit aller Phänomene erkennt. Im Zentrum der Sonne herrscht weder Nacht noch Tag. Yaeko hatte es in einem früheren Brief geschrieben: »Ich bin im Zentrum des großen Weges ... Alles ist Glanz, lauterer Glanz.«

Aber nicht nur die Begeisterung, auch die Einsicht ist im Ursprung versunken. Yaeko schreibt: »Ich habe den Augenblick meiner Erleuchtung vergessen ... Ich kann einfach nicht verstehen, warum ich immer soviel Aufhebens von der Hochachtung vor dem Buddhismus gemacht habe und von jedem, der volle Erleuchtung gefunden hatte.« Harada Roshi kommentiert Yaekos gegenwärtige Stufe der »Erleuchtung jenseits der Erleuchtung«: »Wer diesen Grad erreicht hat, hat die Zen-Schulung, soweit man sie unter einem Lehrer durchführen kann, vollendet und den Weg der wahren Selbstschulung beschritten.« Yaeko, die nicht mehr auf Unabhängigkeit von ihrem Lehrer besteht, ist tatsächlich zu ihrem eigenen Roshi bzw. Meister geworden. Oder besser: Der ursprüngliche Geist ist zu ihrem Führer geworden.

Obwohl es keinen getrennten Buddha gibt, strömen dem Wesen, das dieses Verständnis vermittelt hat, tiefe Ehrerbietung und Dankbarkeit entgegen. Yaeko schreibt: »Dank des Roshi habe ich klar erkannt, daß Buddha nichts anderes ist als

Geist. Meine Dankbarkeit kennt keine Grenzen. Das ist sowohl auf die gütige Führung des Roshi zurückzuführen als auch auf mein intensives Verlangen nach und Ringen um Buddhaschaft, auf daß ich alle Geschöpfe retten könne.« Der Roshi merkt an: »Ich hatte sie mir nicht als jemanden mit einem so ungewöhnlichen Streben nach Buddhaschaft vorgestellt. Wie unaufmerksam von mir! Es ist offensichtlich, daß sie die Inkarnation eines großen Bodhisattva ist.«

An diesem Punkt wird dem Roshi klar, daß Yaeko aus früheren Leben spirituellen Übens schöpft und über die verschiedenen Ebenen der Erleuchtung hinaus zur Buddhaschaft gelangt ist, die das zehnte und letzte Ochsenbild andeutet. Buddhaschaft ist ein Strom höchster Kraft. Das mitfühlende Gelübde, alle Geschöpfe zu retten, kann vom Bodhisattva, dem Wesen, das die verschiedenen Ebenen der Erleuchtung durchmißt, stufenweise (Augenblick für Augenblick oder Leben für Leben) erfüllt werden. Ein Buddha, der alle Wesen bereits als Buddhas betrachtet, kann es sofort erfüllen. »Alle Wesen sind schon gerettet«, versichert der lebende Buddha. Die effektive, von dieser Behauptung freigesetzte spirituelle Kraft durchdringt das Gewahrsein aller Wesen und verstärkt merklich ihre Entwicklungsenergie. Diese Aussage, die Buddhaschaft ist, ist bereits die wahre Natur aller Geschöpfe. Als Yaeko, oder Harada vor ihr, zur bewußten Buddhaschaft gelangte, wurde diese anfanglose Bejahung der wahren Natur erneut bestätigt. Yaeko hat den Markt mit offenen Händen betreten. Die Bejahung der wahren Natur strahlt spontan von ihr aus und bringt zahllose Suchende und Übende weiter. In ebendiesem Augenblick werden wir direkt von ihr berührt.

Für Yaeko gibt es am Höhepunkt der Erleuchtung weder Lehren noch Weitergeben. Sie schreibt Harada Roshi, daß alle Ebenen der Erleuchtung im *tada* verschwunden sind. Das japanische Wort *tada* bedeutet wörtlich »nur« oder »einfach«.

»Ich bin inmitten des großen Weges, da alles ganz natürlich und mühelos ist, weder in Eile noch zögernd … Ich kann gar nicht ausdrücken, wie dankbar ich bin, daß ich mit dem wahren Dharma auf immer eins bin, vollkommen und ganz natürlich … Es reizt mich, mir zu sagen: ›Soso, das ist sie also, die volle Erleuchtung!‹« *Yaeko*

Der Zen-Meister rät uns: »Wenn du ißt, iß einfach. Wenn du gehst, geh einfach.« *Tada* ist vollkommene Transparenz, die sich im Alltäglichen ausdrückt; *tada* ist *einfach* Buddhaschaft, *einfach* wahre Natur. Es gibt nichts anderes. Yaeko schreibt: »Je weiter ich auf dem erhabenen Weg fortschreite, desto erhabener wird er. Ich habe erlebt, daß *tada* selbst Vollkommenheit ist.« Im *tada* gibt es nicht mehr das Gefühl zu handeln, und doch ignoriert *tada*, das fürsorglich und vorsichtig ist, keine Einzelheit der himmlischen oder der irdischen Sphäre. Yaeko schreibt: »Ich gelobe mir, in jeder Kleinigkeit meines Lebens mit äußerster Sorgfalt zu handeln.« Nicht nur jedes Geschöpf ist Buddha, auch jede Kleinigkeit ist Buddha. Zwei Tage nach ihrer Buddha-Verwirklichung starb Yaeko. Sie verschwand völlig im *tada*. Nur *tada* können wir unsere aufrichtige Dankbarkeit bezeigen.

KAPITEL V

Es gibt nur das Eine

Plotin und die Metaphysik der spirituellen Suche

Plotin, der im dritten Jahrhundert nach Christus lebte, hat die vielleicht kohärenteste spirituelle Metaphysik der westlichen und der östlichen Tradition entworfen. In ihm und seinem Lehrer Ammonius Sakkas begegnen wir einem Strom hoher Weisheit und kontemplativer Praxis, der von den alten Pythagoreern ausgeht und über Sokrates und die späte griechische Kultur ins europäische mystische Denken mündet. Heidegger zum Beispiel spiegelt das intellektuelle und spirituelle Erbe Plotins, das heißt die von christlichen Mystikern und westlichen Metaphysikern weitergeführte neuplatonische Linie.

Schon Plato hatte sich mit den Aspekten der spirituellen Suche und dem Wesen der höchsten Realität beschäftigt; Plotin entwickelte diese Themen bis zur letzten Konsequenz, wobei seine Schriften kein geschlossenes philosophisches System bilden, sie sind vielmehr eine auf Gesprächen mit verschiedenen Schülern beruhende Sammlung von Vorträgen. Plotin war nicht nur ein unabhängiger, mit seinen persönlichen Überlegungen befaßter Denker, sondern ein geschulter Eingeweihter in die durch seinen Lehrer Ammonius verkörperte kontemplative Tradition. Als Plotin im Alter von 27 Jahren nach Alexandria reiste – auf der Suche nach einem Philosophielehrer, der ihm nicht nur als spiritueller Führer dienen konnte, sondern auch höchsten intellektuellen Maßstäben genügte –, begegnete er Ammonius. Ähnlich wie Sokrates schrieb dieser geheimnisvolle Mensch nichts, aber aufgrund seiner spirituellen Verwirklichung verkörperte er die esoterische Interpretation des platonischen Denkens, das sich in Alexandria in den verschiedenen Weisheitslehren der jüdischen, christlichen und griechischen Gnostik entfaltet hatte. Obwohl in Alexandria durch den Handel zwischen Ägypten und dem Fernen Osten der Zugang zur indischen Kultur möglich war, scheint der Neuplatonismus sich unabhängig von der indischen Spiritualität als mystisches Aufblühen des griechischen Weges entwickelt zu haben.

Als Plotin Ammonius begegnete, wußte er, daß dies der Mensch war, den er in verschiedenen philosophischen Zirkeln gesucht hatte. Ammonius besaß nicht nur einen durchdringenden Verstand; die Kraft der Selbstverwirklichung strahlte von ihm direkt auf seinen Schüler Plotin aus. Plato hatte in bezug auf die höchste Realität und ihre Erkenntnis durch den Schüler im siebten Brief geschrieben: »Ich habe über sie kein Werk geschrieben, weil es keine Möglichkeit gibt, sie wie andere Untersuchungen in Worte zu fassen. Man erkennt sie nach einer langen Zeit der Belehrung und Begleitung, wenn sie wie ein von einem springenden Funken entzündetes Feuer plötzlich in der Seele entsteht und der Verstand von Licht überflutet wird.«

Ich werde hauptsächlich die Frage der höchsten Realität behandeln, die Plotin als das Eine bezeichnet, aber auch einige seiner fruchtbaren Einsichten in die Struktur der relativen Dimension einbeziehen, die er als ewiges Ausströmen des Seins aus dem Einen betrachtet. Da Plotin nie systematisch vorging, sondern sich dem Einen auf verschiedene Art und aus verschiedenen Richtungen näherte, folgen wir der freien Assoziation seines Denkens, ohne die Funken seiner Erkenntnis in eine strenge Form zu pressen.

Für Plotin ist das Eine weder eine Abstraktion noch ein leeres, statisches Absolutes. Das Eine ist jene ganz einfache, in ihrer Potentialität aber doch fruchtbare Kraft, die das Sein und die verschiedenen Seinsebenen hervorbringt – nicht physisch oder psychisch, sondern eher so, wie ein mathematisches Prinzip eine Reihe von Zahlen erzeugt. Anders als eine mathematische Formel ist das Eine jedoch ein lebendiges Prinzip, und die unendliche Kette der Wesen, die es hervorbringt, ist strahlend lebendig. Im Gegensatz zu einer mathematischen Reihe ist das Sein auch nicht eindimensional, sondern die simultane Emanation von Wesen auf verschiedenen voneinander getrennten Existenzebenen, die die ungeteilte Kraft des Einen in einem andersartigen metaphysischen Schlüssel ausdrücken. So ist das Eine zum Beispiel lebendiger als die Lebensenergie organischer Wesen, die seine Emanationen auf einer weniger ursprünglichen Existenzebene sind. Plotin nennt das Eine auch das Gute, die Grundlage aller menschlichen Wertvorstellungen, obwohl es für ihn nie Gegenstand des rationalen Denkens sein kann. Das Eine ist keine philosophische Kategorie, sondern eine spirituelle Realität, die Plotin direkt als intrinsische Natur aller Seinsebenen erkennt. Plotin spricht von dem Einen als Liebe, obwohl es nichts Personenhaftes besitzt. Das Eine ist nicht der persönliche Gott, den Plotin ehrfürchtig als kosmische Seele bezeichnet und der eine Emanation des Einen auf einer ursprünglicheren Seinsebene als das physische Universum ist. Das Eine ist ganz elementar – noch elementarer als das Sein selbst. Aufgrund dessen können wir über das Eine nichts Genaues aussagen. Plotin warnt: »Wenn wir von dem Einen sprechen, muß bei jeder Bezeichnung ›gleichsam‹ immer mitverstanden werden.« Die Via negationis, die nichts Positives über das Göttliche aussagt, sondern nur beschreibt, was das Göttliche nicht ist, wurde durch Plotin in die westliche mystische Theologie eingeführt. Obwohl Plotin oft versucht, positive Schimmer des Einen durch Andeutungen und nicht durch Behauptungen zu offenbaren, bemerkt er nach Art des negativen Weges: »Bei jedem Forschen geht es entweder darum, was ein Ding essentiell ist oder seine Eigenschaft oder seine Ursache oder die Tatsache seiner Existenz, aber nichts davon läßt sich auf das Eine anwenden.« Plotin geht die Via negationis so weit, daß er das Eine »das nicht Existierende« nennt. Das Eine ist zu einfach, zu endgültig und zu elementar, um einen Zustand der Existenz auszudrücken oder eine Eigenschaft zu besitzen, obwohl die Existenz und all ihre Eigenschaften von dem Einen ausgehen. Das Eine wird nicht durch irgendeine Kraft erzeugt, noch nicht einmal von sich selbst, weil es in der zwingenden, substantiellen Art, in der wir Existenz erleben, nicht existiert. Das Eine kann unmöglich objektiviert werden, denn es ist extrem einfach – noch einfacher als die Einheit. Plotin sagt: »Wir können es ›das Eine‹ nennen, wenn wir daran denken, daß es nicht etwas ist, das die Eigenschaft der Einheit besitzt.«

Das Eine ist auch nicht eins. Wie kommen wir angesichts einer solchen Sackgasse weiter? Plotin antwortet: »Wir sollten keine Nachforschungen über es anstellen, sondern es einfach in unserem Intellekt berühren und lernen, daß es eine Entweihung wäre, irgendwelche Begriffe auf es anzuwenden.« Für Plotin ist der im Griechischen als Nous bezeichnete Intellekt nicht ein stufenweiser Prozeß gewöhnlichen Denkens oder rationaler Untersuchung, sondern die ständig erleuchtete Dimension des menschlichen Gewahrseins, das die unmittelbare Wesensschau der geistigen Welt gestattet. Nous ist jene geheimnisvolle Art des Wissens, die eher das Ganze erfaßt, als Teile zu erforschen; daher berühren wir das Eine, das Prinzip der Ganzheit, durch den erleuchteten Intellekt. Die Sprache braucht auf dieser Dimension der intellektuellen Schau nicht völlig zu verschwinden. Die Entweihung, Begriffe auf es anzuwenden, existiert nur, wenn wir diese Begriffe als wörtlich oder bindend auffassen. Für Plotin gleicht die intellektuelle Schau der Zen-Erfahrung der plötzlichen Erleuchtung, die unmittelbar zur intrinsischen Natur des Bewußtseins durchdringt und es berührt, nicht über es nachdenkt. Aber sowohl im Zen als auch bei Plotin ist dies ein schwieriger und mühsamer Prozeß.

Plotin bestreitet jede Annäherung an das Eine, die auf gewöhnlichem Denken beruht, da dieses immer dazu neigt, uns vom Höchsten zu trennen. Er schreibt: »Wir untersuchen seine Präsenz und seine Existenz, als wären wir ein Fremder, der aus irgendeiner Tiefe oder Höhe an unseren gedachten ›Ort‹ hineinversetzt worden wäre.« Wir stellen uns vielleicht vor, daß das Eine, weil es absolut ist, spirituell oder sogar räumlich von uns entfernt sein muß – daß wir einen unüberwindlichen Abgrund überbrücken müssen, um das Eine zu erreichen, oder daß das Eine in unseren Verstand herabkommen muß, um sich zu offenbaren. Dabei vergessen wir, daß zur Absolutheit des Einen absolute Immanenz, Allgegenwart gehört. Daher ist das Eine hier und jetzt; es ist kein Fremder und noch nicht einmal etwas anderes, sondern die wirkliche Natur dessen, was wir sind. Für Plotin ist die weltliche Existenz unser gedachter Ort, weil wir im Grunde genausowenig im Raum situiert sind wie das Eine. Wir haben keinen Ort, weil wir essentiell nichts anderes sind als das Eine, das sich in die Erfahrung ergießt.

Plotin lehrt, daß das Eine von selbst und ewig als verschiedene Seinsebenen überquillt. Für diesen immerwährenden, eher metaphysischen als physischen Prozeß benutzt er die Verben überfließen, ausströmen und hervorgehen. Die erste bzw. höchste Seinsebene ist das Reich der intellektuellen Schau. Auf dieser Stufe existiert weder ein physisches Universum, noch gibt es himmlische Reiche. Dort existieren nur die vi-

brierenden, fast musikalischen Samen, aus denen auf weniger ursprünglichen Seinsebenen Seelen und schließlich organische Wesen hervorgehen. Frei von der Struktur von Raum und Zeit durchdringen diese Archetypen sich harmonisch. Die musikalische Beschaffenheit dieses metaphysischen Reiches entstammt der ihm innewohnenden Aktivität, das Eine zu preisen. Wie Plotin erklärt, kontemplieren bzw. preisen alle Emanationen des Einen von Natur aus ihren Ursprung.
Da das Eine grenzenlose Kraft ist, setzt das Überfließen sich auf eine zweite, niedrigere Seinsebene fort, das Reich der Seele. Dort gibt es zwar immer noch kein physisches Universum, aber es erscheinen individuelle Seelen, die in Gemeinschaft leben und in ewiger Kontemplation des Einen an einem transzendentalen bzw. himmlischen Leben teilhaben. Das Überfließen setzt sich fort und beginnt schließlich, sich im Schatten des Seins, der Nicht-Sein ist, zu zerstreuen. Hier nehmen das physische Universum und seine Lebensformen gleichsam als Schnittpunkt von Sein und Nicht-Sein Gestalt an. Dies ist die dritte Emanation des Einen, das Reich des Lebens. Die bewußten Wesen, die sich im materiellen Universum auf natürliche Weise entwickeln, sind Strahlen aus dem Reich der Seele, die sich in verschiedenen biologischen Strukturen konzentrieren. Das Reich der Seele umfaßt das Reich des Lebens, und daher existiert kein organisches Leben außerhalb der Seele.

Das Ausströmen des Seins kann man sich als von einem Zentrum wegführende Bewegung vorstellen, etwa wie die Wachstumsringe eines Baums. Aber dieses metaphysische Ausströmen ist zutreffender zu verstehen als Emanation nach innen, zum verschwindenden Punkt des reinen Nicht-Seins hin. Wenn man es so sieht, umfaßt das Eine seine Emanationen. Das physische Universum ist die am meisten eingeschränkte Emanation des Einen und dem Nicht-Sein gleichsam am nächsten. Trotzdem ist das organische Leben immer noch eine Emanation des Einen, und materielle Lebensformen wenden sich auf natürliche Weise der Kontemplation ihres Ursprungs zu. Diese Umwendung drückt sich durch die Evolution aller Geschöpfe und die mystische Suche des Menschen aus.

Wenn Plotin von der Seele spricht, bezieht er sich auf das Reich der Seele, nicht auf einen Ort innerhalb des Körpers oder des Universums. Er schreibt: »Nicht die Seele ist ›im‹ Universum, sondern das Universum ist ›in‹ ihr: Der Körper ist nicht ein ›Ort‹ für die Seele.« Ähnlich ist das Eine nicht *in* irgendeinem Wesen oder Phänomen, sondern alle Phänomene sind *in* dem Einen bzw. höchsten Bewußtsein. Der moderne wissenschaftliche Mythos dagegen betrachtet das Bewußtsein als Produkt einer geheimnisvollen physikalischen Evolution. Die Wissenschaftler behaupten, gewaltige Energiewolken hätten sich zu Galaxien verdichtet, aus den dort ablaufenden chemischen Reaktionen hätten sich Molekularstrukturen entwickelt, die schließlich als tierische bzw. menschliche Wesen Bewußtsein hervorgebracht hätten. Plotin würde sagen, daß diese Ansicht das Gegenteil dessen ist, was tatsächlich geschieht. Nicht physikalische Energie, sondern Bewußtsein ist die ursprüngliche Realität, das Eine. Innerhalb des Einen, allerdings nicht in räumlichem Sinne, entfalten sich verschiedene Seinsebenen. Auf der am meisten begrenzten Ebene erscheinen die wirbelnden Wolken der galaktischen Energie, die wir Universum nennen; in ihm entwickeln sich biologische Strukturen, um das Eine bzw. Bewußtsein auszudrücken. Um dies zu erkennen, müssen wir wie bei einer Positiv-negativ-Abbildung unsere Sichtweise verändern. Anstatt uns menschliche Wesen als unbedeutende Gewahrseinspunkte im unermeßlichen physischen Universum vorzustellen, müssen wir erkennen, daß das Bewußtsein,

das menschliche Wesen tatsächlich sind, jenes Eine ist, das Galaxien in sich so enthält wie der Verstand Gedanken.
Plotin weist darauf hin, daß es bei der Verkörperung der Seele – eine übliche, aber ungenaue Formulierung – in Wirklichkeit kein Herabkommen aus dem Reich der Seele oder kein Hineinziehen in ein spezielles Nervensystem gibt, weil die Seele nicht räumlich ist. Plotin erklärt, daß unsere Seele jetzt und immer auf höheren respektive ursprünglicheren Seinsebenen lebt. An diesen höheren Orten herrscht keine räumliche Vielfalt, sondern nur die vollkommen sich durchdringende, raumlose Vielfalt der spirituellen Archetypen, die für jede Seele einzigartige Grundsätze zur Verfügung stellen.
Die Manifestation von Seelen auf der physischen Ebene läßt sich wie folgt beschreiben. Unser vielleicht von anderen Archetypen befruchteter Archetyp gebiert ein spezielles Kind oder einen Seelenstrahl, der als unser gegenwärtiger Geist-Körper identifiziert wird. Der Archetyp – als Mutter – läßt sich tief auf das Kind ein, das vielleicht eins von vielen in verschiedenen Galaxien ist. Wenn jedoch das Kind sich entwickelt, kehrt die Mutter bzw. der Archetyp zu ihrem/seinem universellen Leben zurück, an dem die Einzelseele nun voll teilnimmt. Der erleuchtete Mensch entwickelt also ein Gewahrsein auf der Ebene seines Archetyps, der zuweilen als göttliche Form betrachtet wird. Viele Menschen sind immer noch kleine Kinder und sich der Seinsebenen, die ursprünglicher als ihr spezieller Geist-Körper sind, überhaupt nicht gewahr.
Unsere Seele meditiert über ihren Archetyp und dieser wiederum über das Eine, das sein Ursprung ist. Plotin bezieht sich immer wieder auf das Eine als intrinsische Natur der gesamten Abfolge des Seins. Der Geist-Körper ist in der Seele, die Seele ist im Archetyp, der Archetyp im Einen, aber das Eine ist nicht in einer umfassenderen Realität situiert. Plotin

erklärt: »Das Eine ist nichts und daher in diesem Sinne ›nirgendwo‹ … Obwohl es nicht in irgend etwas ist, ist es nicht von irgend etwas entfernt.« Das Eine ist nirgendwo und kann daher auch durch den kleinsten physischen oder psychischen Raum nicht von uns getrennt werden. Es ist ganz nah und zugänglich.

Das Eine ist zwar nicht durch Substanz oder Existenz charakterisiert, drückt aber doch grenzenlose Kraft aus, und zwar nicht physische oder psychische Kraft, sondern die metaphysische Fruchtbarkeit immer weiter sich ausdehnender Implikationen bzw. Horizonte. Plotin schreibt: »Das Eine muß nicht aufgrund einer unbegrenzten Ausdehnung in bezug auf Größe oder Anzahl, sondern aufgrund der Grenzenlosigkeit seiner Kraft als unendlich betrachtet werden.« Der kosmische Prozeß, durch den Energie und schließlich Materie geschaffen werden, ist die kleinste Faser der generativen Kraft des Einen. Aber diese Kraft hat kein Objekt, keine Richtung. Plotin erläutert: »Das Eine, das vollkommen ist, weil es nichts sucht, nichts braucht, strömt gleichsam über, und sein Überströmen macht etwas gleichsam anderes als es selbst, und das ist das Sein.« Das Überströmen des Einen ist intrinsisch nichts anderes als das Eine. Das Eine ist sich auch nicht bewußt, übergeströmt zu sein und das hervorgebracht zu haben, was wir Sein nennen. Plotin entwickelt jedoch nicht ein Äquivalent des indischen Begriffs Maya, nach dem das manifestierte Sein illusorisch ist. Er mag annehmen, daß bei der Trennung der Wesen im Raum-Zeit-Reich, dem Schnittpunkt von Sein und Nicht-Sein, Illusion im Spiel ist, aber die ursprünglichen Reiche des Seins, in denen archetypische Strukturen sich raum- und zeitlos durchdringen, sind für ihn völlig real. Sie sind genauso real wie das Eine, denn sie sind das Eine. Die Reiche des Seins, die das Eine in seinem ewigen Überströmen sind, können nie zurückgenommen werden, weil das Eine überströmende Kraft ist. Obwohl das Eine also zwangsläufig als Sein ausströmt, kann es weder im Sinne des Seins definiert noch auf das Sein begrenzt werden. Dennoch sind die Wesen nicht von dem Einen getrennt, das die Bedingung ihres eigenen Seins ist. Plotin schreibt: »... eben durch das Eine sind alle Wesen Wesen.«

Das Denken vervielfältigt die Möglichkeiten, während die intellektuelle Schau Plotins sich zur Einfachheit hin bewegt. Das Eine ist äußerste Einfachheit. Plotin sagt: »Das Eine denkt nicht, denn es ist kein Anderes in ihm. Es denkt sich nicht selbst.« Die Möglichkeit existiert nur für das Denken. Für das Eine gibt es keine Möglichkeiten. Sogar die Vorstellung unendlicher Möglichkeiten ist angesichts des Einen, das nicht über sich selbst nachdenkt und noch viel weniger über Möglichkeiten, ein begrenzendes Konzept. Plotin bemerkt zu dieser fehlenden Beziehung des Einen zu sich selbst: »Genaugenommen sollten wir noch nicht einmal von ›sich selbst gegenwärtig‹ sprechen.« Das Eine ist sich seiner selbst nicht gewahr, sondern ist selbst urinnerstes Gewahrsein. Das Eine kann sich selbst nicht gegenwärtig sein, denn es gibt für es nichts, auf oder gegen das es sich spiegeln kann. Die Reiche des Seins werden auch nicht als »anderes« erlebt. Anderssein bzw. Trennung vom Einen wird nur von Wesen wie uns erlebt, die im Reich der physischen Energie manifestiert sind, wo aufgrund des Wechselspiels von Sein und Nicht-Sein die Illusion der Trennung entsteht. Plotin fährt fort: »Wir sollten das Eine nicht als ›denkendes Sein‹ einstufen, sondern einfach als ›Gewahrsein‹, denn Gewahrsein denkt nicht.« Das Eine, das urinnerste Gewahrsein, ist kein Prozeß, durch den Sich-einer-Sache-bewußt-Sein bzw. Bewußtsein ohne Objekt oder Subjekt artikuliert werden. Wir können unsere konventionellen Vorstellungen von Gewahrsein auf das Eine nicht anwenden, denn unser relatives Gewahrsein funktioniert als Bewußtsein von etwas. Aber wir sollten daran denken, daß diese ursprüngliche Einfachheit des höchsten Bewußtseins nicht steril oder unproduktiv ist. Das Eine ist die Fülle, die sich in unserem relativen Gewahrsein als Denken und Lieben artikuliert.

Plotin spricht vom Einen immer im übertragenen Sinne, denn dem Einen kann kein Attribut zugesprochen werden. Seine metaphorische Sprache widerspricht sich oft von Abhandlung zu Abhandlung. Dies sollte uns nicht überraschen, denn Plotin beschrieb eine Realität, von der er wußte, daß sie nicht beschreibbar ist. Seine Sprache hat jedoch die Kraft, die intellektuelle Schau zu erwecken, die das Eine – das urinnerste Gewahrsein, das das Eine ist – *berührt.* Gelegentlich beschreibt Plotin unser Erwachen zum Einen durch die Metapher des Einen, das sich selbst bemerkt, obwohl Selbstgewahrsein im üblichen Sinne nicht impliziert ist. Er schreibt: »Das Eine besitzt nur eine Art einfacher, auf sich selbst gerichteter Intuition. Da es aber in keiner Weise von sich selbst entfernt oder verschieden ist, was kann dann dieser intuitive Blick von sich selbst anderes sein als es selbst?« Ramana Maharshi lehrt uns zu fragen: »Wer bin ich?« Wir bekommen nie eine Antwort auf diese Frage, sondern hören einfach mit dem Fragen auf. Warum hören wir auf? Weil wir erkennen, daß, um mit Plotin zu sprechen, der intuitive Blick von ihm selbst es selbst ist. Dieser intuitive Blick bzw. das »Wer bin ich?« ist nichts anderes als das höchste Bewußtsein, das wir auf dem Weg der Weisheit suchen. Damit wird jedoch nicht die Antwort auf ein Problem oder Rätsel offenbart. Diese Worte sind reine Chiffren, bis wir jenes Aufblitzen der Erleuchtung erleben, in dem das Fragen sich in unendliches Bejahen öffnet.

Der intuitive Blick des Einen auf sich selbst ist sein Überströmen als Sein, zu dessen Natur das Fragen oder Suchen gehört, das wir schließlich als mystischen Pfad erkennen. Plotin erklärt: »Das Eine wird sozusagen seinem eigenen Inneren geboren, als würde es das klare Licht lieben, das es selbst ist.« In unserer menschlichen Erfahrung spüren wir die Erhabenheit der Liebe, weil das überströmende Eine liebt, auch wenn seine Liebe von der Ablenkung durch ein einzelnes Subjekt oder Objekt frei und daher unendlich viel intensiver als die gewöhnliche menschliche Liebe ist. Durch seine Liebe wird das Eine seinem eigenen Inneren geboren. Wir hängen vielleicht noch an der Vorstellung, daß das Göttliche die Schöpfung aus sich herausprojiziert; die mystische Sprache der Kabbala dagegen deutet an, daß sich innerhalb der göttlichen Fülle auf geheimnisvolle Weise ein Spalt negativen Raums bzw. Nicht-Seins öffnet, damit das manifestierte Universum tief im Göttlichen Form annehmen kann. Daher sind alle im Einen manifestierten Formen nur das klare Licht, das es selbst ist. Es gibt nur das Eine.

Plotin betrachtet das Eine nicht als statisch oder untätig. Das Eine ist die intensive Aktivität überreichlicher Kraft, die sich als Sein verströmt. Aber diese Aktivität des Einen dürfen wir nicht mit dem Spiel der physikalischen Energie verwechseln. Plotin erklärt: »Diese Aktivität ist eine Art Erwachen, wobei das Aufweckende niemand anders als das Eine selbst ist; ein ewiges Erwachen des Über-Denkens; das Eine, wie es sich selbst zum Sein erweckt: das Erwachen ist jenseits des Seins, jenseits der Essenz und jenseits des bewußten Lebens.« Obwohl das Eine die ewige Wachheit jenseits des Seins ist, ist es nicht abgesondert. Plotin bemerkt: »Es besitzt Leben in sich selbst und alle Dinge in sich selbst.« Über die Natur der absoluten Aktivität des Einen schreibt er: »Das Eine ist eine Aktivität, und doch hat es keinen Zweck.« Während die Vorstellung eines Zwecks der Hauptpunkt des normalen menschlichen Denkens und Handelns ist, verfolgt das Eine keinen Zweck, keine Absicht. Buddhistische Mystiker betrachten das Leere als grenzenlos kreativ, weil seine Leere bzw. Absichtslosigkeit die Manifestation nicht behindert. Ähnlich bemerkt Plotin im Hinblick auf das Eine: »Weil nichts in ihm ist, kommen alle Dinge von ihm; es ist die Kraft, die Dinge hervorbringt, während es selbst keine Minderung erfährt.« Das Eine besitzt keine Substanz, und dies ist seine vollkommene Fülle, die nicht verringert werden kann.

Das Eine ist nicht auf irgendeine Manifestation aus. Plotin erklärt: »Ein Prinzip braucht das, was nach ihm kommt, nicht, und das Prinzip aller Dinge braucht diese nicht.« Aus dem Prinzip einer mathematischen Reihe können wir bis ins Unendliche Zahlen erzeugen. Aber das Prinzip braucht keine dieser Zahlen zu erzeugen, auch wenn es sie implizit enthält. Alle Wesen sind auf einzigartige Weise vibrierende Zahlen, die im Einen wie in einem lebendigen mathematischen Prinzip enthalten sind. Aber das mathematische Prinzip erzeugt die Beispiele nicht, die es veranschaulichen. Plotin sagt: »Auch wenn wir das Eine als Ursache bezeichnen, sagen wir nicht über es, sondern über uns etwas aus, denn wir erhalten etwas von ihm, während es in sich selbst existiert.« Das Eine erfährt sich nicht so, daß es uns verursacht, aber aus unserer Sicht als individuelle Beispiele des Einen halten wir die grenzenlose Kraft des Einen instinktiv, aber unangemessen für etwas Verursachendes.

Plotin fährt fort: »Das Eine braucht die Dinge nicht, die durch es ins Sein gekommen sind; es überläßt sie sich selbst, weil es sie nicht braucht und selbst dasselbe ist, das es war, bevor es sie ins Sein brachte; es würde uns nicht kümmern, wenn sie nicht ins Sein gekommen wären.« Aufgrund dessen, was Plotin metaphorisch die Freigebigkeit des Einen nennt – die wir uns als ständigen Zustand der Übersättigung vorstellen können –, ist das Ausströmen des Seins jedoch unvermeidlich.

Das Überfließen des Einen ist jedoch immer noch einfach das Eine.
An diesem Punkt wird der Suchende, der dem Weg der Hingabe folgt, möglicherweise fragen, ob es Gott gleich ist, wenn man über ihn meditiere. Plotin würde wohl antworten, daß das Eine nicht der persönliche Gott ist. Die kosmische Seele ist Gott und tatsächlich daran interessiert, daß menschliche Wesen sich dem Einen bewußt zuwenden. Das göttliche Interesse und das menschliche Zuwenden sind der natürliche Zustand des Seins. Aber das Eine bleibt im Zentrum des Interesses und des Zuwendens, ohne sich selbst zu interessieren oder zuzuwenden. Plotin weist darauf hin: »Das Eine in seiner Einzigkeit kann weder etwas wissen noch etwas nicht wissen.« Das Eine kann sich unserer persönlichen Angelegenheit weder gewahr sein, noch kann es sie ignorieren, denn es *ist* sie, genau wie es das gesamte Überfließen und die kontemplative Rückkehr des Seins ist. Die radikal transzendente Natur des Einen entfernt es aber keinen Millimeter von irgendeinem Phänomen. Plotin erläutert: »Eben durch seine Transzendenz ist das Eine immanent.« Das Eine transzendiert das Sein, aber es ist nicht jenseits des Lebens oder der Dinge, gleich, wie mikroskopisch klein sie sind. Das Eine transzendiert die Transzendenz.
Die Menschen sind, um mit Plotin zu sprechen, die Liebe des Einen für das klare Licht, das es selbst ist. Und dennoch bleibt das Rätsel der scheinbaren menschlichen Unwissenheit in bezug auf das Eine. Plotin erklärt: »Ihr geht nicht wirklich von ihm weg, denn es ist da; ihr ›geht‹ nirgendwohin, sondern bleibt in seiner Gegenwart, wendet ihm aber den Rücken zu.« Ramana Maharshi lehrt, daß die Erleuchtung einfach darin besteht, zuzugeben, daß wir schon erleuchtet bzw. das Eine sind. Dies hat eine radikale Veränderung unserer Haltung zur Folge, ein Wieder-Zuwenden zu dem, dem wir den Rücken

gekehrt haben. Dieses Umwenden ist genauso einfach und natürlich, wie nach dem Tauchen zum Luftschnappen wieder an die Wasseroberfläche zu kommen; aber weil wir in den dunklen Gewässern von Raum und Zeit die Orientierung verloren haben, erfordert es eine intensive spirituelle Vorbereitung. Plotin bemerkt: »Das Eine nur jenen gegenwärtig, die auf es vorbereitet sind.« Eine solche Vorbereitung erfordert für Plotin jahrelanges, von einem bewußt im Einen verwurzelten Lehrer angeleitetes und inspiriertes kontemplatives Nachdenken über das Eine. Diese spirituelle Schulung kann in erster Linie intellektuell sein – intellektuell im Sinne von Plotins erleuchtetem Intellekt – und braucht sich nicht durch eine bestimmte religiöse Bindung zu äußern.

Die spirituelle Vorbereitung erfordert jedoch, gleich, ob sie auf dem Weg der Hingabe oder auf dem der Weisheit erfolgt, die Kanalisierung der Ursehnsucht nach dem Einen, die alle Wesen beseelt. Plotin schreibt: »Die Menschen haben das vergessen, was sie von Anfang an und auch jetzt noch wollen und wonach sie sich sehnen.« Wir manifestieren diese höchste Sehnsucht auf natürliche Weise, denn die wahre Natur unseres Wesens als Sein besteht darin, uns umzuwenden und das Eine kontemplativ zu betrachten. Diese Kontemplation geschieht auch jetzt in der Verkleidung unseres gewöhnlichen Lebens. »Das Eine ist auch den Schlafenden gegenwärtig und erstaunt die, die es immer sehen, nicht, denn es ist immer da.« Erleuchtung respektive Erwachen als das Eine ist keine überraschende oder bestürzende Erfahrung, denn das Eine ist als Zentrum unseres Gewahrseins immer präsent. Im Verlauf des Erleuchtungsprozesses gibt es tatsächlich einen Punkt, an dem wir über die Wiederentdeckung des Einen in Begeisterung geraten, aber diese Erregung hört auf, wenn wir klarer begreifen, daß das Eine in allen transzendenten und irdischen Bewußtseinszuständen voll gegenwärtig ist.

Die ekstatische Erfahrung, ob sie nun durch Hingabe oder die Seligkeit mystischen Wissens zum Ausdruck kommt, ist dem Prozeß der Erleuchtung eigen. Sie löst sich schließlich in urinnerstem Gewahrsein auf. Plotin setzt die Ekstase mit der Liebe zur Schönheit gleich. Die spirituelle griechische Kultur betrachtet die Schönheit als eine befreiende Gottheit, die man durch die Gabe der menschlichen Schönheit verehrt, um ins ekstatische Reich der göttlichen Schönheit erhoben zu werden. Plotin betont, daß eine solche Ekstase für das Erwachen als das Eine nur sekundär sein kann: »Die leidenschaftliche Liebe zur Schönheit verursacht Schmerz, wenn sie entsteht, denn man muß sie gesehen haben, um sie zu begehren. Ich zeige, daß Schönheit sekundär ist, weil die leidenschaftliche Liebe zu ihr sekundär ist. Das ursprünglichere, unbemerkte Verlangen nach dem Einen besagt, daß das Eine ursprünglicher ist als die Schönheit und ihr vorausgeht.« Für Plotin ist die leidenschaftliche Liebe zum Göttlichen sekundär, weil sie Rausch und Schmerz bewirkt und damit Trennung bzw. Zweiheit andeutet. Das Eine ruft nicht eine solch emotionale Reaktion hervor. Plotin schreibt: »Das Eine ist sanft und anmutig jedem gegenwärtig, der es wünscht; Schönheit bewirkt Verwunderung und Erschrecken und mit Schmerz vermischtes Vergnügen.« Das Erwachen als das Eine kann daher nicht als ekstatische Erfahrung betrachtet werden, die nur in einem besonderen Bewußtseinszustand erreichbar ist, sondern durchdringt alle Bewußtseinszustände gleichermaßen.
Erleuchtung bedeutet, als das Eine zu erwachen, und nicht, das Eine so zu kennen oder zu sehen, wie ein Subjekt ein Objekt erlebt. Dieses Erwachen transzendiert alle Erfahrungsebenen, genauso wie in ontologischer Hinsicht das Eine alle Seinsebenen transzendiert. Die zahllosen Spielarten der ekstatischen Erfahrung sind immer noch im Reich der Schönheit bzw. des Seins angesiedelt. Aber weil das Eine durch seine

Transzendenz immanent ist, liegt es nicht jenseits oder außerhalb ekstatischer Erfahrungen. Das Eine, das höchste Bewußtsein, ist Ursache jeder Erfahrung. Uns bewußt zu sein, daß wir Bewußtsein sind, ist keine vereinzelte Erfahrung.
Die Vorbereitung auf diese Nicht-Erfahrung ist eine Herausforderung. Aufgrund der äußerst ursprünglichen, einfachen Natur des Einen müssen auch wir einfach sein. Unsere Wahrnehmung der Komplexität muß eingehend erkundet werden und wird so für das Eine allmählich transparent. Plotin bezeichnet das Erwachen als das Eine als Flug des All-Einigen zum All-Einigen. Der Zen-Meister spricht von roten Blumen, die rot blühen. Die Wiederholung verweist auf die kreisförmige Natur des Erwachens; dieses verdichtet sich in die ursprüngliche Versicherung »Ist ist Ist«, die ihrerseits auf ihrem Ursprung, nämlich dem Einen, aufgeht und so das gesamte Drama des Seins als das Eine offenbart.
Der von Plotin beschrittene Pfad der Weisheit ist kein philosophisches System, sondern ein machtvoller Weg der Einweihung, der uns schließlich als das Eine erwachen läßt. Plotins Schriften inspirieren zu tatsächlicher kontemplativer Praxis. Sie sollen nicht als akademische Übung in metaphysischem Theoretisieren dienen. Wir alle sind bis zu einem gewissen Grad zu der intellektuellen Schau in der Lage, die Plotin wecken möchte.
Ich möchte hier ein Beispiel einer solchen Vision beschreiben, einen Aufstieg zum Einen, der mir durch spirituelle Imagination geschah, als ich mit Mutter Serena meditierte, einer achtzigjährigen Rosenkreuzer-Lehrerin. Zwischen Tagträumen und dem unerwarteten Auftauchen eindringlicher spiritueller Bilder während der Meditation besteht ein klarer Unterschied. Solche Visionen, spontane Visualisationen, hatte ich während meiner ungefähr zwölfjährigen kontemplativen Praxis nur selten. Die Bilder sind ein Versuch des außerhalb der

bewußten Kontrolle funktionierenden Verstands, eine unmittelbare spirituelle Wahrnehmung in erkennbare Formen und Beziehungen zu übersetzen. Plotin verwendet gelegentlich die Metapher des spirituellen Aufstiegs, obwohl genaugenommen zwischen uns und dem Einen, zu dem wir aufsteigen wollen, keine Entfernung besteht. Während ich Mutter Serena zuhörte, die in der Kapelle, in der sie über fünfzig Jahre lang täglich meditiert hatte, zu Heilzwecken die Namen von Menschen vorlas, wurde mir allmählich bewußt, daß ich im Bewußtsein höher stieg. Beim Aufsteigen konnte ich immer noch Mutter Serena hören, die für die Gesundheit und den Frieden der Welt betete; ich blieb mir sogar des Lärms der Lastwagen auf der West Side in New York City schwach bewußt. Der spirituelle Aufstieg drückte sich im Bild eines Aufzugs aus, der an verschiedenen Stockwerken vorbeifuhr: himmlischen Reichen, bei denen ich hätte anhalten können, um sie zu erforschen. Aber ein Drang, einen Blick auf das endgültige Ziel zu werfen, ließ mich in diesem visionären Aufzug verweilen. Schließlich erreichte die Kabine das oberste Stockwerk, die Türen öffneten sich, und ich betrat ein Reich goldenen Lichts. Mein Körper hatte dieselbe Farbe und Beschaffenheit wie dieses Licht. Ich schwebte nicht, war mir aber dieses goldenen Körpers, der genauso reagierte wie mein gewöhnlicher Körper, völlig bewußt. Ich war mir auch gewahr, daß ich auf irgendeiner Oberfläche ging. Intuitiv spürte ich, daß dies nicht der höchste Punkt, die letzte Aussicht war. Ich bemerkte eine Treppe, die sich aufwärts wand und in dem intensiven goldenen Licht verschwand; ich begann hinaufzusteigen und erkannte, daß das Licht während meines Aufstiegs immer dichter wurde. Mein Bewußtsein, auf einer normalen Oberfläche zu gehen, begann sich aufzulösen. Mein Körper verschmolz mit dem Licht, und bald war kein Körper mehr da, nur goldene Intensität. Ich war mir immer noch meiner selbst als individuelles Bewußtseinszentrum gewahr, obwohl die Empfindung, weiter hinaufzusteigen, jetzt aufgehört hatte, weil körperliche Metaphern irrelevant geworden waren. Mein Gewahrsein hing wie ein Drache am Himmel. Ich wußte nicht, wie ich weiter vorgehen sollte, aber ich spürte, daß mehr da war. Dann fragte eine offenbarende Stimme, die klar und sanft zugleich war, ob ich wirklich das Höchste erkennen wollte. Ich stimmte zu.

Die nächste Bewegung glich einer Osmose durch eine Membran und geschah ohne Planung oder Anstrengung von selbst. Ohne daß ich Abruptheit empfand, war da die andere Seite der Membran. Alles war klar. Die schwere goldene Dichtheit des Seins war verschwunden, als würde man sich von der Feuchtigkeit des Sommers direkt in die Klarheit des Herbstes bewegen. Das goldene Licht hatte eine gewisse Erregung oder Ekstase bewirkt, aber jetzt war keine da – nur klare, natürliche, lebhafte Helligkeit. Sie war so vollständig, daß für ein Ich kein Platz mehr war; aber auch ohne individuelles Ich war das Gewahrsein ganz präsent. Die intensive, verzehrende Präsenz oder Helligkeit war keine Substanz, sondern einfach klares Gewahrsein. Die Klarheit erschien weiß bzw. schwach undurchsichtig, denn nichts, was ihr einen Anschein von Transparenz hätte geben können, war durch diese Klarheit zu sehen. Und weil nichts zu sehen war, gab es kein Empfinden von Entfernung oder Weite – nur ein Gefühl der Vollständigkeit. Dieses urinnerste Gewahrsein nennt Plotin das Eine.

Nach einer Unterbrechung einfacher Helligkeit, die nichts über sich selbst hinaus offenbarte, entstand die Frage: »Wie lange warst du hier?« Diese Worte, die aus einer anderen Bewußtseinsebene einzufließen schienen, weckten die unmittelbare Empfindung von Gelächter, denn es war klar, daß ein solches Konzept nicht anwendbar war. Um eine Zeitspanne zu beurteilen, muß es eine Abfolge von Ereignissen geben, aber wenn nichts geschieht, kann es weder ein Vergehen der Zeit noch einen Beobachter geben. Nach einer weiteren nicht meßbaren Unterbrechung entstand eine zweite Frage: »Warum könnte man dieses klare Licht je verlassen?« Wie zur Beantwortung der Frage erschien eine durch die Helligkeit schwebende Luftblase; sie glich den Seifenblasen der Kinder. Wenn das Sonnenlicht durch diese Seifenblase strahlt, erscheinen die Farben des Regenbogens. Genauso erstreckte sich in dieser Luftblase ein Regenbogen, der sich als die gesamte Struktur des Seins enthüllte – alle Ebenen, alle Seelen, alle Geschöpfe, Kulturen und Galaxien. Das ganze Gebilde war völlig immateriell. Die schwebende, instabile Luftblase veränderte ständig ihre Form und sah aus, als könne sie jeden Augenblick platzen. Ihre Zartheit war ergreifend. Die fugenlose Helligkeit des Einen schien direkt durch diese transparente Luftblase des Seins. Dann stieg ein Strom liebender Anteilnahme auf, Anteilnahme für die Wesen auf diesen diversen Planeten und Ebenen des Regenbogenlichts. Diese Anteilnahme wurde immer intensiver und baute sich zu einem Höhepunkt auf. Plötzlich fand ich mich in dem goldenen Reich wieder und verstand, daß ich durch die Membran in die schwebende Luftblase zurückgenommen worden war, die Sein ist.

Mein Gefühl für Individualität erwachte wieder, sobald ich das goldene Licht wahrnahm. Aber ich wußte, daß ich nicht durch Anhaften an meiner Individualität zum Sein zurückgesandt worden war, sondern durch Hingabe an alles Leben. Ich ging die goldenen Stufen hinab und betrat den Aufzug. Dort waren zwei große Knöpfe und mehrere kleine. Einer der großen Knöpfe glich der Sonne, der andere einer Fotografie der Erde aus dem Weltraum. Ich wählte »Erde« und kehrte zurück, wobei ich immer noch die Helligkeit des Einen wahrnahm, die als transzendentes Regenbogenuniversum leuchtete. Wieder wurde ich mir schwach Mutter Serenas bewußt, die die Namen der Menschen las, denen sie heilendes Licht und Liebe sandte. Vielleicht hatte ich die bedeutende Rolle, die mitfühlende Liebe beim spirituellen Prozeß spielt, durch ihre Anteilnahme am Leben anderer verstehen können. Ich begriff nun, wie die traditionelle mystische Vision der Nicht-Substantialität des Universums und seiner Wesen, dieser Regenbogen in einer Luftblase, mit Liebe für die Geschöpfe und Hingabe an das Universum koexistieren kann. Ich konnte auch verstehen, wie für Plotin die Reiche des Seins unvermeidlich aus der Überfülle des Einen hervorgehen, denn die schwebende Luftblase mit ihrem Regenbogengebilde des Seins wurde einfach durch die Übersättigung des reinen Gewahrseins von sich selbst verursacht. Und ich verstand, was Plotin meint, wenn er schreibt: »Das Eine wird sozusagen seinem eigenen Inneren geboren, als würde es das klare Licht lieben, das es selbst ist.« Nicht um eines individuellen Ichs willen war ich in die Luftblase des Seins zurückgezogen worden. Die scheinbare Reise nach innen und unten war einfach das ewige Überströmen, die Emanation, des Einen als Sein, als Liebe.

KAPITEL VI

Die Landschaft, die lacht

Die Meister des chassidischen Weges

Als ein chassidischer Lehrer, ein »Seelenmeister«, nach einem rationalen Beweis für die Existenz Gottes gefragt wurde, nahm er die heilige Thora und rief: »Ich schwöre, daß Gott existiert. Brauchst du einen anderen Beweis?« Für einen Menschen, der bewußt in Gott lebt, ist dies eine überzeugende Demonstration der göttlichen Gegenwart, denn sie ist göttliche Gegenwart. Sobald die ekstatische Flamme einer brennenden Seele – wie Elie Wiesel die chassidischen Meister beschreibt – Denken und Wahrnehmung entzündet, werden wir uns bewußt, daß Gottes Leben durch uns lebt, und können an der Existenz Gottes genausowenig zweifeln wie an unserer eigenen.

Dieses Mysterium des göttlichen Lebens, das im verborgenen durch das menschliche Leben gelebt wird, wird von der jüdischen mystischen Tradition der Kabbala offenbart. Die kabbalistische Weisheit wird normalerweise nur in ausgewählten Zirkeln weitergegeben, aber die chassidischen Meister sind erleuchtete Wesen, die in der Hingabe der Ekstase mit allen dürstenden Seelen das Geheimnis teilen, daß das menschliche Leben in der göttlichen Gegenwart entschwinden und doch auf der irdischen Ebene gelebt werden kann. Während der traditionelle Kabbalist sich durch esoterisches Studium und einsame Kontemplation auf diese geheime Einheit mit dem Göttlichen zubewegt, gehen die chassidischen Meister im Leben Gottes auf, indem sie die normale, alltägliche Existenz in den heiligen Tanz der Ekstase verwandeln und nur Gott wahrnehmen.

Die Methode, nur Gott wahrzunehmen, ist aufgrund ihrer äußersten Einfachheit schwer richtig einzuschätzen. So fürchten wir vielleicht, das Feuer der Ekstase könne unsere Fähigkeit zum rationalen Denken verzehren. Aber die Ekstase des göttlichen Lebens ist eine warme, sanfte Flamme, die unseren Denkprozeß erhellt, nicht in Asche verwandelt. Der Zaddik, der chassidische Meister, kann diese Ekstase direkt übertragen, wie eine Kerze sich an einer anderen entzündet. Wiesel berichtet die folgenden Worte eines chassidischen Schülers über seinen Rebbe, seinen spirituellen Lehrer: »Egal, wie verhärtet, wie vereist deine Seele auch ist, bei seiner Berührung bricht sie in Flammen aus.«

Israel Baal Schem Tow[1] war ein heiliger Lehrer, der von ungefähr 1700 bis 1760 in Osteuropa lebte und die chassidische Flamme in der jüdischen Tradition wieder zum Leben erweckte, die Flamme der Ekstase, die oft unter der glühenden Kohle der orthodoxen Praxis der Thora verborgen bleibt. Die Einzelheiten seiner irdischen Existenz leben nur in legendären Geschichten fort, aber er scheint einer der verschiedenen Baal Schems gewesen zu sein, die wandernde Heilige, Heiler und Visionäre waren. Das machtvolle Geschlecht der ihm nachfolgenden Meister zeigt, daß der Baal Schem Tow nie ein obskurer Weiser oder Schamane war. Obwohl die jüdische Tradition eine Form angenommen hat, die das Erscheinen neuer Propheten nicht erlaubt, kann der Baal Schem Tow als heilige Persönlichkeit betrachtet werden, die an Format dem biblischen Propheten Elia vergleichbar ist. Jede erstarrte reli-

1 Baal Schem bedeutet wörtlich »Meister des heiligen Namens« und ist ein Titel, der seit dem Mittelalter demjenigen verliehen wird, der den wahren Namen, d. h. das Geheimnis der Lebewesen und Dinge, kennt (A. d. Ü.).

giöse Tradition kann im Feuer der Ekstase schmelzen, und dann kommt die göttliche Gegenwart in ihrer ganzen ursprünglichen Kraft wieder ins Fließen. Diese Freisetzung heiliger Kraft, diese Wiederentdeckung der Fülle des göttlichen Lebens im menschlichen Herzen bewirkten mit dramatischer Intensität der Baal Schem Tow, seine Schüler und die Meister, die ihm nachfolgten.

Elie Wiesel erzählt eine Geschichte über den Baal Schem und seine mystische Vertrautheit mit dem Propheten Elia: »Eines Tages versprach der Baal Schem seinen Schülern, ihnen den Propheten Elia zu zeigen. ›Macht eure Augen weit auf‹, sagte er. Ein paar Tage später sahen sie einen Bettler, der das Haus des Lernens betrat und mit einem Buch unter dem Arm wieder herauskam. Kurz darauf beobachteten sie ihn, wie er beim Verlassen einer Zeremonie einen Silberlöffel mitnahm. Das drittemal erschien er ihnen in der Verkleidung eines Soldaten auf einem Pferd, der sie bat, seine Pfeife anzuzünden. ›Er war es‹, sagte der Baal Schem. ›Das Geheimnis liegt in den Augen.‹« Durch dieses lebende Gleichnis vom Bettler-Soldaten deutete der Baal Schem nicht an, daß jeder Elia ist, sondern daß jeder es sein kann. Wenn Gott Elia – heilige Ekstase oder göttliche Gegenwart – durch ein bestimmtes Geschöpf manifestieren will, kann es geschehen. Dies ist die revolutionäre Haltung des chassidischen Weges.

Wie der tantrische Weg ist auch der chassidische eine ekstatische Verherrlichung des göttlichen Lebens, das in allem Leben lebt. Diese Verherrlichung erhebt sich über die von der konventionellen Religiosität auferlegten Grenzen und bleibt doch in intensiver Hingabe der Praxis des *mitzvah* verpflichtet, den von der Thora offenbarten Wegen des heiligen Lebens. Die spirituelle Schulung bereitet den Übenden darauf vor, das Leben mit heiliger Ekstase und nicht instinktiv oder eigensüchtig zu umarmen. Wiesel erzählt, wie ein bestimmter

Rebbe Schüler des Maggid von Mesritsch wurde, der ein direkter Schüler des Baal Schem war. Wie der Maggid vor ihm beschritt dieser Rebbe den chassidischen Weg der göttlichen Verherrlichung erst nach strenger Schulung. »Jahrelang hatte er in der Abgeschiedenheit gelebt und es abgelehnt, Menschen zu begegnen, um der Thora keine Zeit zu stehlen. Eines Tages hörte er, wie ein Chassid die Interpretation des Maggid von *Umala haaretz kinvanekha* (die Erde ist voll von Dingen, die dem Menschen erlauben, die Partnerschaft mit Gott zu erreichen) zitierte ... Er stieg aus dem nächsten Fenster und eilte nach Mesritsch. Später erzählte er dem berühmten Goan von Wilna: ›Was ich in Mesritsch lernte? Ein einfache Wahrheit: *Vehai bahem,* die Thora ist dem Menschen gegeben, damit er das Leben feiert.‹«

Eine mathematische Formel, Kopfschmerzen, der Tod eines geliebten Menschen, das Spielen eines Kindes, eine religiöse Zeremonie – alles erlaubt uns, Partnerschaft mit Gott zu erreichen, wenn es ekstatisch erlebt, das heißt als Gottes eigenes Leben zelebriert wird. Wenn das Universum vom Göttlichen getrennt wäre, wäre wahre Partnerschaft oder Einheit mit Gott unmöglich. Aber da das Universum Gottes Leben ist, sind unser Leben, unser Verstand und unser Traum eine offene Tür zum Göttlichen. Alles Leben ist göttliches Leben, und jeder Augenblick und jede Situation können dazu genutzt werden, die Partnerschaft oder die Einheit mit Gott zu wecken. Elie Wiesel schreibt: »Der Maggid interpretiert den talmudischen Ausspruch *Veda ma lemala mimkha* so: *Veda,* wisse, daß das, *ma lemala,* was oben geschieht, *mimkha,* auch von dir ausgeht. Egal, um welches Ereignis es sich handelt, du bist sein Ursprung; durch dich, durch deinen Willen, manifestert sich Gott.« Gott träumt das Universum durch die Seelen aller Geschöpfe, die selbst Funken des Göttlichen sind, wie eine dieser unendlichen chassidischen Ge-

schichten, die reich an spiritueller Bedeutung und geheimnisvoll in der Absicht sind.
Wie sollen wir, wenn unser Leben als Gottes Leben gefeiert werden soll, das Leid verstehen, das die menschliche Existenz durchdringt? Diese instinktive Frage entsteht in allen theistischen Traditionen: Warum gibt es Leid, wenn Gott allmächtig und gut ist? Wiesel berichtet die folgende Form dieser Frage und ihre Auflösung durch einen erleuchteten Meister in der Nachfolge des Baal Schem Tow. Dieser Rebbe namens Zusia war durch Krankheit und andere Probleme schwer belastet. Er wurde gefragt, wie er Gott immer noch preisen konnte. In der Stimmung ekstatischer Liebe antwortete er: »Wer leidet? Ich nicht. Ich bin glücklich. Zusia ist glücklich, in der Welt zu leben, die Gott, gesegnet sei er, geschaffen hat. Zusia fehlt es an nichts, er braucht nichts ... und sein Herz ist von Dankbarkeit erfüllt.« Wenn die heilige Ekstase tief genug ist, bleibt die Frage »Wer leidet?« ohne Antwort, denn der Betreffende ist in die göttliche Gegenwart versenkt, und die Frage »Warum leiden?« löst sich auf. Zu dieser Offenbarung kommt es jedoch nur auf der Ebene der Ekstase, nicht auf der Ebene der frommen oder rationalen Erklärung. Zusia wußte, daß er krank und durch alle möglichen Leiden belastet war. Er verschloß nicht die Augen vor den Fakten der täglichen Erfahrung. Aber er erkannte in diesen schmerzlichen Situationen die göttliche Gegenwart. Auf mystische Weise verstand er das Dasein mit all seinen zahllosen Details als Aufsteigen der göttlichen Fülle, nicht als Entfremdung vom Göttlichen. Ein andermal beantwortete Zusia die Frage nach dem Leid in einer anderen Stimmung: »Ja, Leiden existiert, aber wie alles andere auch kommt es von Gott ... Der Mensch ist zu schwach, um die göttliche Liebe, die absolut ist, an- und in sich aufzunehmen. Deshalb, und nur deshalb, bedeckt Gott sie mit dem Schleier des Leids.« Auch diese Antwort kann nur verinner-

licht werden, wenn man für die Offenbarung offen ist; sie ist keine rational zugängliche Erklärung. Das Geheimnis des göttlichen Lebens muß gelebt, nicht erklärt werden.

Zusia spricht von unserem Leid als einem göttlichen Schleier, aber das Leid entfernt auch die menschlichen Schleier, mit denen wir das durch uns lebende göttliche Leben verborgen haben. Der Meister versucht nicht, Leid zu vermeiden oder ihm zu entkommen, sondern akzeptiert es absichtlich, um die der Seele innewohnende Freiheit zu enthüllen. Wiesel veranschaulicht das freiwillige Leiden Zusias durch folgende Geschichte: »Er kam zu einem Gasthaus und bemerkte Vögel in einem Käfig. Natürlich befreite er sie. Vögel sollen fliegen. Und natürlich dachte der Wirt anders und verprügelte ihn. Was soll's? Zusia war wieder auf der Straße, sein Körper schmerzte, aber sein Geist war froh, er war sorglos und irrsinnig glücklich.« Jede Handlung des Meisters ist ein Gleichnis. In dieser Geschichte geht es um die Befreiung aus dem Käfig des weltlichen Denkens, das unser Bewußtsein begrenzt und den ihm natürlichen ekstatischen Flug verhindert. Der Wirt repräsentiert nicht nur unterdrückende soziale Institutionen und Persönlichkeitsstrukturen, sondern auch das Universum, wenn es als Ort des Leids, der Krankheit und des Tods betrachtet wird. Nur die Ekstase des göttlichen Lebens, die sich in einem erleuchteten Wesen wie Zusia konzentriert, der angesichts des Leids furchtlos und frei bleibt, befreit uns aus unserer Gefangenschaft.

Das Leid öffnet den Zugang zur ekstatischen Erfahrung der intrinsischen Freiheit der Seele. Als spirituelle Übung, die einen auf das Göttliche einstimmt, sollte man das Leiden eher pflegen als ihm entfliehen. Padre Pio, der in diesem Jahrhundert jahrzehntelang ständig die fünf Wunden Christi zeigte, sagte: »Wenn ihr den Wert eurer Leiden kenntet, würdet ihr inbrünstig darum beten, daß sie euch nicht genommen würden.« Ein solches Gebet muß die authentische Sehnsucht spiegeln, geläutert, befreit zu werden, nicht das neurotische Muster, am Leiden zu hängen. Das Leid sollte unter der spirituellen Führung eines Menschen angenommen werden, der in heiliger Ekstase lebt und weiß, wie wir alles, was uns begegnet, als Weg zum Göttlichen verwenden können.

Die Anleitung durch einen erleuchteten Seelenführer, den Rebbe oder Zaddik, gilt im Chassidismus als wesentlich. Auch wenn wir »Alles Leben ist Gottes Leben« wiederholen, können unsere selbstsüchtigen Tendenzen uns überschwemmen. Der Seelenführer muß uns zeigen, wie wir die mächtigen Wogen des göttlichen Lebens durchschwimmen und unsere geheimen Ängste und Obsessionen ablegen können, um unsere eigene natürliche Tragkraft und die Ekstase zu entdekken. Der Zaddik lebt jeden Augenblick in der ekstatischen Erkenntnis des »Nur Gott«. Jede seiner Handlungen, wie etwa Zusias Befreiung der Vögel, zeigt seinen Schülern, wie sie in Gottes Leben leben können, und lehrt sie etwas, das nicht durch Worte vermittelbar ist. Wiesel schreibt: »Leib, Sohn Sarahs ... erklärte jedem, der bereit war zu hören: ›Ich bin nicht zum Maggid von Mesritsch gegangen, um seine Reden zu hören, sondern um zu sehen, wie er seine Schuhbänder knüpft.‹« Diese erleuchteten Weisen sind die lebende Thora, Gottes Einladung an die Menschheit, zum göttlichen Leben zu erwachen. Wiesel beschreibt den Zaddik wie folgt: »Er ist das, was ein Mensch sein kann, sein will. Er ist der Erwählte, dem im Himmel und auf Erden nichts verweigert wird. Gott ist ärgerlich? Er bringt Gott zum Lächeln.« Die Vertrautheit des Zaddik mit dem Göttlichen geht so weit, daß er Gottes Natur teilt. Und dieses göttliche Leben, das auf Erden von einem erleuchteten menschlichen Wesen gelebt wird, ist kein isoliertes Wunder, sondern »das, was ein Mensch sein kann«.

Jeder Schüler des Zaddik strebt danach, Gottes Leben zu leben, aber der Weg des Schülers ist lang, mühsam und erfordert völliges Vertrauen in den erleuchteten Lehrer. Wiesel fährt fort: »Seine Anhänger schulden ihm blinde und bedingungslose Treue ... Den Rebbe in Frage zu stellen ist schlimmer als Sünde; es ist absurd, denn es zerstört die Beziehung, die dich an ihn bindet.« Die Verehrung des spirituellen Lehrers befreit von dem Gefühl persönlicher Kontrolle. Auf dem Pfad der Ekstase versinkt man in göttlicher Gegenwart. Für den Schüler ist es genauso absurd, den Zaddik in Frage zu stellen, wie es für den Ekstatiker überflüssig ist, die göttliche Gegenwart anzuzweifeln, denn wenn nur Gottes Leben gelebt wird, kann es zwischen Fragendem und Befragtem keine Dualität mehr gegen. Der erleuchtete Seelenführer wird für den Schüler zu einer tatsächlichen Offenbarung der göttlichen Gegenwart.
Das Göttliche, das reines Mysterium ist, läßt sich nicht rational bewerten. Wiesel schreibt: »Wenn das Verhalten des Rebbe bizarr scheint, bedeutet dies, daß der Chassid nicht das erforderliche Verständnis besitzt ... Als höheres, fast vollkommenes Wesen ... verwendet er seine geheimnisvollen Kräfte, um die Sünden seiner Generation zu tilgen.« Das erleuchtete Wesen, der Zaddik, ist ein Erlöser, eine exakte Spiegelung des Göttlichen auf der irdischen Ebene. Der Zaddik besitzt jedoch immer noch eine ganz menschliche Natur, die zwar erlöst bzw. transzendiert wurde, aber doch warm und ausdrucksvoll präsent ist. Die Gegenwart einer völligen menschlichen Natur im Erleuchteten ist das »Vehikel« für Gottes erlösende Kraft, die durch unser irdisches Leben gebündelt werden muß, um es zu verklären. Wiesel sagt über den Zaddik: »Sein Leiden verleiht allem Leiden einen Sinn; und wenn er ißt, läutert er die Handlung, den Körper zu ernähren.« Die menschliche Natur wird geläutert, um als

vollkommener, natürlicher Kanal Gottes Leben auszudrükken.

Der chassidische Seelenführer wendet Hellsehen und andere Kräfte an, denen wir im Leben der Schamanen und Heiligen aller Kulturen begegnen. Wiesel berichtet von der hellsichtigen Führung, die der Baal Schem einem elfjährigen Jungen angedeihen ließ: »Der Baal Schem sah den Jungen forschend an und begann, ihm eine Geschichte zu erzählen, die einige der Anwesenden sofort vergaßen und deren versteckte Bedeutung den anderen entging; nur er, der kleine Menahem-Mendl, erinnerte sich in allen Einzelheiten an die Geschichte und verstand ihre Bedeutung: Es war die Geschichte seines Lebens, vom ersten bis zum letzten Tag ... Wenn später seine Freunde wegen seiner Gesundheit besorgt waren, beruhigte er sie: ›Ich habe immer noch die Hälfte oder ein Viertel des Weges vor mit.‹« Der Baal Schem erkannte die gesamte spirituelle Entwicklung dieses Jungen in allen Einzelheiten. Deshalb ist Gehorsam gegenüber einem Guru oder Zaddik dieses Formats kein Verzicht auf Verantwortung, sondern die Öffnung für ein tieferes Gefühl der Kohärenz.

Ich hörte einmal aus erster Hand eine Erzählung über diese leitende und erlösende Kraft, die durch Erleuchtete in jeder Kultur konzentriert wird. Swami Satprakashananda erzählte mir, daß er ein Junge war, als der berühmte Mönch Vivekananda im Jahre 1901 Ostbengalen besuchte. Bei der Ankunftszeremonie drängten Tausende von Menschen sich um Vivekananda, der so mit Blumengirlanden bekränzt war, daß der Junge aus der Entfernung nur seinen Kopf sehen konnte. Aber die Sehnsucht dieses zwölfjährigen Jungen, dem großen Heiligen von Angesicht zu Angesicht zu begegnen, wurde einige Tage später auf bemerkenswerte Weise erfüllt. Der Junge war zum Flußufer gegangen, um das Boot zu sehen, mit dem Vivekananda eine kurze Reise unternommen hatte. Zu seiner großen Verblüffung sah der Junge, wie der berühmte Schüler Ramakrishnas in der ringsum von Fenstern umgebenen Kajüte des Bootes auf und ab ging. Er war allein. Der Junge setzte sich in Augenhöhe mit der Kajüte auf das schräg abfallende Flußufer und beobachtete Vivekananda, der sich wie ein Löwe bewegte; ein drei Tage alter Bart verstärkte die Intensität seines Ausdrucks. Plötzlich hielt der Heilige inne und ging zu dem offenen Fenster, das dem Jungen am nächsten war. Nachdrücklich und wie absichtlich legte Vivekananda den Ellbogen auf die Fensterbrüstung und stützte sein Kinn mit der Hand. Ungefähr zwei Minuten lang starrte er den Jungen an und begann dann wieder mit dem Hinundhergehen. Der Junge begegnete Vivekananda nie wieder, trat aber in den von Vivekananda gegründeten Orden ein und wurde ein erleuchteter Schüler der Advaita-Vedanta-Philosophie, die Vivekanandas spezielles Anliegen war. Dies ist die Kraft des Zaddik: Ein Blick bestätigte und bekräftigte die gesamte spirituelle Entwicklung dieses zwölfjährigen Jungen. In Anwesenheit eines solchen Menschen lösen unsere Voraussetzungen sich auf. Es macht keine Mühe, sich zu überantworten, und man zweifelt nicht an der Glaubwürdigkeit des Lehrers. So gibt der Zaddik das Göttliche weiter.

Die höchste Manifestation des Göttlichen durch den Menschen ist der Messias. Die Anhänger des chassidischen Wegs warten immer auf das Erscheinen des Messias. Dieses ergreifende Warten ist eine intensive spirituelle Übung, die das gesamte Alltagsbewußtsein läutert und das herkömmliche weltliche Denken in ein ekstatisches Erwarten der göttlichen Gegenwart verwandelt. Das Kommen des Messias wird als kurz bevorstehend betrachtet, was eine spirituelle Haltung bewirkt, die der nach innen gerichteten Erwartung einer schwangeren Frau ähnelt. Wenn wir das Bild beibehalten, sind wir alle »mit dem Messias schwanger«. Wenn unser spirituelles Leben reift, spüren wir, wie die Messiasnatur sich in uns regt. Der Zaddik hat diesen inneren Messias tatsächlich geboren; seine Gegenwart durchstrahlt den erleuchteten Meister auf eine Art, die der Chassid oder der Schüler intuitiv wahrnimmt.

Für den Zaddik zeigt die Messiasnatur sich vollständig, wenn auch im verborgenen, in der Gegenwart und enthält doch immer noch die Verheißung ihrer universellen Manifestation in der Zukunft. Nachdem man sich der läuternden Übung verpflichtet hat, auf den Messias als zukünftige Manifestation zu warten, wird man durch die Erkenntnis, daß der Messias nicht nur durch jeden echten Seelenmeister, sondern durch jeden aufrichtig Wartenden im verborgenen bereits gekommen ist, allmählich verwandelt. Letztlich macht die Erkenntnis, daß die Messiasnatur in unserer menschlichen Natur auf mystische Weise vorhanden ist, den Zaddik aus. Der Seelenführer, der weiß, daß die göttliche Gegenwart sich heimlich, aber vollkommen durch die Menschheit ausdrückt, kann durch die Visualisierung unserer intrinsischen Ganzheit heilen und heiligen.

Die Manifestation der Messiasnatur durch den Zaddik geschieht subtil und wird nur von ekstatischen Liebhabern Gottes erkannt. Der Zaddik, der sich vor der Welt verbirgt und vielleicht sogar als Landstreicher oder Verrückter erscheint, führt die mystische Aufgabe des Messias weiter: die Wiedererweckung der in der Schöpfung verstreuten unbewußten bzw. träumenden Funken der göttlichen Natur zu bewußter Gottheit. Wiesel beschreibt die Verkleidung Rebbe Nachmans und ihre mystische Funktion: »Sein starker Individualismus verdroß viele. Ebenso seine ausgeprägte Vorliebe für Geheimniskrämerei und Zweideutigkeit, seine Verachtung der öffentlichen Meinung ... Um jemanden aus dem Schmutz zu ziehen, muß der Gerechte den Fuß in diesen

Schmutz setzen ... Um verlorene Seelen zurückzuführen, muß er die Behaglichkeit seines Heims verlassen und sie suchen, wo immer sie sind. ›In jedem Menschen ist etwas vom Messias.‹ In jedem Menschen, an jedem Ort. Die Kabbala sagt es, die Mystiker wiederholen es. Um die Menschheit zu befreien, muß man die Funken versammeln, alle Funken, und sie in die heilige Flamme integrieren.«

Neben der mystischen Wertschätzung der durch den Zaddik übermittelten Messiasnatur existiert die Erwartung eines mächtigen, königlichen Messias weiter. Wenn er erscheint, wird der gesamte Planet in einem Aufblitzen der Erleuchtung nicht nur innerlich verwandelt – was bereits geschieht –, sondern auch offen nach außen hin. Unabhängig von der Zahl der Jahrhunderte, die menschlicher Berechnung zufolge verstreichen, bleibt diese universelle Offenbarung immer eine nahe bevorstehende Zukunft. Der Chassid lebt mit diesem zukünftigen Ereignis so vertraut, daß es die Gegenwart erfüllt. Wiesel beschreibt Rebbe Menahem-Mendl: »Wie alle chassidischen Meister lebte er ganz in der Erwartung der Ankunft des Messias. Morgens ging er zum Fenster, sah hinaus und bemerkte traurig: ›Er ist noch nicht gekommen, denn die Welt ist immer noch dieselbe.‹« Die geheime innere Messiasnatur, die im erleuchteten Zaddik erwacht ist, schläft in allen lebenden Wesen, den Funken des Göttlichen. Wenn Menahem-Mendl vom Messias sagt: »Er ist noch nicht gekommen, denn die Welt ist immer noch dieselbe«, bedeutet dies nicht, daß der Zaddik die innere Gegenwart der Messiasnatur nicht erlebt. Es bedeutet einfach, daß der erwachte Rebbe realistisch erkennt, daß die Menschen immer noch in ihrem herkömmlichen, unerleuchteten Bewußtsein leben, obwohl die Messiasnatur im verborgenen alle Wesen verklärt und bereit ist, sich ihnen in dem Augenblick zu zeigen, in dem sie sich in heiliger Ekstase öffnen.

Der erleuchtete Zaddik hat wie alle anderen Menschen zwei Aspekte: seine Messiasnatur und die menschliche Natur. Bei den Menschen, die ein tiefes spirituelles Erwachen noch nicht erlebt haben, wird die Messiasnatur immer irgendwie durch die menschliche Natur verdunkelt. Wenn der erleuchtete Mensch sich bewußt wird, daß die göttliche Gegenwart das Zentrum der menschlichen Natur ist, transzendiert er den menschlichen Kontext nicht, der unvermeidlich kulturelle und persönliche Grenzen beinhaltet. Ungeachtet dieser Grenzen ist der Erleuchtete jedoch wirklich eins mit dem Göttlichen, genauso wie eine einzelne Feuerzunge nicht vom Feuer getrennt ist.

Die jüdische Tradition übt Zurückhaltung, wenn es darum geht, diese Einheit mit Gott, die wir als Gottesverwirklichung bezeichnen können, offen auszudrücken. Aber es gibt Hinweise auf sie. Wiesel berichtet, daß der nach der Natur des Zaddik gefragte Rebbe Nachman antwortete, ein Zaddik sei dem Schöpfer und nicht seiner Schöpfung vergleichbar. Menschliche Grenzen werden durch die Gottesverwirklichung jedoch nicht aufgehoben. Sogar Rebbe Nachman zweifelt an der volkstümlichen religiösen Vorstellung, der Zaddik sei grenzenlos oder allwissend: »Zwei falsche Vorstellungen gehen in der Welt um. Die erste: daß ein Gerechter keinen Fehler machen kann; und die zweite: daß er nicht groß bleiben kann, wenn er einen Fehler gemacht hat.« Erleuchtete Menschen können Fehler begehen. Die Vorstellung eines Menschen, der nicht Grenzen des Verständnisses und kulturellen Präferenzen unterliegt, ist eine religiöse Phantasie. Obwohl erleuchtete Menschen von mehr Weisheit und Kraft durchstrahlt werden, als wir uns vorstellen können, wirken sie immer noch durch ihre menschliche Struktur, zu der bestimmte physikalische, kulturelle und anlagebedingte Grenzen gehören. Damit ist nicht gemeint, daß wir diese erleuchteten Wesen von unserer begrenzteren Verständnisebene aus beurteilen können. Während unsere Begrenzungen für uns und andere eine Quelle der Verwirrung und des Leidens bleiben, werden die menschlichen Begrenzungen erleuchteter Wesen zu Kanälen des Segens für die Kultur und Zeit, in der sie leben.

Wiesel erzählt eine wunderschöne chassidische Geschichte, die den Unterschied zwischen unserer gewöhnlichen menschlichen Natur und der ihr innewohnenden göttlichen Natur illustriert. Eizik ist ein frommer, aber sehr armer Jude. Er bittet Gott aufrichtig um Hilfe, bekommt aber scheinbar keine Antwort. Statt dessen träumt er wiederholt, daß in der großen, von dem kleinen Dorf weit entfernten Stadt ein wunderbarer Schatz auf ihn wartet. Zunächst betrachtet er den Traum als Unsinn und meint, er phantasiere. Aber der lebhafte Traum wiederholt sich immer wieder: Der Schatz ist unter einer bestimmten Brücke versteckt. Eizik, Sohn Yekels, beschließt endlich, in die Stadt zu reisen, um sich von dieser seltsamen Zwangsvorstellung zu befreien. Nach vielen Widrigkeiten kommt er an und entdeckt eine vollkommene Übereinstimmung mit seinem Traum. Als er verwundert unter der Brücke steht, bei der der Schatz ausgegraben werden soll, wird er von Soldaten festgenommen, die die Brücke bewachen. In seiner Verzweiflung erzählt Eizik seinen Traum dem Kommandanten der Wache, den die Gutgläubigkeit des Bauern amüsiert und der ihn mit der Ermahnung freiläßt, nie mehr an Träume zu glauben. Als Beispiel führt der Kommandant seine eigene absurde Erfahrung an: einen sich wiederholenden Traum, dem zufolge in einem kleinen Dorf weit entfernt von der Stadt unter der Feuerstelle eines gewissen Eizik, Sohn Yekels, ein Schatz gefunden werden würde. Verwirrt reist Eizik nach Hause und findet das Gold unter seiner eigenen Feuerstelle.

Der Schatz ist zu Hause. Die Messiasnatur ist unter unserer menschlichen Natur verborgen. Aber der dies offenbarende Prozeß ist nie einfach oder direkt, sondern gleicht der Geschichte Eiziks. Wir erwachen nicht automatisch zu unserer göttlichen Natur, etwa indem wir in einem heiligen System mit Hilfe von aufrichtigen Gebeten, Meditationen oder Ritualen verschiedene Stufen durchlaufen. Die Ekstase muß zunächst unser Bemühen wegbrennen, Gott zu fassen, und uns mit scheinbarem Unsinn zurückzulassen: dem Traum vom göttlichen Schatz, der irgendwo weit weg von unserem normalen Bewußtsein vergraben ist. Dann kommt es zur mühsamen Reise und dem unglaublichen Austausch der Träume mit dem Zaddik. Ganz gleich, in welch bizarrer oder erhabener Form die heilige Gegenwart zu uns spricht, sie richtet uns wieder auf unser ursprüngliches Zuhause aus, auf den unschätzbaren göttlichen Funken unserer intrinsischen Natur.

In dieser kreisförmigen Suche nach dem göttlichen Schatz liegt – zwar nicht inmitten ihres Ernstes und ihrer Qual, aber aus der erleuchteten Perspektive des Heimgekehrten – beträchtliche Komik. Elie Wiesel schreibt über die Geschichten von Rebbe Nachman: »Das Lachen nimmt einen erstaunlich wichtigen Platz in seiner Arbeit ein. Dann und wann begegnet man einem Menschen, der lacht und nichts anderes tut. Und einer Landschaft, die lacht.« Wir begegnen demselben heiligen Lachen im Bericht eines zeitgenössischen japanischen Übenden über Kensho: »Um Mitternacht wurde ich plötzlich wach. Zunächst war mein Verstand benebelt, aber dann leuchtete plötzlich dieses Zitat in meinem Bewußtsein auf: ›Ich erkannte klar, daß Geist nichts anderes ist als Berge, Flüsse und die große weite Erde, die Sonne, der Mond und die Sterne.‹« Wie im Falle Eiziks, Sohn Yekels, wird das Juwel des ursprünglichen Geistes, der Schatz der göttlichen Natur, zu Hause im Reich des urinnersten Gewahrseins entdeckt, das als Flüsse, Berge, Sterne und Menschen erscheint. Die transzendente Komik dieser Entdeckung ist überwältigend. Der Zen-Übende fährt fort: »Wie hochbrandende Wellen stieg sofort eine gewaltige Freude in mir auf, ein wahrer Hurrikan der Freude, und ich lachte laut und wild ... Es gibt hier kein Denken, überhaupt kein Denken! ... Der leere Himmel teilte sich, öffnete dann seinen riesigen Mund und begann schallend zu lachen.« Rebbe Nachman, europäischer Jude des späten 18. Jahrhunderts, und dieser zeitgenössische japanische Buddhist finden beide eine Landschaft, die lacht. Es gibt im Grunde keine kulturelle Trennung: Ekstase ist Ekstase, Feuer ist Feuer.

Das ekstatische Lachen der Erleuchtung wird auch von Rebbe Nachman geschildert: »Es gab einmal ein Land, das alle Länder der Welt umfaßte. Und in diesem Land gab es eine Stadt, die alle Städte des Landes aufnahm; und in dieser Stadt war eine Straße, in der alle Straßen der Stadt versammelt waren; und in dieser Straße war ein Haus, das alle Häuser der Straße beherbergte. Und in diesem Haus war ein Raum, und in diesem Raum war ein Mann, und dieser Mann verkörperte alle Menschen aller Länder, und dieser Mann lachte und lachte – niemand hatte je so gelacht.« Dies ist das klare Lachen der Erleuchtung, das alle Länder, Städte, Straßen und Wesen als ursprünglichen Geist, als Gottes Traum erkennt. In diesem Sinne hieß Rebbe Nachman die Piraten, Gefängnisse und Seuchen willkommen, denen er bei einer chaotischen Pilgerfahrt ins Heilige Land begegnete. All seine rationalen Erwartungsmuster waren in der Ekstase des »Nur Gott« zusammengebrochen. Er lebte ganz in der göttlichen Landschaft, die lacht.

Trotz dieses transzendenten Lachens hält der erleuchtete Zaddik einen innigen Kontakt zu den Menschen und ihrem irdischen Dilemma aufrecht. In der jüdischen Spiritualität begegnen wir einer Entsprechung des aus dem Mahayana-Buddhismus bekannten Bodhisattvas, einem erleuchteten Wesen, das sich verpflichtet hat, immer wieder ins irdische Leben zurückzukehren; es inkarniert sich nicht aus egoistischer Begierde, sondern aus Mitgefühl für die Geschöpfe und Anteilnahme an ihrer Erleuchtung. Im jüdischen Kontext wird dies als ewige Solidarität mit dem auserwählten Volk während seiner langen Wanderschaft zum Heiligen Land, zur Erleuchtung, ausgedrückt. Eine mystische Geschichte Rebbe Nachmans illustriert, daß Schwerpunkt von Liebe und Verpflichtung eher die Erde als transzendente Göttliche ist: »In der Mitte der Welt gibt es einen Berg, und auf diesem Berg ist ein Felsen, und aus dem Felsen entspringt eine Quelle. Nun, alles hat ein Herz. Sogar die Welt hat ein Herz, das ein vollständiges Wesen mit Gesicht, Händen, Beinen, Augen und Ohren ist. Und dieses Herz ist voller Feuer und hat Angst, zurück zur Quelle am anderen Ende der Welt, auf der anderen Seite des Abgrunds zu gehen. Dieses Herz ist doppelt unglücklich; die Sonne verfolgt es und trocknet es aus. Um zu überleben, betrachtet es kontemplativ die Quelle. Aber je länger es kontempliert, desto größer ist sein Verlangen. Sobald es jedoch dem Berg näher kommt, verschwindet der Gipfel und mit ihm die Quelle. Und dann geht seine Seele davon, denn sie lebt nur durch die Liebe, die sie für die Quelle empfindet. Wenn sie aufhören würde, wäre die ganze Welt nichts mehr wert. Deshalb muß das Herz, beschützt von einem Vogel, der seine Flügel ausbreitet, weit weg auf der anderen Seite bleiben.«

Bei freier Interpretation kann der Berg als die absolut transzendente, sogar von der Existenz leere Gottheit verstanden werden. Aus diesem absoluten Einen, das durch den Fels dargestellt wird, fließt die Quelle, die der persönliche Gott ist, der Gott der Liebe. Die menschliche Seele wird von Rebbe Nachman hier als Herz der Welt beschrieben. Im Gleichnis ist dieses Herz, die Menschheit, voller Feuer und ängstlich, zur Quelle zurückzukehren. Dies ist das Feuer der ekstatischen Sehnsucht, mit dem göttlichen Geliebten in der mystischen Vereinigung zu verschmelzen, die allein unser Verlangen nach Ganzheit stillen kann. Die Anziehung zwischen dem Kind und seinen Eltern und die Anziehung zwischen Sexualpartnern sind äußere Spiegelungen dieses inneren Verlangens nach Ganzheit; ausgehend von unserer normalen menschlichen Erfahrung, gibt sie uns Hinweise auf die heilige Suche. Die Essenz der gesamten menschlichen Sehnsucht ist der geheime Wunsch, in der Quelle der göttlichen Liebe zu baden. Aber diese Quelle liegt, wie das Gleichnis verrät, auf der anderen Seite des Abgrunds der relativen Existenz. Die Sonne stellt das dem Dasein inhärente Leid dar, das das Herz verfolgt und austrocknet. Aber dieser Fluch des Sonnenlichts dient auch unserer spirituellen Entwicklung, denn er verstärkt unsere Sehnsucht, mit der kühlenden Quelle zu verschmelzen. Um zu überleben, meditiert das Herz über die Quelle der göttlichen Liebe. Aber wenn die Kontemplation allmählich intensiver wird und der Kontemplierende dem Berg näher kommt, verschwinden der Gipfel und die Quelle: Radikale Transzendenz verschlingt den göttlichen Geliebten, und die menschliche Seele geht, sie verschmilzt mit der Leere der Gottheit. Die Individualität der Seele besteht in ihrer Sehnsucht nach der Quelle von Gottes Liebe. Wenn diese Sehnsucht gestillt würde, gäbe es keine Welt mehr, denn die menschliche Welt und das gesamte Universum sind aus elementarer Sehnsucht heraus geschaffen worden. Unsere gesamte Existenz ist eine bedeutungsreiche chassidische Geschichte, die das Göttliche mit Hilfe des sich sehnenden Herzens – der Menschheit – träumt.

Die Kontemplation dieses Märchens der Existenz ist mit dem Entschwinden in der Gottheit bzw. Leere nicht zu Ende. Der Bodhisattva und der Chassid möchten unter den Menschen, in der menschlichen Familie, wiedergeboren werden, und zwar nicht aus Sehnsucht, sondern aus Solidarität mit allem Leben. Deshalb darf die Seele in Rebbe Nachmans Gleichnis der Quelle der göttlichen Liebe nicht zu nahe kommen; sie würde sich in der Gottheit verlieren. Aber wie ein kühlender Schatten schützen zwei große Flügel die Seele vor dem Leid der relativen Existenz: die Thora, also die Lehre von der göttlichen Gegenwart, und der Zaddik oder Erwachte, in dem diese Lehre voll lebendig ist. Dieser spirituelle Schutz befreit jedoch nicht auf magische Weise vom Leid. Wenn wir Rebbe Nachmans Bericht von seiner chaotischen Pilgerfahrt ins Heilige Land lesen, erkennen wir, wie der Chassid bzw. der Bodhisattva alles Leid der Welt auf sich nimmt und es in die Ekstase des »Nur Gott« verwandelt.
Das Gelübde, wieder zu inkarnieren, ist extrem schwierig, wenn man die Mängel der menschlichen Existenz klar erkannt und die spirituelle Schönheit des göttlichen Reichs direkt erfahren hat. Über die harte Entscheidung, auf der Erde zu bleiben, sein spirituelles Leben auf die irdische Ebene zu konzentrieren, gibt es eine treffende Geschichte von Rebbe Leib; er erzählt von der Abneigung seiner Seele, die physische Verkörperung zu akzeptieren. Seine Worte sind keine Bilder, sondern spiegeln die mystische Erfahrung des transzendenten göttlichen Reichs: »Bevor ich geboren wurde, lehnte ich das Leben ab. Wozu soll es gut sein, sich unter Sterblichen abzumühen, die eine Beute ihrer eigenen Schwäche sind? … Wißt ihr, wer mich schließlich dazu gebracht hat, meine Meinung zu ändern? Ein Bauer mit einer Schaufel in der Hand, der mich ansprach, als sei ich ein alter Bekannter. ›He, du‹, sagte er. ›Schau gut zu: Ich arbeite unablässig, damit ein bißchen Freu-

de, ein bißchen Ruhe zu den Menschen kommt, die sie bitter nötig haben. Und was machst du? Du liegst hier herum, als ob die Schöpfung keinen Zweck für die Menschen hätte. Warum weigerst du dich, mir zu helfen?‹ Ihr seht«, fügte der Rebbe hinzu, »ich konnte den Engeln widerstehen, aber nicht ihm. Weil, nun ... Wißt ihr, wer er war? Es war der Baal Schem selbst.« Der Baal Schem ist ein seltener Lehrer der Welt, der nicht nur auf Erden erschienen ist, sondern noch immer die höheren Seinsebenen durchwandert und erleuchtete Seelen davon überzeugt, lieber auf diese Welt hinabzukommen, anstatt sich in himmlischer Kontemplation zu verlieren. »Werde geboren, um in allen Geschöpfen die heilige Ekstase zu entfachen«, ruft der Baal Schem.

Ramakrishna sah in einer ähnlichen Vision, wie sein erleuchteter Schüler Vivekananda dazu gebracht wurde, um des spirituellen Wohls der Menschheit willen zu inkarnieren. In dieser Vision erschien Vivekananda als archetypischer Weiser, der in einem transzendenten Reich in der Nähe des Bergs des Absoluten in Kontemplation versunken war. Das goldene Licht dieses Reichs verdichtete sich in die Form eines kleinen Kindes, das Vivekananda sanft und spielerisch zum Gewahrsein der Relativität zurückbrachte. Das Kind war so goldig, daß der Heilige nicht widerstehen konnte. Das Kind – das niemand anders war als Ramakrishna, genauso wie der Bauer mit der Schaufel niemand anders war als der Baal Schem – sagte nur liebevoll: »Ich gehe hinunter. Komm und hilf mir.« Der Weise stimmte widerstrebend zu.

Die Solidarität mit allen Geschöpfen braucht sich nicht metaphysisch oder mystisch auszudrücken. Am besten gedeiht sie tatsächlich in sehr irdischen Umgebungen. Wiesel erzählt die folgende Geschichte über Rebbe Wolfe: »Er war bei einer Beschneidung zugegen. Als er einen Moment nach draußen ging, bemerkte er, daß der Kutscher vor Kälte zitterte ... ›Geh hinein, wärm dich auf, iß und trink etwas.‹ – ›Und wer paßt auf die Pferde auf?‹ – ›Ich.‹ Der Kutscher tat, wie der Meister ihm geheißen hatte. Mehrere Stunden später sahen die Leute Rebbe Wolfe halb erfroren im Schnee; er hüpfte von einem Bein aufs andere und verstand nicht, warum die Gäste einen solchen Wirbel machten.« Die sofortige, nicht im voraus bedachte Solidarität mit anderen Menschen ist vielleicht der deutlichste Ausdruck der Erleuchtung. Das ekstatische Mitgefühl berechnet nicht rational, wieviel Hilfe realistischerweise gegeben werden kann; es verschenkt sich selbst als heilige Ekstase, als Gottes Leben. Es gibt keine weiterreichende, praktischere, tiefgreifendere Hilfe.

Die Ekstase des chassidischen Weges, die weltlichem Verständnis oft als Unsinn oder Verrücktheit erscheint, erfüllte nicht nur das Leben des Baal Schem und der in seiner Tradition wirkenden Zaddikim, sondern auch das biblischer Propheten wie Jeremia. Wiesel schildert das an die Propheten erinnernde Verhalten des Seelenmeisters Levi-Yitzhak: »Einmal stieg er auf das Dach eines Gebäudes, das dem Markt gegenüberlag. Er sah sich die kaufenden und verkaufenden Händler an und begann plötzlich aus voller Lunge zu schreien: ›Gute Leute, vergeßt nicht, daß man auch Gott fürchten muß!‹« Er war wirklich in der heiligen Ekstase entschwunden, durch die sein Wille für Gottes Willen transparent wurde und seine Worte Gottes Worte wurden. Durch den Propheten spricht das Göttliche in der Sprache der Menschen zu allen, die hören. Wiesel beschreibt diesen ekstatischen Rebbe weiter: »Als er seinen toten Sohn zum Friedhof begleitete, begann er zu tanzen und schrie: ›Herr, du hast mir meinen Sohn mit einer reinen Seele anvertraut, und genauso gebe ich ihn dir zurück!‹« Heilige Ekstase tanzt spontan. Der Ekstatiker kaschiert mit seinem Tanz nicht inneren Schmerz oder Verzweiflung. Der Tanz wird nicht als Talisman betrachtet, der gegen Leid und Tod eingesetzt werden kann, denn Leid und Tod sind völlig in der göttlichen Gegenwart aufgegangen. Gott projiziert die Seele, die ein vollkommen reiner Ausdruck der göttlichen Natur ist, aus sich heraus, und zieht sie dann wieder in ihren Ursprung zurück: dieses Aus- und Einatmen ist Gottes ekstatischer Tanz als Leben. Levi-Yitzhak strahlte einfach diesen göttlichen Tanz aus. »Er betete mit solcher Hingabe, daß der erschreckte Gläubige instinktiv wegging. Er gestikulierte, brüllte und tanzte, sprang von einer Ecke in die andere und stieß alles um, was ihm im Weg war. Die Menschen existierten für ihn nicht mehr. Wenn er betete, hörte auch er auf zu existieren.«

So offenbart das Göttliche sich durch das Menschliche: das Individuum verliert sich in heiliger Ekstase, taucht wieder auf und entschwindet wieder als das Ein- und Ausatmen der göttlichen Fülle. Diese intensive Vertrautheit mit dem Göttlichen kann sich zu vollständiger mystischer Einheit vertiefen. Rebbe Nachman sagt im Hinblick auf die Ich-du-Beziehung, die die Erfahrung der göttlichen Gegenwart in der jüdischen Tradition am häufigsten ausdrückt: »Wenn ich bin und du bist, weil ich ich bin und du du bist, dann bin ich ich, und du bist du.« Dies ist – auf der Ebene der Menschen und zwischen Menschlichem und Göttlichem – das herkömmliche Verständnis der Ich-du-Beziehung. Rebbe Nachman fährt fort: »Aber wenn ich bin, *weil* du bist, bin ich nicht ich, und du bist nicht du.« Dies ist die ekstatische Ich-du-Beziehung, das Liebesspiel der göttlichen Fülle mit sich selbst als Gott und Chassid. In dieser Ekstase steht das Ich außerhalb des Ich und das Du außerhalb des Du. Das Ich und das Du, die nicht länger getrennt sind, werden zu vertrauten Freunden: Sie streiten sich, spielen Verstecken, verschmelzen in Vereinigung und tauchen im Gespräch wieder auf – während sie zugleich wissen, daß »ich nicht ich bin und du nicht du bist«, weil die scheinbare Barriere zwischen Menschlichem und Göttlichem sich aufgelöst hat.

Elie Wiesel schreibt über Rebbe Nachman: »Den Talmud zitierend, sagte er: ›Die Engel wiederholen ihre Litaneien nie.‹ Und erklärend fuhr er fort: ›Die Engel, die den Herrn preisen, sind nie dieselben; der Herr wechselt sie jeden Tag aus.‹ Rebbe Nachmans Schlußfolgerung: ›Wer sich selbst wiederholt, mißfällt Gott und entfernt sich von ihm.‹« Wir wiederholen uns ganz elementar, wenn wir immer wieder darauf bestehen, daß wir vereinzelte und isolierte Individuen sind. Die einzige Möglichkeit, uns nicht zu wiederholen, besteht darin, die Ekstase zu sein, die ständig alle Mauern zwischen den Menschen und zwischen Göttlichem und Menschlichem überflutet. Wenn wir in göttlicher Gegenwart versunken sind, bleibt unsere Individualität erhalten, aber sie ist von ihrer wiederholenden, begrenzenden Natur befreit. Wir werden zu Flammen im tanzenden Feuer der heiligen Ekstase.

KAPITEL VII

Das Neue Zeitalter ist angebrochen

Die Briefe des heiligen Paulus

Paulus war ein ekstatischer Rabbi, für den der Messias tatsächlich gekommen war. Wie viele jüdische Meister des chassidischen Weges war er zu Beginn seines spirituellen Lebens der orthodoxen Praxis des heiligen Gesetzes verpflichtet. Unnachgiebig bekämpfte er die charismatische jüdische Sekte, die glaubte, der von den Propheten verheißene Messias sei als Jesus Christus erschienen. Für Paulus war Jesus, genauso wie Johannes der Täufer, lediglich einer der vielen wandernden Lehrer und Verrückten jener Tage. Paulus reiste durch das Land und verfolgte die Christen; er ließ die Frauen und Männer dieser heterodoxen jüdischen Sekte, die versprach, das Reich Gottes werde bald auf die Erde herabkommen, ins Gefängnis werfen. Dann schloß dieser brillante Gelehrte und engagierte Praktiker der Rechtgläubigkeit sich den christlichen Juden an und verwandte seine Beredsamkeit und seinen Eifer darauf, die bislang von der einfachen ländlichen Bevölkerung getragene messianische Bewegung zu rechtfertigen und zu verbreiten.

Das ekstatische Erwachen zur Messias- oder Christusnatur hatte sich für die christlichen Juden in einem voll erleuchteten Wesen verwirklicht, Jesus von Nazareth. Nach Jesu Tod verstärkte sich dieser Prozeß. Die leuchtende Form des Meisters erschien treuen Anhängern in Träumen und wachen Visionen. Wann immer christliche Juden sich zum Gebet versammelten, spürten sie seine unsichtbare spirituelle Gegenwart. Diese göttliche Kraft und Gegenwart hatte sich Paulus ohne sein Wissen mitgeteilt, als er sich in der Rolle des Verfolgers der christlichen Ekstase aussetzte. Auf der Straße nach Damaskus brach sein Widerstand schließlich zusammen, und das grenzenlose Strahlen der Christusnatur tat sich vor seiner inneren Schau so plötzlich und intensiv auf, daß er drei Tage nicht sehen konnte. Das göttliche Strahlen verströmt einen feinen Hall, den Heilige der verschiedensten Kulturen in ihrer eigenen Sprache zu sich sprechen hören. Diese innere Stimme offenbarte Paulus, daß Jesus von Nazareth tatsächlich ein voller Ausdruck der Christusnatur gewesen war, jenes göttlichen Strahlens, das verborgen im Herzen der menschlichen Natur wohnt.

Durch die Erfahrung der Erleuchtung war Paulus befähigt, Christus als göttliche Kraft und Präsenz weiterzugeben, nicht Jesus als menschliches Wesen zu verkünden. In den Paulusbriefen findet sich kein Hinweis auf die Gleichnisse und Wunder Jesu, der nicht nur als historische Persönlichkeit verstanden wird. Paulus konzentriert sich im Leben Jesu ausschließlich auf Kreuzigung und Auferstehung: das Abnehmen der menschlichen Natur und das sich daraus ergebende Erwachen der göttlichen Natur in Körper und Geist des Menschen. Kreuzigung und Auferstehung werden als Ereignisse betrachtet, die im Inneren für all jene Menschen geschehen, die mystisch in ihren menschlichen Begrenzungen sterben und als göttliches Strahlen wiederauferstehen. Paulus initiierte so eine apostolische Abfolge, die mystisch ist, denn sie hängt weder von der körperlichen Berührung Jesu ab, dem er nie begegnete, noch von der detaillierten Kenntnis Jesu als historischer Persönlichkeit. Was Paulus spirituell weitergibt, führt aus der Geschichte heraus und in das göttliche Strahlen im Zentrum unseres bewußten Wesens hinein. Dieser Christusnatur sind wir jetzt genauso nah wie Paulus während seines Lebens. Die seitdem vergangenen Jahrhunderte erzeugen die rein psychologische Illusion von Distanz. Das Reich Gottes ist unter uns. Was Paulus das »Alte Zeitalter« nannte, löst sich auf. Das »Neue Zeitalter« ist bereits angebrochen.

Paulus wurde die prophetische Rolle übertragen, den verborgen in allen Herzen lebenden Messias oder Christus nicht nur seinem eigenen geliebten Volk, sondern allen Nationen zu verkünden. Das offene Geheimnis der Paulinischen Lehre ist die mystische Vereinigung mit Christus, die ihm auf der Straße nach Damaskus offenbart wurde. Die mystische Vereinigung ist im allgemeinen eine esoterische Lehre, die nur einem kleinen Kreis von Eingeweihten bekanntgemacht wird. Freigebig und leidenschaftlich verkündete Paulus das, was er Leben in Christus nannte, allen Teilen der jüdischen Gemeinde und auch der nichtjüdischen Welt. Er deutete an, daß bestimmte Menschen oder Kulturen spirituell nicht entwikkelt genug seien, um am Geheimnis der Vereinigung mit Christus teilzuhaben; wenn er von den Kindern in Christus sprach, meinte er damit, daß es verschiedene Ebenen gibt, diese Vereinigung zu erleben und zu verstehen.

In einem Brief an seine Schüler in Kolossai betont Paulus: »Ich will euch nämlich wissen lassen, welchen Kampf ich um euch führe ... damit eure Herzen aufgerüttelt werden ... zu erkennen das Geheimnis Gottes, das Christus ist.« Die Eigenart dieser geheimen Lehre können wir jedoch erst schätzen, wenn wir verstanden haben, daß Christus das göttliche Strahlen im Herzen unseres Wesens ist und nicht nur einfach die historische Gestalt Jesus von Nazareth. Um das Geheimnis, daß unsere intrinsische Natur die Christusnatur ist, zu erleben und zu verstehen, ist es Paulus zufolge nicht notwendig, sich jahrelang intensiv zu läutern und zu meditieren. Der innere Christus ist durch den in Jesus konzentrierten Strom der göttlichen Gnade allen zugänglich geworden, und dies verstand Paulus als Anbruch eines Neuen Zeitalters. Die Verwandlung der menschlichen Kultur und des physischen Universums macht alle Geschöpfe für das in ihnen vorhandene göttliche Strahlen durchlässig. In diesem Neuen Zeitalter kommt das tiefe Geheimnis unserer göttlichen Natur an die Oberfläche des Bewußtseins. Weil das Geschenk der Christusnatur allen gleichmäßig angeboten wird, ohne Rücksicht auf eine besondere Anstrengung oder Qualifikation, können Menschen, die sich für religiös oder philosophisch fortgeschritten halten, es schwer akzeptieren. Deshalb spricht Paulus vom Leben in Christus als Hindernis für die Juden und Verrücktheit für die Griechen.

Ungeachtet der Einfachheit und Zugänglichkeit der von Paulus gelehrten Vereinigung mit Christus ist dies Gnosis, höchste befreiende Weisheit. So spricht Paulus vom »Geheimnis Gottes, das Christus ist, in welchem verborgen liegen alle Schätze der Weisheit und der Erkenntnis«. Dieser Pfad der Weisheit wird durch Jesu Wort »So ... werdet [ihr] die Wahrheit erkennen, und die Wahrheit wird euch frei machen« treffend beschrieben. Wir werden von unseren menschlichen Begrenzungen nicht frei, indem wir rechtschaffene Taten tun oder rituelle Handlungen vollziehen, sondern indem wir die Wahrheit über unsere höchste Natur erkennen: daß sie göttlich ist. Die Gnosis des Paulus ist radikal: Die Freiheit kann nicht durch menschliches Bemühen bewerkstelligt werden, noch nicht einmal durch das Bemühen um Wissen. Dem Beispiel seiner eigenen Erfahrung auf der Straße nach Damaskus folgend, lehrt Paulus, daß die Befreiung von unserer begrenzten menschlichen Natur nur durch die göttliche Gnade geschehen kann.

Für Paulus hat das Kommen des Messias das jüdische Gesetz und alle anderen kulturell verankerten moralischen und religiösen Regeln aufgehoben. Viele chassidische Lehrer nähern sich derselben radikalen Wahrheit: Wenn der Messias erscheint, ist das Gesetz erfüllt und daher aufgehoben. Paulus dachte durchweg jüdisch. Unorthodox macht ihn nur die auf seiner ekstatischen Erfahrung beruhende Überzeugung, daß der Messias tatsächlich gekommen ist und wiederkommen wird. Für die orthodoxe jüdische Kultur darf der Messias nie kommen, gleich wie viele Messiasgestalten erscheinen. Auch das etablierte Christentum würde ein zweites Kommen Christi kaum akzeptieren; seine Echtheit würde genauso bestritten, wie Jesus von den religiösen Führern seiner Zeit abgelehnt wurde. Auf die Behauptung, daß der Messias gekommen ist, würde ein orthodoxer Jude antworten: »Die Welt leidet immer noch. Wie könnte der Messias gekommen sein?« Dies spiegelt die herkömmliche Vorstellung, daß der Messias das Alte in das Neue Zeitalter verwandelt. Im Gegensatz dazu versteht die esoterische Weisheit, die Gnosis, das Kommen des Messias als innere, geheime, mystische Verwandlung des Wesens. Wir leben immer noch auf derselben unvollkommenen irdischen Ebene, aber im Zentrum unseres Wesens ist eine ganz neue Ordnung und Ausrichtung offenbart worden.

Paulus nennt die Erfahrung, daß das Neue Zeitalter anbricht, die mystische Vereinigung mit Christus. Von der Intensität seiner spirituellen Erfahrung bestimmt, proklamiert er: »Ich lebe, doch nicht ich, sondern Christus lebt in mir.«

Diese ekstatische Vereinigung offenbart, daß göttliche Kraft und Gegenwart der Ursprung, die Grundlage unseres Bewußtseins ist. In der Ekstase erleuchtet die heilige Gegenwart uns so vollständig, daß wir als unabhängige Menschen entschwinden, obwohl das Nachbild von Körper und Geist bleibt. Paulus nennt das Göttliche oft die Grundlage oder das Fundament. Seine Schüler in Kolossai ermahnt er: »Seid in Christus verwurzelt und gegründet.« Paulus deutet hier dieselbe mystische Einheit an, die sich auch in den Worten Jesu spiegelt: »Ich bin der Weinstock, ihr seid die Reben.« Der Weinstock und die Reben besitzen dieselbe intrinsische Natur. Paulus fährt fort: »In Christus wohnt die ganze Fülle der Gottheit leibhaftig, und an dieser Fülle habt ihr teil in ihm.« Unsere mystische Vollendung ist die Erkenntnis, daß die Gottheit voll durch uns lebt. Paulus rät Suchenden nicht, auf eine nach dem Tod zu erwartende zukünftige Erfüllung im Himmel zu hoffen. Die göttliche Fülle steht inmitten unserer kulturellen und persönlichen Begrenzungen ganz zur Verfügung. Die Ankunft des Messias, so Paulus, hat das menschliche Bewußtsein auf diese »Fülle der Göttlichkeit« als seine Grundlage ausgerichtet.

Das Verständnis unserer intrinsischen Vollständigkeit im Göttlichen ist der Schatz, den die Gnade dem Glauben uneingeschränkt anbietet. Glaube ist für Paulus die Offenheit des Menschen für die Offenbarung der Christusnatur; er ist nicht Glaube an ein bestimmtes System von Lehrsätzen, sondern einfach Glaube, der frei von allen Bemühungen des Begreifens ist. Wie wir an Paulus' eigener Erleuchtung sehen, ist auch der Glaube ein Geschenk der göttlichen Gnade und nicht das Ergebnis frommer Anstrengungen des Menschen. Auf der Straße nach Damaskus rang Paulus nicht darum, an die christliche Offenbarung zu glauben. Die Erleuchtung dämmerte spontan, als Paulus seine Vorstellung von Rechtgläubigkeit, sein Bemühen um den Glauben, losließ. Wir kommen in diese Stimmung des Glaubens, wenn unsere Bemühungen, die göttliche Natur zu erfassen oder zu definieren, ergebnislos bleiben. Wir erleben das Gewahrsein des Lebens in Christus als ein Geschenk, was bedeutet, daß es mit bestimmten Anstrengungen oder Überzeugungen nicht korreliert.

Jede mystische Lehre, die die göttliche Grundlage der menschlichen Natur offenbart, muß sich dem Paradox unserer Blindheit für das Göttliche, unserem Gefühl der Entfrem-

dung vom Göttlichen, stellen. Die menschlichen Leiden und Konflikte entstehen, weil wir unsere Verwurzelung im göttlichen Urgrund ignorieren. Für diesen chronischen Zustand der Unwissenheit verwendet Paulus den Begriff Sünde. Was Paulus das Alte Zeitalter nennt, ist die Verdunkelung des menschlichen Bewußtseins durch die Sünde. Im Neuen Zeitalter vergeht die Sünde so, wie Nebel von der aufgehenden Sonne weggebrannt wird, der Gnade des göttlichen Strahlens. An seine zum Glauben erwachten Schüler in Rom schreibt Paulus: »Wir sind der Sünde gestorben, wie können wir dann weiter in ihr leben?«
Dies ist keine Demonstration der moralischen Rechtschaffenheit, sondern eine mystische Äußerung. Menschen, die im Zentrum ihres Wesens das Strahlen der Christusnatur erfahren, leben im Neuen Zeitalter. Die Sünde, unser falsches Gefühl der Trennung vom Göttlichen, ist die Illusion des Alten Zeitalters, die als sich wiederholender böser Traum weiterzubestehen scheint, aber nach unserem »Tod«, das bedeutet unserer bewußten Vereinigung mit Christus, keine wirkliche Existenz mehr besitzt. Die mystische Vereinigung wurde in der frühen christlichen Gemeinschaft durch das Sakrament der Taufe ausgedrückt. Paulus fährt fort: »Alle, die auf Christus Jesus getauft sind, die sind in seinen Tod getauft.« Dieser Tod ist das Aufgehen des Menschlichen im Göttlichen, das unser Gefühl eines persönlichen Willens schwächer werden läßt. Nach der Strahlentaufe auf der Straße nach Damaskus wollte Paulus seine Taten nicht mehr aus sich selbst heraus ausführen, sondern erlebte, daß Christus, die göttliche Natur, durch ihn wirken wollte.
Die frühen Christen betrachteten die Taufe nicht als ein Kindern vorbehaltenes Ritual, sondern als wirkliche Erfahrung der Verwandlung, bei der der spirituell reife Mensch mystisch stirbt und wiederaufersteht. Paulus erklärt: »So sind

wir ja mit ihm begraben durch die Taufe in den Tod, damit, wie Christus auferweckt ist von den Toten durch die Herrlichkeit des Vaters, auch wir in einem neuen Leben wandeln. Denn wenn wir mit ihm verbunden und ihm gleich geworden sind in unserem Tod, so werden wir ihm auch in der Auferstehung gleich sein.« Die gesamte mystische Erfahrung der Taufe, in der gewöhnliches Wasser zum Feuer des Geistes wird, spiegelt sich in den Schriften des Zen-Meisters Bassui: »Jede Spur von Selbstgewahrsein wird dahinschwinden, und ihr werdet euch wie ein wolkenloser Himmel fühlen. In euch werdet ihr kein Ich finden ... sogar das Gefühl der Leere wird vergehen, ihr werdet nichts gewahr sein, und völlige Dunkelheit wird herrschen.« Diese Dunkelheit ist die Taufe in den Tod Jesu, seine drei Tage im Grab. Bassui fährt fort: »Wenn ihr mit letzter Kraft vorwärtsdrängt und mit hocherhobenen Händen in den schrecklichen Abgrund des Feuers springt, in die ständig brennende Flamme eurer ursprünglichen Natur, werden jedes Ego-Bewußtsein und alle trügerischen Gefühle, Gedanken und Wahrnehmungen vergehen. Ihr werdet das Gefühl haben, wiederauferstanden zu sein, alle Krankheit ist völlig verschwunden, und ihr werdet echten Frieden, echte Freude erleben.« Auf seinem Weg nach Damaskus stürzte Paulus in das Feuer der ursprünglichen Christusnatur, das die frühen Christen so kraftvoll vermittelten. Er ging in Christus auf und erstand im Neuen Zeitalter der Erleuchtung. Ekstatisch erklärt er in einem Brief an seine Schüler in Korinth: »Für jeden, der in Christus ist, gibt es eine neue Schöpfung; die alte Schöpfung ist vergangen, und jetzt ist die neue da ... Dies ist der Reichtum der Gnade, durch die Gott uns mit Weisheit und Erkenntnis überhäuft hat.« Das ist die Erleuchtung, die nicht nur den christlichen Juden, sondern allen Völkern großzügig zugestanden wird. Durch das Erwachen der Christusnatur in der Menschheit gibt das gesamte

Universum und sein Leben sich als der Gottheit gleiche Substanz zu erkennen, als Licht vom Licht, Gott von Gott, gezeugt, nicht geschaffen.
Das Neue Zeitalter existiert bereits innerhalb des Alten Zeitalters. Es gibt keine äußere Veränderung, nur eine neue Ausrichtung. Paulus offenbart: »Denn Gott hat uns wissen lassen das Geheimnis seines Willens ... daß alles zusammengefaßt würde in Christus, was im Himmel und auf Erden ist.« Christus ist nicht einfach die historische Person Jesus, sondern das Prinzip, durch das die Gottheit sich als alles Leben manifestiert. Paulus zeigt, daß dieses Christusprinzip, das in Jesus von Nazareth voll erwacht war, der Urquell der Schöpfung, der Ursprung der bewußten Entwicklungsenergie der Lebensformen auf allen Ebenen ist. Er schreibt: »Christus ist das Ebenbild des unsichtbaren Gottes ... denn in ihm ist alles geschaffen, was im Himmel und auf Erden ist, das Sichtbare und das Unsichtbare ... Und er ist vor allem, und es besteht alles in ihm.« Die persönliche Vereinigung mit Christus, die Paulus auf dem Weg nach Damaskus erlebte, hat sich zur Vision der universellen Einheit in Christus auf allen sichtbaren und unsichtbaren Seinsebenen erweitert. Was als Drama der individuellen Suche und Erleuchtung beginnt, entwickelt sich zur universellen Versöhnung, dem Erwachen der gesamten Existenz zu ihrer intrinsischen Natur als Gottheit.
Paulus betont die Gemeinschaft der Menschen, die auf unterschiedlichen Stufen der bewußten Einheit mit Christus leben. Das mystische Leben in Christus ist nicht etwa für einsame Weise, sondern soll sich im täglichen Leben einer ausgedehnten spirituellen Familie – Männer, Frauen und Kinder, die das Bewußtsein ihrer Einheit mit dem Göttlichen teilen – spiegeln. Paulus nennt diese Familie den mystischen Leib Christi. Er widmet seine gesamte Energie der Errichtung von Gemeinschaften, die den Leib Christi überall in der griechischen

Welt greifbar darstellen sollten. Seine Schriften sind keine gelehrten theoretischen Abhandlungen, sondern persönliche Briefe an diese Gemeinden, um deren interne Zwistigkeiten zu schlichten und ihr mystisches Verständnis zu mehren. In dieser erweiterten Familie gibt es viele Standpunkte und Gaben, die durch die Ganzheit der göttlichen Natur, an der alle voll teilhaben, in Harmonie kommen. Die Mitglieder sind einander näher als Brüder und Schwestern. Sie sind Funktionen eines einzigen Organismus. Paulus erklärt: »Denn wie der Leib einer ist und doch viele Glieder hat, alle Glieder des Leibes aber, obwohl sie viele sind, doch ein Leib sind: so auch Christus ... Ihr seid der Leib Christi.«

Mit der Christusnatur vereint, bilden wir so alle einen spirituellen Leib und dienen einander als Glieder und Organe. Paulus meint dies nicht metaphorisch, sondern spricht aus seiner direkten spirituellen Wahrnehmung der Menschen als göttlichem Leib. Die Betonung der Gemeinschaft spiegelt seine weitgehend jüdische Ausrichtung. Sein Schwerpunkt ist die erweiterte spirituelle Familie, nicht die mystisch sich erhebende individuelle Seele oder das entsagungsvolle Leben in der Einsamkeit. Trotzdem zeigen seine Gemeinden die intensive Verpflichtung und Entsagung, die im Klosterleben oder im Einsiedlerdasein anzutreffen sind.

Ziel des spirituellen Lebens in all seinen Formen ist das Aufgehen des Individuums in seiner intrinsischen Natur, die göttliche Natur ist. Diese Vereinigung des einzelnen mit dem göttlichen Strahlen geschieht mühelos, wenn wir einander als Teile eines mystischen Leibs empfinden. Unser Gefühl einer getrennten Individualität wird dann abgeschwächt, ohne unsere spezielle Funktion innerhalb des Ganzen zu zerstören. Die Hand zum Beispiel kann unabhängig funktionieren, ist aber nicht abgesondert. Der Organismus, die lebende Einheit der Bestandteile, ist primär. Obwohl die diversen Glieder und

Organe in nützlicher Weise verschieden sind, bringen sie dasselbe Leben zum Ausdruck. Genauso offenbaren auch die einzelnen Mitglieder des mystischen Leibs Christi das göttliche Leben.

Dieser mystische Leib ist universell; er umfaßt alles Leben in allen Galaxien und darf nicht mit einer speziellen menschlichen Gemeinschaft oder Verbindung von Gemeinschaften identifiziert werden. Die Kategorien des herkömmlichen, kulturgebundenen Denkens lösen sich in diesem einen Körper auf. Seinen Schülern in Galatien schreibt Paulus: »Hier ist nicht Jude noch Grieche, nicht Sklave noch Freier, nicht Mann noch Frau; denn ihr seid allesamt einer in Christus Jesus.«

Wenn ein so stark in die griechische Kultur hineingewachsener Jude wie Paulus verkündet, daß ein Unterschied zwischen Juden und Griechen nicht existiert, zeigt dies die ekstatische Universalität des Neuen Zeitalters, die durch die Erfahrung der Christusnatur bewirkt werden kann. Im mystischen Leib, der alle Wesen umfaßt, gibt es keine Trennung. »Was ihr getan habt einem von diesen meinen geringsten Brüdern, das habt ihr mir getan«, bemerkt Jesus, denn alle Wesen sind das Sein, das der Christus ist und das wir sind.

Paulus, der zur tiefsten Ebene des mystischen Leibs vordringt, erklärt: »Ihr alle seid eins in Christus.« Auf dieser Stufe der Erleuchtung werden wir nicht mehr als viele verschiedene Bewußtseinsebenen gesehen, die einander als Glieder dienen, sondern als eine Person, ein Bewußtsein, ein Selbst. Zur Beschreibung dieses einzigen Bewußtseins, das sich im Neuen Zeitalter durch verwandelte Menschen ausdrückt, verwendet Paulus den Begriff Geist. Er bemerkt: »Aber fleischlich gesinnt sein ist der Tod, und geistlich gesinnt sein ist Leben und Friede.« Wir können Geist als das höchste Bewußtsein verstehen, in dem die transzendente Gottheit, die irdische Sphäre und alle dazwischenliegenden Seinsebenen als einziger und vollkommen transparenter Strom des göttlichen Strahlens offenbart werden. Auf dieser Ebene des Geistes kann der Mystiker zugleich als verantwortliches menschliches Wesen, als ekstatisches himmlisches Wesen und als die reine Weite der Gottheit jenseits aller irdischen und himmlischen Formen existieren.

Paulus erklärt: »Ihr aber seid ... geistlich, wenn denn Gottes Geist in euch wohnt ... Wenn aber Christus in euch ist, so ist ... der Geist ... Leben.« Das Spektrum der Schöpfung ist das Strahlen des Göttlichen, das sich in der Christusnatur, dem Prinzip allen bewußten Lebens, bricht. Der Geist ist das erleuchtete Bewußtsein dieses einen göttlichen Lebens. Geist ist das unendliche göttliche Leben, das sich seiner selbst bewußt wird, sich selbst zelebriert und durch begrenzte Instrumente Musik erzeugt. Diese Instrumente, zu denen auf Planeten lebende biologische Organismen genauso gehören wie Seelen, die auf subtileren Seinsebenen weilen, sind nichts anderes als das Göttliche. Was unseren Augen als physische Substanz und der wissenschaftlichen Theorie als Atome und Elektronen erscheint, ist nichts anderes als göttliches Strahlen, das sich vorübergehend zu Energie verdichtet hat. Es gibt nur das Göttliche. Deshalb sagt Paulus von denen, die das Reich des Geistes betreten haben, daß sie nicht nur Leben, sondern auch Frieden haben. Sie haben Leben, weil sie zum göttlichen Leben erwacht sind, dessen Strahlen alles Leben ist. Aber da der Strom dieses göttlichen Lebens dynamisch ist, ist ihr Friede nicht nur ein Zustand der Ruhe, sondern die vollkommene Befreiung zu wissen, daß das gesamte Spiel des Seins nichts anderes ist als das Göttliche.

Paulus gleicht die Behauptung, daß Gott in allem ist, durch eine dem Alten Zeitalter angemessene kritische psychologische Beobachtung aus. Das Alte Zeitalter erscheint immer noch als das, was Paulus das Fleisch nennt, die Unwissenheit oder Sünde, die die getrennte Existenz des begrenzten Selbst verkündet. Das begrenzte Selbst ist die Dimension des Bewußtseins, die sich aus Gier und Angst entwickelt hat und anhält, bis wir mit unserem ganzen Wesen bejahen können, daß Gott alles in allem ist, daß es nichts zu wünschen oder zu fürchten gibt. Auch wenn wir begonnen haben, aufgrund der mystischen Taufe ins Neue Zeitalter in dieser erleuchteten Behauptung zu leben, bleibt das begrenzte Selbst als trügerisches Phantom erhalten; es taucht unerwartet als Impulse der Gier oder der Angst wieder auf, die für die Ebene des Geistes, auf der es keine Zersplitterung oder Abtrennung gibt, nicht angemessen sind. Dieses Phantom unseres begrenzten Selbst muß im spirituellen Leben immer wieder mit der Versicherung konfrontiert werden, daß nur Gott existiert.

Paulus schreibt: »Lebt im Geist, so werdet ihr die Begierden des Fleisches nicht vollbringen, denn das Fleisch … und der Geist … sind gegeneinander … Regiert euch aber der Geist, so seid ihr nicht unter dem Gesetz.«

Wenn wir das Reich des Geistes betreten, sind wir von innen heraus rein, harmonisch, in der Gnade. Es gibt weder ein Bemühen um Kontrolle noch logische Grundlagen für sie – kein Gesetz, wie Paulus sagen würde. Sünde bzw. Interesse an unserem begrenzten Selbst entstammt der Illusion der Getrenntheit. Solange wir auf der Ebene des Geistes ekstatisch offen bleiben, gibt es keine Trennung zwischen Selbst und Christusnatur. Paulus erklärt: »Die Frucht aber des Geistes ist Liebe, Freude, Friede, Geduld, Freundlichkeit, Güte, Treue, Sanftmut.« Moralische Kodizes versuchen, diese harmonischen Eigenschaften durch verschiedene Formen der Konditionierung einzuimpfen, aber nur auf der Ebene des Geistes können sie natürlich entstehen und sich ohne die Angst und den Ehrgeiz halten, die für das begrenzte Selbst charakteristisch sind. Das Neue Zeitalter bringt eine ekstatische Moral hervor, die auf dem Aufgehen des Menschlichen im Göttlichen beruht, nicht auf dem Wunsch der Menschen nach Herrschaft oder Kontrolle. Es kann keine Vorschrift geben, wie wir im Geist handeln oder nicht handeln sollen. Wie Paulus in bezug auf die harmonischen Eigenschaften des spirituellen Lebens schreibt: »Gegen all dies ist das Gesetz nicht … Wenn wir im Geist leben, so laßt uns auch im Geist wandeln.« Jede Bewegung sollte Ausdruck der vom Geist eingegebenen Versicherung sein, daß unsere menschliche Natur in der göttlichen Natur aufgegangen ist, daß das Neue Zeitalter angebrochen ist.

Paulus verankert seine mystische Lehre geschickt im greifbaren Alltag der Gemeinschaft. Die völlige Freiheit des Lebens im Geiste könnte vom Anfänger, der das Vorbild und die persönliche Führung reiferer Mitglieder des mystischen Leibes braucht, gefährlich mißverstanden werden. Ramakrishna bemerkte gerne, daß jemand, der unter Webern lebt, einen einundvierzigfach gezwirnten von einem zweiundvierzigfach gezwirnten Faden allmählich zu unterscheiden lernt, und zwar einfach durch Berührung. Die Sensibilität für die Führung des Geistes wird von den ekstatischen Mitgliedern der Gemeinschaft erlernt – nicht durch rationale Unterweisung, sondern eher so, wie ein Kind die Sprache seiner Umgebung lernt. Der Lernprozeß ist langsam und oft nicht wahrnehmbar. Obwohl wir an sich nicht mehr auf das begrenzte Selbst konzentriert sind, wenn wir für das Neue Zeitalter getauft sind, fallen wir immer wieder in die Illusion der Sünde zurück, in das herkömmliche Gefühl der Trennung voneinander und vom göttlichen Urgrund. Paulus warnt: »Denn was der Mensch sät, das wird er ernten: Wer auf sein Fleisch sät, der wird von dem Fleisch das Verderben ernten.« Dies ist die Ernte der Zerstörung, der Disharmonie, der Angst: das ständige Leiden und Sterben, aus dem das Leben der scheinbaren Trennung vom Göttlichen besteht. Paulus fährt fort: »Wer aber auf den Geist sät, der wird von dem Geist das ewige Leben ernten.« Das Ewige ist das Gegenteil des sich Zersetzenden. Die Ewigkeit, die nie erstarrt ist, ist der vollständige Fluß des göttlichen Lebens auf allen Ebenen und jenseits aller Ebenen. Der Friede, den wir als Zentrum unseres täglichen Gewahrseins flüchtig erblicken können, ist genauso wie das Leben himmlischer Wesen oder das Leben der transzendenten Gottheit ewiges Leben. Erde, Himmel und Gottheit haben an derselben Essenz teil.

Auch wenn die von Paulus als Ebene des Geistes bezeichnete Vision uns anzieht, suchen wir vielleicht immer noch eine Brücke zum gewöhnlichen Verstand, der Konflikte wahrnimmt und versucht, Situationen zu gestalten und zu kontrollieren. Paulus kann darauf nur von der Ebene des Geistes aus antworten, und zwar als vollkommene Bejahung des Geistes. Was wir als den wahrnehmenden, forschenden und organisierenden Verstand erleben, ist an sich nichts anderes als Geist bzw. höchstes Bewußtsein. Wenn der Verstand erleuchtet ist, wenn seine herkömmlichen menschlichen Begrenzungen durchlässiger geworden sind, folgt er weiter seiner natürlichen Neigung, zu erforschen und sich auszudehnen. Paulus schreibt: »Uns aber hat es Gott offenbart durch seinen Geist; denn der Geist erforscht alle Dinge, auch die Tiefen der Gottheit.« Der spirituell erleuchtete Verstand, der seinen eigenen göttlichen Urgrund direkt wahrnimmt, ist wesensmäßig von diesem Urgrund nicht verschieden. Paulus offenbart: »So weiß auch niemand, was in Gott ist, als allein der Geist Gottes.« Unser Verstand, der an sich Geist ist, ist nicht anderes als Gott, der sich selbst erkennt. Unser Leben ist göttliches Leben. Es gibt im Grunde keine Trennung zwischen der Gottheit und dem, was wir Menschheit nennen. Dies ist die messianische Offenbarung, durch die, um mit der Bibel zu sprechen, die krummen Wege gerade und die unebenen eben werden. Unsere wahre Natur ist die Messiasnatur. Wie Paulus klar verkündet: »Wir aber haben Christi Sinn.« Dieser göttliche Sinn, der durch unsere Taufe für das Neue Zeitalter erweckt wurde, funktioniert auch im gewöhnlichen Verstand. Göttlicher Sinn ist nicht getrennt von irgendeinem unserer Bewußtseinszustände. Wenn wir diese Wahrheit bejahen, werden Entscheidungen und Verhalten des Alltags spontan vom Geist gelenkt. Diese Lenkung geschieht nicht nur in ekstatischem Gebet oder tiefer Kontemplation; auch unser gewöhnlicher Verstand mit all seinen weltlichen Interessen kann sich als Christi Sinn mitteilen.

Das Erwachen zur wahren Natur unseres Verstands bewirkt die spirituelle Verwandlung, die manche Kulturen als Erleuchtung bezeichnen. Paulus schreibt: »Wo der Geist des Herrn ist, da ist Freiheit. Nun aber schauen wir alle mit aufgedecktem Angesicht die Herrlichkeit des Herrn wie in einem Spiegel, und wir werden verklärt in sein Bild von einer Herrlichkeit zur anderen.« Dieselbe Verklärung, die Jesus geschah, als er sich vor den Augen einiger Schüler in Licht auflöste, findet genauso mit all jenen statt, die durch die Gnade in Einheit mit Christus leben. Nicht nur besonders entwickelte Seelen, sondern alle Empfänger der Gnade werden im Neuen Testament als Heilige bezeichnet. Jeder durch den Geist für die heilige Gemeinschaft, den mystischen Leib, Erwachte erlebt die Verklärung. Die volle Bedeutung, das volle Ausmaß unserer Verklärung dämmern dem gewöhnlichen, noch von den Spuren des begrenzten Selbst verdunkelten Verstand vielleicht nur langsam. Ganz wird die Verklärung möglicherweise erst im Augenblick des Todes oder in der Phase der spirituellen Entwicklung erkannt, die dem physischen Tod folgt. Aber es gibt keinen Grund zu warten.

Wenn die Wurzeln des begrenzten Selbst durch die Taufe im Feuer des Geistes verbrannt wurden, geschieht bereits die Verklärung, die Wiederauferstehung. Aber die Paulinische Sprache kann von einem Menschen, der sich nicht in die Stimmung des Glaubens begeben hat, nicht verstanden werden. Die ekstatische Offenheit für den Geist muß uns vom Geist selbst gewährt werden, vielleicht eben durch Paulus' Worte. Vor unserem spirituellen Erwachen können die Worte, die das Kommen des Neuen Zeitalters beteuern, nur als frommes Bild oder Verrücktheit erscheinen. Paulus schreibt: »Und davon reden wir auch nicht mit Worten, wie sie menschliche Weisheit lehren kann, sondern mit Worten, die der Geist lehrt, und deuten geistliche Dinge für geistliche Menschen. Der natürliche Mensch aber vernimmt nichts vom Geist Gottes; es ist ihm eine Torheit, und er kann es nicht erkennen; denn es muß geistlich beurteilt werden.«

Im Neuen Zeitalter kann das Geheimnis unseres göttlichen Lebens allen Mitgliedern aller Kulturen verkündet werden; es braucht nicht mehr insgeheim vom Weisen wenigen Schülern mitgeteilt zu werden. Paulus schreibt: »Christus in euch, den verkündigen wir und ... lehren alle Menschen in aller Weisheit.«

Swami Vivekananda beklagte, daß die upanischadische Weisheitslehre von Atman, unserer intrinsischen Natur als höchstes Bewußtsein, in Indien auf kleine Zirkel fortgeschrittener Suchender beschränkt war. »Ihr alle seid reiner Geist, göttliches Bewußtsein«, erklärte Vivekananda seinen amerikanischen Zuhörern Ende des 19. Jahrhunderts. Ähnlich mutig und universell verkündet Paulus allen ohne Unterschied die mystische Einheit mit Christus, die intrinsische Christusnatur aller Wesen, den Anbruch des Neuen Zeitalters. Vivekananda ließ bestimmte Beschränkungen der religiösen Kultur der Hindus fallen, um ihre höchste Weisheit der westlichen Welt mitzuteilen; genauso verkündete Paulus die Freiheit vom jüdischen Gesetz, als er allen Kulturen die tiefste Verheißung der jüdischen prophetischen Tradition bekannt machte, den messianischen Anbruch des Reichs Gottes auf Erden. Auf diese Weise wurde eine alte spirituelle Tradition durch die allumfassende Ekstase von erleuchteten Heiligen wie Paulus oder Vivekananda allgemein verbreitet. Und dieser Prozeß wird immer universeller. Wie Paulus im Strahlen des Geistes nicht mehr zwischen Juden und Griechen, Sklaven und Freien, Mann und Frau unterschied, so können auch wir zwischen Jude und Christ, Hindu und Buddhist, Theist und Atheist, Gläubigem und Nichtgläubigem keinen grundsätzlichen Unterschied finden. Es gibt nur eine alles einschließende spirituelle Familie, den mystischen Leib, das Geheimnis des göttlichen Lebens, das durch das irdische Leben bewußter Wesen voll gelebt wird. Wenn wir zu diesem Geheimnis erwachen, begeben wir uns direkt ins Neue Zeitalter.

KAPITEL VIII

Nur Allah kann Allah erkennen

Der Sufi Bawa Muhaiyaddeen

Bawa Muhaiyaddeen ist ein zeitgenössischer Weiser, der den formlosen Glanz Allahs und den mystischen Pfad, den er den Weg der göttlichen lichtvollen Weisheit nennt, mit überzeugender Kraft lehrt. Er wurde zu Beginn dieses Jahrhunderts im Dschungel Sri Lankas geboren, wo er die einfachen Leute in den Dörfern unterwies. Jetzt hat dieser scheinbar alterslose Sufi-Meister eine Gemeinde in Philadelphia gegründet, die er regelmäßig von Indien aus besucht und wo er der westlichen Kultur den mystischen Islam vermittelt. Bawa betont, daß das Göttliche durch die Lehren keiner Weltreligion ganz verstanden werden kann, obwohl er auch andeutet, daß der Islam, der die absolut formlose, transzendente Natur Allahs unterstreicht, den klarsten Zugang bietet. Bawa würde sich jedoch nicht nur als Moslem bezeichnen. Er lehrt, daß der Gottessucher letztendlich alle religiösen Traditionen verlassen muß, die er als primär menschliche Institutionen betrachtet. Das jenseits von Religion und Kultur befindliche Reich des göttlichen Glanzes nennt Bawa den offenen Raum. Zur Erreichung dieses offenen Raums lehrt er die Harmonie der archetypischen Weisheits- und Hingabewege. Sein Schwert der Weisheit zerschneidet erbarmungslos alle emotionalen und begrifflichen Bande, die uns an die begrenzte, kulturgebundene Erfahrung fesseln. Gleichzeitig bleiben unsere Liebe zu Gott und Gottes Liebe zu seinen Kindern für Bawas Weg zentral.

Das mystische Zentrum des Christentums haben wir durch die Briefe des heiligen Paulus erreicht; ein flüchtiger Blick auf das mystische Herz des Islam wird uns gewährt, wenn wir einen langen Brief lesen, den Bawa mir kürzlich aus Sri Lanka schrieb. Wie immer beginnt er mit einem Gebet: »Möge Allah uns beschützen. Möge der eine Gott kommen und uns in seiner Hand halten. Möge er unsere Herzen öffnen und immer in unseren Herzen als der einzige existieren. Amen.« Diese Worte sprechen die höchste Weisheit an, die weiß, daß das Göttliche das einzige ist, daß nur göttlicher Glanz existiert. Und doch ist die Ausdrucksform ein zärtliches, hingebungsvolles Gebet. Dieses feinfühlige Gleichgewicht zwischen Weisheit und Hingabe behält Bawa durchgehend bei. Es folgt ein persönlicher Gruß, der den Segen und den Schutz der göttlichen Macht übermittelt, und zwar nicht nur im übertragenen Sinne, sondern mit der Sicherheit eines Menschen, der die mystische Einheit mit dieser Kraft tatsächlich erlebt. »Möge Allah Dich, Deine Frau, Deine Kinder und all Deine Brüder und Schwestern beschützen. Allah ist die Vollständigkeit, die nicht weniger wird, die Vollkommenheit, die ohne Geburt und Tod und ohne Form existiert, die unendlich ist und nicht zerstört werden kann. Möge Gott als der mächtigste Schatz Dich beschützen, kleiner Bruder, und Dir gnädig sein. Möge er Dir, Deiner Frau und Deinen Kindern seine Worte der Gnade und die Weisheit Jnanas geben.« Jnana ist das Sanskrit-Wort für Gnosis, jenes Wissen, das uns von allen Komplikationen des geschaffenen Universums befreit, indem es unsere Verwandtschaft mit dem formlosen Ursprung der Schöpfung und die intrinsische Transzendenz unserer Seele offenbart. Bawa bewegt sich zwischen den mystischen Terminologien des Tamilischen, des Sanskrits und des Arabischen mühelos hin und her. Bevor er zu einem spirituellen Lehrer wurde, wanderte er jahrzehntelang durch Indien, China und den Mittleren Osten und studierte die religiösen Praktiken dieser Kulturen mit Jnana, der göttlichen lichtvollen Weisheit, für die die göttliche Kraft formlos, transzendent und nicht beschreibbar ist.

Der Brief geht wie folgt weiter: »Möge er, der als Vater der Weisheit in den himmlischen Welten existiert, Dir Weisheit, Jnana, geben, und möge er Dir im Himmel der Weisheit einen Palast der Gnade geben. Möge er Dich schützen. Amen. Dir, Deiner Frau, Deinen Kindern und Gottes Kindern, die mit Dir verbunden sind, sende ich meine Liebe, mein kleiner Bruder. Ich biete Euch allen die Liebe meines Herzens. Ich biete denen, die als das Herz in meinem Herzen existieren, meine Liebe und meine Grüße. Ich biete Dir, meinem kleinen Bruder, der in der Form der Liebe ist, Liebe.« Bawa betrachtet spirituell Suchende als Ausdrucksformen des göttlichen Herzens, das im menschlichen Herzen verborgen ist. Der heilige Paulus lehrt, daß wir Gott an der Bewegung von Gottes Heiligem Geist in uns erkennen. Bawa teilt diese Haltung und erinnert durch seine Worte »Nur Allah kann Allah erkennen« ständig an sie. Und nur Gott sucht Gott. Die spirituelle Sehnsucht, die sich im Menschen ausdrückt, ist nichts anderes als göttliche Kraft, die in sich selbst kreist. Bawas innige Liebe zum Suchenden ist einfach Liebe zu Gott. Bawa hat mit dem heiligen Paulus auch die Lehre von der göttlichen Gnade gemeinsam, die auf dem Weg der Weisheit normalerweise keinen herausragenden Platz einnimmt. Wenn Bawa für einen Palast der Gnade im Himmel der Weisheit betet, weist er darauf hin, daß Gnosis, die befreiende Wahrheit, nicht durch menschliche Anstrengung im Suchenden entsteht, sondern als unschätzbar wertvolles Geschenk vom Göttlichen erhalten wird.

Bawa sagt vom Suchenden, daß er in der Form der Liebe existiert. Er spricht damit den Kern des islamischen mystischen Denkens an. Allah ist zwar vollkommen formlose göttliche Kraft, aber er besitzt dennoch Eigenschaften wie Gerechtigkeit, Mitgefühl, Weisheit und Liebe. Obwohl im Islam die göttliche Kraft nie als menschliche Form gedacht wird, können die Menschen an den göttlichen Eigenschaften voll teilhaben. Das Grundprinzip der Menschheit ist überhaupt nichts anderes als die immer klarere Offenbarung der göttlichen Eigenschaften. Die Weisheit in der menschlichen Weisheit und die Liebe in der menschlichen Liebe sind ganz und gar göttlich. Bawa sieht sich und alle Gottessucher mystisch in der Form der Liebe, das heißt von Gottes Liebe nicht getrennt. Trotzdem leitet er seine Darlegungen oft mit der Bemerkung ein: »Ich bin nicht bedeutender als eine Ameise.« Mit dieser Verwendung des Pronomens »ich« bezieht Bawa sich auf seinen menschlichen Organismus, der einfach eine weitere Dimension des geschaffenen Universums ist und sich von der göttlichen Weisheit und Liebe, die sich in diesem Organismus konzentrieren, unterscheidet. Für Bawa konzentriert die göttliche Kraft sich durch die Welt, aber sie kann nie mit der Welt oder irgendeinem ihrer Geschöpfe identifiziert werden.

Bawa fährt fort: »Kleiner Bruder, seit meiner Rückkehr nach Ceylon hatte ich keine Zeit, Briefe zu schreiben. Es gibt soviel Arbeit in der Welt, soviel Arbeit, die für die Schöpfungen Gottes zu tun ist. Ich muß Krankheiten beenden und Gemüter beruhigen. Dazu muß ich in der Form der Liebe sein. Ich muß ihre Herzen erfrischen und beruhigen und sie glücklich machen. Ich habe keine Zeit, Dir mit einem Kugelschreiber oder einem Bleistift einen Brief zu schreiben. Ich habe Dir einen Brief geschrieben, der wie das Herz in Deinem Herzen war, wie Weisheit in Weisheit, kleiner Bruder. In Deinem reinen Herzen habe ich einen Brief geschrieben; vielleicht kannst Du dies verstehen.« In mehrstündigen kraftvollen

Reden erklärt Bawa die Natur des Universums und die göttliche Kraft und bringt so den erregten Gemütern der Suchenden Frieden. Seine Worte besänftigen Menschen ohne formale Ausbildung genauso wie solche, die jahrelang eine Universität besucht haben.

Bawa arbeitet jeden Tag daran, kranke Körper und Geister zu heilen. Einmal beobachtete ich, wie er eine junge Frau untersuchte, die von Beruhigungsmitteln und Medikamenten abhängig war. Er betrachtete seine eigene Hand. Einer seiner Schüler erzählte mir später, daß er medial aus seiner Handfläche Informationen herausliest, als sei sie ein großer Computer. Bawa sagte dieser jungen Frau: »Ich habe jeden Nerv Ihres Körpers untersucht, und sie sind alle durch diese Drogen heimtückisch zerstört. Sie sind verbrannt worden, als wären sie durch Feuer versengt. Sie haben sechs verschiedene Arten von Drogen genommen. Und Sie haben in bestimmten Teilen Ihres Körpers Schmerzen.« Als er ihr die Einzelheiten nannte, bestätigte sie die Diagnose.

Bawa hat Zugang zu weiteren psychischen oder spirituellen Kräften, die von echten Schamanen in allen Kulturen wohltätig benutzt wurden. Als ich ihn das letztemal sah, sagte er: »Kleiner Bruder, letzte Nacht habe ich dich frühmorgens besucht, als deine ganze Familie schlief.« Ich wunderte mich im stillen, warum Bawa die Mühe auf sich nahm, sein Gewahrsein von Philadelphia nach New York zu projizieren, und er antwortete sofort: »Weißt du, es ist wirklich nicht schwierig. Die ganze Welt ist wie der Kern eines Atoms. Du meinst, sie wäre ein großer Ort. In Wirklichkeit ist sie ganz unbedeutend, wie ein winziges Samenkorn. Es ist nicht schwierig, sich aufzumachen und Leute zu besuchen.« Wir setzen einfach voraus, daß unsere gewöhnliche Erfahrung der zeitlichen und räumlichen Ausdehnung eine zutreffende Wahrnehmung der Wirklichkeit ist, genauso wie wir annehmen, daß Materie fest ist. Mit Hilfe echter Meister des Bewußtseins wie etwa Bawa können wir uns zutreffendere Vorstellungen über die Natur der Energie und des Verstands bilden. Trotz all seiner Kräfte und Einsichten erhebt Bawa nie den Anspruch, vollkommen bzw. erleuchtet zu sein. Er schließt sich selbst immer unter den Gottessuchern ein. So schreibt er: »Kleiner Bruder, Deine Frau, Deine Kinder und ich müssen erkennen, was der Beweggrund für diese Welt ist.« Diese Demut ist nicht rhetorisch, sondern spontan, sie ist Ausdruck der ständigen Verehrung und Kontemplation Allahs als des einzigen Reservoirs für Weisheit und Kraft. Ich habe einmal versucht, Bawa über seinen Zustand der Erleuchtung zu befragen, aber noch bevor ich mit meiner Frage zu Ende war, warf er ein: »Ich weiß es nicht, ich weiß es nicht, ich bin immer noch am Lernen. Ich muß noch viel arbeiten, ich bin immer noch am Studieren.« Er ist ein ewiger Student des Göttlichen, der vom Göttlichen völlig durchströmt wird. Bawas Haltung zum geschaffenen Universum, in dem die transzendente menschliche Seele sich vorübergehend konzentriert hat, ist komplex. Er betrachtet das Reich der physischen und intellektuellen Energie als gefährlich verführerisch und der Natur der Seele, die ein direkt vom Göttlichen ausgehender Strahl ist, als im Grunde fremd. Er erkennt das Universum aber auch als eine Schule an, die vom Göttlichen zur Erziehung der Seele sorgsam entworfen wurde. Im Sinne der ersten Ansicht läßt er durchblicken, daß die Seele ihre Beziehung zu einem ihr fremden Universum auflösen sollte, im Sinne der zweiten, daß die göttliche Weisheit und Kraft durch die Schöpfung herrlich zum Ausdruck kommt und die Seele von der Beobachtung und dem Studium aller Phänomene profitieren kann. Diese beiden Auffassungen widersprechen sich nicht, auch wenn ihr Wechselspiel verwirrend sein mag.

Im Hinblick auf die erste Haltung schreibt Bawa in seinem Brief, daß das, was er die Welt des Intellekts und der Begierde nennt, einem brennenden Wald gleicht, aus dem wir sofort flüchten sollten. »Wenn das, was wir sehen, verändert wird, wenn unsere Hände sich ändern, wenn das, was wir sehen, zerstört wird, wenn wir keine Nahrung mehr haben, dann wird dieser Körper zerstört. Der Schlaf wird weg sein und die Welt zerstört werden. Es ist nicht gut, das Tageslicht in Deinem Herzen zu vergeuden.«

Aufgrund seiner islamischen Ausrichtung denkt Bawa nicht an eine stufenweise spirituelle Entwicklung der Seele durch eine Reihe von Inkarnationen. Er betrachtet die meisten Menschen als Seelen, die sich in dieser Schule der physischen Verkörperung in der ersten und potentiell letzten Inkarnation befinden. Er betont die Befreiung der Seele von der Welt und betrachtet ein einziges Leben als ausreichend, damit die Gnosis, die göttliche lichtvolle Weisheit, die bereits die intrinsische Natur der Seele ist, in ihr erwacht. Bawa akzeptiert den Prozeß der Reinkarnation, weicht aber von der traditionellen Interpretation dieser Lehre ab, wenn er darauf hinweist, daß die Seele in ihrem ersten Leben den unmittelbarsten Zugang zum Göttlichen hat und dieser Zugang im Lauf der nachfolgenden Inkarnationen immer schwieriger wird.

Dies widerspricht der Ansicht der hinduistischen und buddhistischen Weisen. Solche auf Strukturen und Funktionen der relativen Existenz bezüglichen Unstimmigkeiten der erleuchteten Heiligen und Weisen unterschiedlicher Kulturkreise wird es immer geben. Der unvermeidliche Faktor der kulturellen und persönlichen Perspektive macht volle Übereinstimmung über die Natur der irdischen und himmlischen Existenz unmöglich. Aber die Gottheit, die höchste Realität, besitzt ihrem Wesen nach keine Struktur oder Funktion, und auf dieser höchsten Ebene besteht unter den Mystikern

grundsätzliche Übereinstimmung. Bawa erkennt an, daß es auf dieser Ebene nur die formlose Kraft gibt, die er Allah nennt, und daß die Welt als Hohe Schule der Seele nur ein Trugbild, ein Spiel, innerhalb des Göttlichen ist.
Bawa weist darauf hin, daß alle Objekte und Strukturen vom Verstand projiziert werden und nur für den kollektiven Verstand der Menschen existieren. Er betont die wesensmäßige Gleichartigkeit von Wachen und Traum, die nicht nur metaphorisch ist, sondern die grundlegende Natur aller Phänomene als Bewußtsein spiegelt. Der einzige Unterschied besteht darin, daß der Wachzustand einen kollektiven Traum darstellt, der von allen bewußten Wesen immer wieder neu ausgehandelt und vereinbart wird, während der Traumzustand subjektiv jedem individuellen Bewußtseinszentrum eigen ist. Bawa beschreibt diesen subjektiven Traum: »Folgendes müssen wir bedenken und verstehen, kleiner Bruder. Unsere Absichten werden wie Gelübde, unsere Gelübde wie Vorstellungen, unsere Vorstellungen werden wie Schlaf, und unser Schlaf verwandelt sich in Träume. Dies sind die Träume, die in der Zeit der Dunkelheit gesehen werden.« Er dehnt dann seine Analyse des subjektiven Traums auf den Bereich des kollektiven wachen Traums aus: »Begierde wird Lust, Lust zu Wahn, Wahn zu Verstand, der Verstand wird dunkel, Funken kommen als geistige Visionen in die Dunkelheit. Geistige Visionen werden zur Welt, die Welt wird zu Menschen, die Menschen werden zu Akteuren. Der Akt wird zum Leben eines Menschen. Das Leben des Menschen wird zu einem Akt, den er ausführt. Dieser Akt ist der Tagtraum. Dies ist der Traum, der bei Tage gesehen wird.« Schlafender und wachender Traum sind nicht grundsätzlich verschieden; beide sind geistige Projektionen. Und doch rät Bawa uns, den Wachtraum ernst zu nehmen: mit allem Leben achtsam zu sein, alles Leid als unser eigenes zu betrachten und alle Phä-

nomene genau zu beobachten, um sie zu ihrem letzten Ursprung in Allah zurückzuverfolgen. So lernen wir, Eigenschaften Gottes wie etwa Gerechtigkeit, Mitgefühl und Weisheit immer reiner zu manifestieren. Daß wir lernen, für das Göttliche transparent zu werden und die göttlichen Eigenschaften immer klarer zum Ausdruck zu bringen, ist Zweck dieses kollektiven Traums, den wir Universum nennen und der in Wirklichkeit, wie Bawa an anderer Stelle offenbart, Gott ist, der durch uns träumt.

Bawa spricht nun die Gnosis an, die befreiende Einsicht, durch die wir diesen kosmischen Traum durchschauen können: »Dies ist die Welt, kleiner Bruder. Den Zustand dieser Welt müssen wir sehen und mit Weisheit bedenken. Wir müssen ohne Gedanken sehen, ohne Träume, ohne Nacht, ohne Tag, ohne Glück oder Traurigkeit, ohne Form oder Statuen, ohne Ende oder Zerstörung, ohne Beginn oder Geburt, ohne Eigennutz, ohne Stolz, ohne Hunger, ohne Alter, ohne Krankheit, ohne Tod, ohne Zorn, ohne Rauschmittel, ohne Lust, ohne Diebstahl, ohne Lügen, ohne Arroganz, ohne Karma, ohne Illusion, ohne Unwissenheit, ohne Eile, ohne Rasse, ohne Religion, ohne Blutsbande, ohne Mantras, ohne Wunder vorzuführen, ohne Titel, ohne Ruhm.«

Aber die per Verneinung vorgehende Weisheit ist für Bawa nicht, wie in anderen Weisheitslehren, eine völlige Via negationis. Seine Weisheit schließt die positiven Eigenschaften Allahs, etwa Gerechtigkeit und Mitgefühl, nicht aus. Diese wohltätigen Eigenschaften Gottes können in der Sprache der Menschen benannt werden, weil sie von der göttlichen Gnade durch den spirituell erwachten Menschen, der mit Allah dessen Form der Liebe teilt, offenbart und vermittelt wurden. Bawa erklärt: »Der höchste Schatz, Allah, existiert in der Form der reinen Liebe mit dreitausend mitfühlenden und wohltätigen Eigenschaften; er existiert als Liebe in der Liebe und umschließt alles Leben mit Geduld, Zurückhaltung, Zufriedenheit, Hingabe, Toleranz, Friedlichkeit und den Eigenschaften, die als besänftigender Honig der Gnade existieren.« Bawa, der sich in den Zustand der Ekstase begibt, offenbart nun, daß nur Gott und die göttlichen Eigenschaften wirklich existieren, daß sowohl die subjektiven Träume als auch der kosmische Traum letztlich irreal sind und nur als Lehre für die Seele auftreten. »Gott, es gibt niemand anders. Es gibt keinen anderen als ihn. Alles übrige, alle anderen Dinge sind Vorstellungen und Träume. Diese Dinge sind Träume in der Nacht und Träume, die bei Tag gesehen werden. Dies müssen wir bedenken, kleiner Bruder.« Bawa nennt das manifestierte bzw. geträumte Universum Gottes Geschichte. Diese unendlich komplizierte Geschichte existiert für die Geschöpfe, damit sie sie studieren können, aber das letzte Ziel der Untersuchung dieser Traumgeschichte besteht einfach darin, aus ihr zu erwachen, nicht ihre zahllosen Muster und Einzelheiten zu katalogisieren. Bawa beschreibt dieses Erwachen als Rückkehr zu unserer ursprünglichen Form. In seinem Brief schreibt er: »Die Träume, die bei Nacht gesehen werden, und die Träume, die bei Tag gesehen werden, sind die Akteure. Aber irgendwann müssen sie ihr Schauspiel beenden, sie müssen ihre Kostüme ablegen und ihre wahre Form zeigen. Dann werden sie ihre ursprüngliche Form erkennen.« Alle Formen sind Masken Gottes. Alle Geschöpfe sind Ausdruck des reinen Bewußtseins und der reinen Kraft, die Allah ist. Wenn sie ihre Masken abnehmen, erkennen sie ihre ursprüngliche Form, die paradoxerweise weder Form noch Struktur besitzt. Bawa beschreibt unsere Situation als Spiel: »Die irdische Welt ist eine Bühne. Der Verstand des Menschen ist die Welt. Die Begierde und die wirren, diffusen Gedanken sind die Schauspieler. Diese Schauspieler können nur in der Dunkelheit agieren. Wenn wir das Licht anmachen, ist es mit ihrem Glanz, ihren Masken und ihrem Tun vorbei. Kleiner Bruder, wir müssen dieses Licht anmachen. Wir müssen unser Herz anschließen und die Glühbirne hineinstecken, damit wir glänzend werden. Du und ich, kleiner Bruder, und all diese Kinder müssen dies tun und mit dem strahlenden Licht der göttlichen lichtvollen Weisheit sehen. Wo immer Täuschung, Dunkelheit, Zauberei ist, müssen wir das Licht anmachen. Wir brauchen nicht darüber nachzudenken, was vorher geschah, wir müssen verstehen, was jetzt geschieht. Aus alldem ergibt sich eines: Wir müssen unseren Vater erkennen.« Die unendlich verwickelte Geschichte des manifestierten Universums beiseite lassend, müssen wir uns auf seine Essenz konzentrieren, den Glanz Allahs, des göttlichen Vaters. Der gesamte kosmische Traum ist aus diesem Glanz gewoben. Aber in dem für Bibel und Koran charakteristischen maskulinen Bild spricht Bawa immer wieder von Gott als Vater. Allah ist für Bawa keine unpersönliche Realität. Sogar in der höchsten Natur Gottes als reinem Licht und Kraft existieren immer noch die väterlichen bzw. mütterlichen Eigenschaften von Weisheit und Liebe.

Von der Sprache der Weisheit wechselt Bawa nun zur Sprache der Hingabe. »Wir müssen unseren Vater sehen. Er hat uns geschaffen, und er gibt uns Nahrung. Er beschützt uns. Er nährt uns mit dem Honig und der Milch seiner Gnade. Die Erklärung kommt aus seinem heiligen Mund.«

Bawa ist auf dem Weg der Hingabe genauso zu Hause wie auf dem der Weisheit. Er akzeptiert sowohl den väterlichen Schöpfergott als auch den absoluten Glanz, für den es weder Schöpfung noch Zerstörung gibt. Bawa deutet nie an, daß der göttliche Vater, der seine Kinder beschützt und ernährt, weniger erhaben ist als die transzendente Gottheit, die das Spiel der Schöpfung nicht kennt. Er beschwört die mystische Vereinigung, die er mit den Worten den Vater erkennen bzw. zum

Vater zurückkehren beschreibt, mit befreiendem Wissen und ekstatischer Liebe.
Bawa, der wieder zur Sprache der Gnosis zurückkehrt, beschreibt nun den Prozeß, der die Schlacke der relativen Existenz vom Gold des göttlichen Glanzes trennt. »Wir müssen alles mit der Säure der Weisheit reinigen und aussondern. Außer Allah, dem reinen Schatz, wird alles zersetzt werden. Allah ist der einzige Schatz, der nicht zerstört werden kann. Mein lieber kleiner Bruder, der wie ein Edelstein in meinen Augen ist, so ist es. Kümmere Dich nicht darum, wenn alles andere vergeht. Es gibt nur eins. Messing, Kupfer, Nickel und die anderen Legierungen lösen sich auf, und das reine Gold bleibt. Das ist Allah. Wir dürfen nicht an all die anderen Legierungen denken, die wegschmelzen werden. Dieser Schatz, der nicht verbrennen kann, ist das Eine. Alles andere wird vergehen. Dieses Eine wird bleiben, wenn die Säure der Weisheit angewandt wird. Tu es und sieh selbst. Es wird gut sein.«
Bawa weist hier auf die völlige Auflösung des Menschlichen im Göttlichen hin, die höchste spirituelle Hingabe, die Heilige aller Kulturen anstreben. Aber er spricht von diesem gewaltigen, schwierigen Prozeß so einfach und natürlich, daß er sogar dem gewöhnlichen Gottessucher erreichbar erscheint. Hinter dieser ermutigenden Haltung steht Bawas grenzenlose Verehrung jeder menschlichen Seele als Strahl Allahs. Wenn wir rein organische Geschöpfe wären, wäre die Anwendung der Weisheit, die alles Geschaffene zersetzt, unmöglich, aber das, was Bawa die ursprüngliche Geburt des Menschen nennt, transzendiert den Kosmos. Bawa erklärt: »In dieser Welt existieren so viele Millionen Geburten. Aber etwas steht über ihnen allen. Dies ist die wunderschön reine Geburt, die ursprüngliche Geburt des Menschen.« Bawa verwendet den Begriff Mensch als esoterisches Wort für das Göttliche.

Mensch ist nicht eine bestimmte Spezies auf einem bestimmten Planeten, sondern göttliche Kraft, die ihr Bild projiziert. Wo immer dieses Göttliche erscheint, das sich durch den Evolutionsprozeß auf jedem geeigneten Planeten konzentriert, ist das Ergebnis ungeachtet des beteiligten physischen Organismus Mensch in der esoterischen Bedeutung des Begriffes. Bawa bemerkt oft kurz und treffend: »Mensch-Gott, Gott-Mensch« und deutet damit die verborgene wesensmäßige Gleichwertigkeit von Gottheit und Menschheit an, die der der Sonne und ihren Strahlen entspricht. Im Kontext des strengen islamischen Monotheismus wird angenommen, daß Allah ganz anders als die Menschheit ist. Aber die islamische Mystik erhält diese völlige Trennung von Mensch und Gott nicht aufrecht. In der Sufi-Sprache heißt es: Der menschliche Liebende ist vom göttlichen Geliebten auf geheimnisvolle Weise nicht zu trennen. Bawa, der die transzendente Natur des Menschen anspricht, fährt fort: »Verschieden von dieser Geburt des Menschen existieren viele Tiere, Reptilien, Vögel, Insekten, die Sonne, der Mond und die Sterne, Wasser, Feuer, Erde, Luft, Äther, Bäume, Pflanzen. So viele Millionen sind gekommen und geboren worden und leben in dieser Welt, aber die Geburt des Menschen geht darüber hinaus. Alle anderen werden geboren und sich verändern.« Die Vision dieser transzendenten und ewigen Menschheit muß von einem Pantheismus, der den Menschen als göttlich betrachtet, klar unterschieden werden. Bawa lehrt, daß keine Form göttlich sein kann, denn Allah hat keine Form.

Die menschliche Vorstellungskraft neigt dazu, die natürliche Ordnung des Seins zu romantisieren, während der mystische Pfad der Transzendenz diese Tendenz umkehrt und auf die kritische Ablösung vom geschaffenen Universum Wert legt. Obwohl Bawa unterstreicht, daß letztendlich nur Allah existiert, sagt er, es sei falsch, die Welt und ihre Geschöpfe als göttlich zu verehren. Ramakrishna erzählt ein vielsagendes Gleichnis über die paradoxe Beziehung zwischen dem Pfad der Transzendenz und der mystischen Erfahrung der göttlichen Allgegenwart. Wenn wir die Stufen zu einem Dach hinaufsteigen, denken wir bei jeder Stufe: »Das ist nicht das Dach«, aber wenn wir schließlich das Dach erreichen, entdecken wir, daß es aus demselben Material besteht wie die Stufen. Wenn wir jedoch jede Stufe schon für das Dach gehalten hätten, hätten wir das Dach vielleicht nie erreicht. Sobald wir das Dach, die mystische Vereinigung, erreichen, erkennen wir alle Dimensionen des geschaffenen Universums, die Stufen, als Ausdrucksformen derselben göttlichen Kraft. Wir wissen dann, daß nur das Göttliche existiert, daß nur Allah Allah erkennen kann. Aber wir dürfen nie ein Gefangener der Schönheit, der scheinbaren Vollkommenheit, irgendeiner Stufe des Aufstiegs sein.

Bawa erklärt: »Das als Mensch geborene Eine muß erkennen, wer Es ist. Erde, Feuer, Luft, Wasser, Äther und ihre verschiedenen Aspekte müssen gesehen und erkannt werden. Dann ist das Licht der Seele da. Gib alles andere auf und sieh es.« Die deutliche Unterscheidung zwischen der Seele einerseits und den physischen, biologischen und psychologischen Reichen andererseits hat Bawa mit bestimmten indischen Philosophen gemeinsam. Diese unterscheiden ganz klar zwischen dem Prinzip des Bewußtseins, der Seele bzw. Purusha, und dem materiellen Prinzip, Prakriti, den Manifestationen der Natur, die Bawa als Erde, Feuer, Luft, Wasser, Äther und ihre zahllosen Vereinigungen identifiziert. Für diese dualistischen indischen Metaphysiker besteht zwischen der Seele, dem reinen Bewußtsein, und der Natur, die einfach Materie in Bewegung ist, kein Zusammenhang. Die Sinneswahrnehmungen und das mit den Sinnen verbundene Denken betrachten sie lediglich als Prozeß subtiler materieller Veränderungen, nicht als

Funktion von Purusha. Bawa jedoch wandelt diesen starken Dualismus durch seine höchste Einsicht, daß nur die göttliche Kraft existiert. Aus seiner Sicht wird das Spiel der fünf Elemente zu Gottes Traum oder Geschichte und nicht zu der unabhängigen Aktivität irgendeines vom Göttlichen getrennten oder ihm entgegenstehenden materiellen Prinzips.

Trotzdem ist Bawa im Hinblick auf die geheime Lehre, daß nur Allah existiert, zurückhaltend. Ich fragte ihn einmal, wie die fünf Elemente etwas anderes als die Kraft und der Glanz Allahs sein könnten, der alles umfaßt. Bawa vermied eine direkte Antwort und zog es vor, daß ich die Auflösung des Rätsels – daß nämlich nur Allah existiert – selbst erlebte. Der Grund für diese Zurückhaltung wird durch Ramakrishnas Gleichnis von den Stufen klar. Für das spirituelle Wachstum ist es wenig förderlich, auf einer niedrigeren Stufe zu bleiben und darüber zu spekulieren, ob das Dach Ausdruck derselben göttlichen Kraft wie die Stufen ist. Wir müssen die Kraft und die Disziplin aufbringen, die Stufen tatsächlich hinaufzugehen, das Dach zu erreichen und schließlich für uns zu verstehen, daß nur das Göttliche als Immanenz und Transzendenz existiert, als Stufen und Dach. Bawa und andere erleuchtete Lehrer verwenden die Via negationis »Dies ist nicht Gott, das ist nicht Gott« einfach als effektives Mittel, um unserer spirituellen Praxis eine transzendente Richtung, einen transzendenten Impuls zu geben. Sie wissen, daß letztendlich nur Gott existiert.

Wir müssen jedoch daran denken, daß Bawas Lehre keine abstrakte Metaphysik ist, die die irdische Realität irgendwie ignoriert. Er lehnt den göttlichen Traum, der als das materielle Universum in Bewegung erscheint, nicht ab. Seinen spirituellen Schülern rät er, jedes Phänomen sehr sorgfältig und genau zu beobachten. Er selbst wurde während der langen Jahre der Abgeschiedenheit in den Dschungeln Ceylons zu einem

Kräuterheilkundigen und wendet in allen Dingen die Haltung eines wissenschaftlichen Forschers an. Seine schonungslos beobachtende und analysierende Haltung befähigte ihn, durch die Phänomene und traditionelle religiöse Formen in den offenen Raum der Erleuchtung einzudringen. Die intensiv lebendige Beobachtung und Erforschung offenbart sich schließlich als das, was Bawa göttliche lichtvolle Weisheit nennt, die Urnatur Gottes und des Menschen.

Der Brief geht weiter: »Der Schatz, der von Allah gekommen ist, ist die Seele, der Strahl. Dies ist das Licht. Wenn Du dieses Licht entdeckst und verfolgst, gehen die von ihm kommenden Strahlen in diesem Schatz auf. Dieses Licht ist der Mensch. Es ist nicht sein Körper. Dies ist der Schatz, den wir erhalten sollen.« Dieses Zurückverfolgen des Strahls, der unser urinnerstes Gewahrsein, unsere Seele, ist, zu seinem Ursprung im höchsten Bewußtsein, Allah, ist für Bawa ein Prozeß von Liebe und Weisheit zugleich. Er betrachtet die Rückkehr in die Transzendenz entlang dem Strahl der Seele als die Essenz jeder Verehrung und Kontemplation. Einer rituellen Verehrung oder Meditationstechnik, die diese Essenz aus den Augen verloren hat, steht er kritisch gegenüber. Die Tendenz religiöser Traditionen, die Anbetung und Kontemplation des transzendenten Göttlichen durch die Verehrung von Autoritätssymbolen zu ersetzen, seien es Personen oder Lehren, betrachtet er mit äußerster Skepsis. Er nennt dies »zum Sklaven anderer werden«.

In diesem kritischen Ton fährt er fort: »Wir müssen dies verstehen, kleiner Bruder, dieses ganze Zum-Sklaven-anderer-Werden, dieses ganze Suchen und Rennen. Der Körper singt und tanzt und wird zum Sklaven anderer, aber wir dürfen nur zu Allah beten. Für die Meditation gibt es keine Mantras, keine Tricks, keine Zauberei, keine Religionen, keine Glaubensbekenntnisse. Gott muß Gott verehren. Die

Seele muß die Seele verehren. Für die Meditation gibt es nur eins.«

Es ist nicht notwendig, auf der Suche nach Gott herumzurennen und sich an Religionen oder Glaubensbekenntnisse zu klammern, denn der göttliche Glanz kann durch begrenzte Formen der Verehrung nicht umschlossen werden. Nur das Göttliche kann das Göttliche wirklich verehren, indem es die menschliche Seele als Ausdrucksmittel benutzt. Bawa unterstützt keine konventionelle Praxis irgendeiner religiösen Tradition. Obwohl seine geistigen Bilder und sein Zugang dem Islam entstammen, erklärt er unermüdlich, daß Allah die formlose Kraft ist, die im offenen Raum jenseits aller Religionen weilt. Wie jedes echt erleuchtete Wesen ist Bawa religiös oder kulturell nicht festzulegen. Er hat keine Rolle. Er ist einfach Gott, der Gott verehrt.

Bawa fährt fort: »Jene Menschen, die Rassisten sind, jene, die Verbindungen zu Religionen haben, die Menschen, die durch Blutsbande und Verwandtschaft gefesselt sind, sind die, die zum Friedhof getragen werden. Dies ist die Welt, kleiner Bruder. Allah ist eins. Er hat keinen Körper, keinen Tod, keine Geburt, keinen Anfang, kein Ende, keinen Wunsch, keine Form, keinen Status. Er ist nicht das Licht, wie wir es sehen. Er ist nicht die Sonne, der Mond, die Sterne, das Feuer oder das Funkeln. Er ist immer rein. Er ist allgegenwärtige Vollkommenheit. Er existiert als das Atom im Atom, als das Herz im Herzen, als Weisheit in der Weisheit.« Worte wie »das Atom im Atom« weisen auf die Allgegenwart des Göttlichen hin, während sie gleichzeitig die Identifikation des Göttlichen mit der begrenzten Existenz vermeiden. Die menschliche Intelligenz zum Beispiel ist eine Widerspiegelung des Göttlichen in der begrenzten Welt des Verstands und der Begierde, aber die Essenz dieser Intelligenz, »die Intelligenz in der Intelligenz«, wie Bawa sagen würde, ist das göttliche Bewußtsein, das dieses Universum aus sich herausprojiziert. Das Herz in unserem menschlichen Herzen ist Gottes unendliche Liebe, das Atom im physischen Atom ist die ewige göttliche Kraft. Das Traum in unseren unendlich verschiedenen Träumen ist Gottes Traum.

Aber diese Geschichte, dieser Traum, ist unser Pfad zum Ursprung, dem Glanz Allahs. Wenn wir auf diesem Pfad vorankommen, hören wir göttliche Resonanz. Der Sufi-Übende kann diesen göttlichen Urlaut durch die feine, heilige Schwingung des arabischen Worts Allah-Hu erfahren, aber seinem Wesen nach ist er jenseits von Sprache und Kultur. Bawa fährt fort: »Allah ist das Herz im Herzen, die Weisheit in der Weisheit. Das Licht Allahs ist die höchste Reinheit. Und Allah-Hu ist die Resonanz Allahs. Dies, kleiner Bruder, ist unser wertvollster und vollkommenster Schatz. Was wir in unserer Weisheit erkennen müssen, ist diese Resonanz.« Das ständige Gewahrsein dieses mystischen Lauts ist die kontemplative Praxis, in die Bawa seine spirituellen Kinder einweiht. Er betrachtet dies nicht als Meditationstechnik, wie etwa die Wiederholung eines Mantras, sondern als Lauschen auf die Resonanz Gottes, die immer da ist. Da Allah-Hu im Arabischen die Bedeutung »Nur Allah« angenommen hat, beschwört es die höchste Einsicht, daß nur das Göttliche existiert. Auf das Allah-Hu stimmt man sich Tag und Nacht mit jedem Atemzug ein, bis das Atmen nicht nur zu einer natürlichen Erinnerung an Allah, sondern zu einer bewußten Emanation der göttlichen Gegenwart wird. Bawa rät seinen Schülern nicht, sich täglich bestimmte Zeit zum Meditieren zurückzuziehen: Der Atem in jedem Atemzug ist die Resonanz Gottes. Wir müssen Allah-Hu eher entdecken als praktizieren. Wer anders als Gott ist da, um zu kontemplieren, daß nur Gott existiert? Mit Bawas Worten: »Es ist Allah, der Allah verehren muß.«

Bawa empfiehlt uns, unseren Atem mit diesem heiligen Atem zu vereinigen, unser gesamtes Denken in ihm zu verankern und »an nichts anderes zu denken«. In seinem Brief schreibt er weiter: »Kleiner Bruder, Du und ich, Deine Frau, Deine Kinder, all Deine Brüder und Schwestern müssen diesen Schatz suchen und mit ihm verschmelzen. Wir dürfen an nichts anderes denken. Allah ist der einzige. Seine Gnade ist immer in unseren Herzen. Mögen wir ihn allein akzeptieren und erkennen. Mögen wir ihn akzeptieren und aufnehmen. Alles Lob und alle Liebe gehören Allah. Allah ist der einzige. Alle Pracht gehört ihm. Er ist das Geheimnis in unserem Leben.« Allah verwirklicht sich innerhalb der Illusion der Manifestation im verborgenen, aber vollständig durch die Menschen, um ständig zu sich zurückzukehren. Diese mystische Rückkehr ist nicht unser persönlicher Kampf, sondern einfach Gottes Meditation, der als manifestiertes Sein ausatmet und als Pfad der Liebe und Weisheit einatmet. Dies ist das unendliche Spiel der göttlichen Kraft, die Resonanz von Allah-Hu, »Nur Gott«.

Wenn wir uns auf die befreiende Erfahrung des »Nur Gott« zubewegen, muß jedoch unsere realistische und kritische Einschätzung des menschlichen Dilemmas erhalten bleiben, die Einsicht in die Absurdität und den Egoismus des konventionellen Lebens in dem, was Bawa scherzhaft die A-, B-, C- und D-Welt nennt. In weniger humorvollen Stimmungen bezeichnet Bawa die menschliche Rücksichtslosigkeit und Täuschung als Reiche von Hölle und Sünde, die er im Kontext des irdischen Lebens genauso sieht wie auf subtileren Existenzebenen, auf denen die Kraft der Psyche durch das Entfallen der physikalischen Begrenzungen verstärkt wird. Daß etwa die Folter und das Leid des Kriegs im Namen politischer oder religiöser Systeme begangen werden können, die auf ökonomischem Interesse oder dem Willen zur Macht gründen, bestätigt die sündige Natur dessen, was Bawa Verstand und Begierde nennt. In Kriegszeiten finden sich jedoch auch verstärkt Äußerungen der Aufopferung, der Zärtlichkeit, der Loyalität. Sie spiegeln die göttliche Liebe und Weisheit wider, die durch den Menschen gebündelt werden. Bawa meint, die Sünde sei kein intrinsischer Bestandteil unserer Natur, weil wir im Grunde Ausdrucksformen göttlicher Eigenschaften sind. Aber um uns auf unsere Seele einzustimmen, die ein Strahl Allahs ist, müssen wir die sündige und daher höllische Dimension der persönlichen und kollektiven Erfahrung bewußt ablegen.

Bawa schreibt: »Kleiner Bruder, wir alle müssen diesen Körper der Hölle, der als Sünde existiert, ablegen, wir müssen diese Geburt der Hölle, die als Sünde existiert, ablegen. Wir müssen den strahlenden Körper der Gnade erhalten, wir müssen die Schönheit des Lichts erhalten. Wir müssen die Liebe, das Mitgefühl und die Gnade erhalten, die zum Vater der göttlichen Weisheit gehören. Möge er uns in seine Hand nehmen und uns umarmen. Möge er uns mit seiner Milch der Gnade nähren, mit seinem Honig der Gnade.«

Die göttliche Gnade ist das Geheimnis des spirituellen Erwachens. Da das Reich der Sünde durch das fanatische menschliche Streben hervorgebracht wird, alles Gewünschte zu erreichen, kann weiteres Streben, auch wenn es im Namen der Religion geschieht, uns nicht von der Sünde befreien. Die Gnade wird als Geschenk empfunden, weil sie ungeachtet unseres Bemühens, zu begreifen oder zu kontrollieren, schon da ist, wenn wir uns unserer intrinsischen Natur, der Seele, zuwenden. Gnade ist die spontane Beteuerung, daß nur Gott, die Resonanz von Allah-Hu, existiert. Diese primäre Beteuerung, diese göttliche Resonanz, ist unsere Seele. Erleuchtung ist das Erwachen zu unserer intrinsischen Natur, der Seele, und dies kann nur durch die Gnade geschehen. Es gibt nichts

was wir tun könnten, denn außerhalb des Göttlichen gibt es weder »wir« noch »tun«. Nicht wir überantworten uns Allah, sondern wir werden von Allah Allah dargeboten. Echtes spirituelles Leben ist einfach das Spiel des Göttlichen mit sich selbst und nicht ein Prozeß des menschlichen Zugangs zum Göttlichen. Für Bawa kann keine Religion den Zugang zum Göttlichen verschaffen. Gott wird nie auf dem religiösen Marktplatz ge- oder verkauft. Letztendlich gibt es keinen Zugang zum Göttlichen, denn es gibt keine vom Göttlichen abgesonderte reale Existenz, die diesen Zugang suchen könnte, und das Göttliche braucht keinen Zugang zu sich selbst.
Bawa erklärt: »Er ist der einzige. Wir können ihm nichts geben, denn er ist der einzige. Er ist der, der gibt. Gott ist nicht jemand, der unsere Dinge akzeptiert oder mag. Er ist der Eine, der freigebig ist. Er gibt alles. Er ist der Herrscher über unermeßliche Gnade. Diese Macht hat keine Besitztümer. Er existiert als sein eigener Besitz. Seine Geschichte kann durch all seine Schöpfungen erfahren werden. Seine Schöpfungen tragen seine Geschichte in sich. Das müssen wir wissen und verstehen. Der Ort, in dem dies verstanden wird, wird Mensch genannt.« Wir müssen die Essenz von Gottes Geschichte verstehen, nicht ihre zahllosen Einzelheiten. Und die Essenz ist, daß nur das Göttliche existiert. Bawa nennt dies Wahrheit. »Es gibt eine Wahrheit, die wir in unserem Leben wissen müssen. Diese eine Wahrheit vermindert sich nicht, sie ist unvergleichlich, unzerstörbar, ohne Anfang, ohne Ende, ohne Leid. Sie ist die vollkommene Reinheit, die in jedem Augenblick existiert.«
Kein Begriff, keine Lehre kann diese Wahrheit erreichen. Grundlegend für Bawas Lehre ist, daß der menschliche Verstand Allah nicht ausdrücken kann. Trotzdem drückt Allah sich durch die menschliche Seele aus, die ein Strahl seiner Kraft ist. Dies ist das Spiel des Göttlichen mit sich selbst, nicht

ein von Verstand und Begierde – die Bawa Maya, Trugbilder, nennt – entworfenes religiöses Spiel. In seinem Brief schreibt er: »Allah kann mit seiner Kraft erreicht werden, und diese Kraft existiert als Punkt im Herzen des Menschen. Dort ist eine Kirche, ein Tempel. Diese Kraft, in der Gott existiert, ist sein Tempel. Dieser Tempel kann nicht mit irgendeinem Meßgerät gefunden werden. Er kann nicht mit etwas gefunden werden, das eine Beziehung zur Erde hat. Er kann mit keiner der vier Billiarden magnetischer Kräfte des Magneten der Maya aufgenommen oder gefunden werden. Er kann nicht gesehen werden. Er ist der Schatz, der Verstand und Begierde transzendiert und jenseits von ihnen bleibt. Gott hat diesen Tempel mit seiner Gnade erbaut. Als Gott erschuf, setzte er einen Tempel in jedes Herz, in dem er verehrt und angebetet werden kann. Er hat diese Moschee im Herzen des Menschen erbaut. Sie wurde nicht mit Erde erbaut. Sie wurde mit nichts erbaut, das mit der Erde verbunden ist. Dies ist der Tempel, in dem seine Gegenwart gefunden werden und in dem Allah angebetet werden kann.« Weil die göttliche Kraft keine Verbindungen hat, hinterläßt sie keine Spuren. Die verschiedenen Konzentrationstechniken und die durch sie hervorgerufenen psychischen Erfahrungen können diese Kraft weder aufnehmen noch einschalten, sondern nehmen nur das Echo oder Widerspiegelungen der göttlichen Kraft im komplexen Bereich des Verstandes und der Begierde wahr. Erleuchtung ist einfach jene Kraft und nicht ein ritueller Versuch, sie aufzunehmen, zu organisieren und für den menschlichen Gebrauch bereitzustellen. Diese Kraft ist die spontane Gnade des Allah-Hu, die ekstatische, direkt von Gott ausgehende Beteuerung, daß nur Allah existiert. Der Mensch, die Seele, ist die Bestätigung, daß nur Gott existiert. Bawa offenbart unermüdlich die Wahrheit, daß nur Allah existiert, daß nur Allah Allah durch seinen Traum bzw. seine

Geschichte verehrt, die wir als Universum erleben. »Für einen Armen ist Allah ein Armer. Für einen reichen Mann ist er ein reicher Mann. Für einen gelehrten Mann ist er ein gelehrter Mann. Für einen König ist er ein König. Für einen Dichter ist er ein Dichter. Für einen Wissenden der Wahrheit ist er ein Wissender der Wahrheit. Allah verehrt die, die ihn verehren.« Allah ist das innere Zentrum aller Wesen: Er ist der reiche Mann im reichen Mann, der Arme im Armen, die göttliche Kraft hinter allen Masken. Daß Allah die verehrt, die ihn verehren, weist darauf hin, daß die Verehrer des Göttlichen selbst das Göttliche sind, denn Allah verehrt nur Allah. Bawa glaubt, daß Suchende im Grunde Ausdrucksformen des Göttlichen sind. Wenn Bawa nach jedem Vortrag jeden Suchenden zärtlich umarmt, ist es nur Gott, der Gott umarmt. Die Umarmung ist die Bestätigung, daß nur Gott existiert.

Bawas langer Brief endet mit einem Segen, durch den er alle umarmt, die jetzt seine Worte lesen; er erfleht für uns das, was er den direkten Pfad nennt, der offenbart, daß unser Leben die Verehrung Allahs durch Allah ist. »Kleiner Bruder, ich verstehe Deine Liebe, Dein Herz, Deine Weisheit, Deine Anstrengungen und Deinen Glauben an Gott. Möge Allah Dir, Deiner Frau und Deinen Kindern die höchste Gnade geben. Möge er Dir seinen Reichtum der Gnade und seine Vollkommenheit geben. Amen. Möge er die Herzen aller Kinder öffnen, die mit uns verbunden sind. Möge er ihnen allen den direkten Pfad zeigen. Möge er jeden ans Ufer führen und ihnen allen sein Licht der Gnade geben. Amen.« Wenn wir diesem direkten Pfad folgen, entdecken wir, daß wir Allah in der Form der Liebe sind. Wie Bawa, der ekstatisch betet: »O Einer, der in der Form der Liebe ist! O unsere eigene Form der Liebe! Halte uns in deiner Liebe, gib uns deine Gnade und beschütze uns alle. Amen. Ya Rabeel Alameen.«

KAPITEL IX

Ein Gespräch mit einem alten chinesischen Weisen

Der Orakeltext des I Ging

Das *Buch der Wandlungen*[1] ist ein chinesischer Orakeltext, der sich bei respektvoller Konsultation als sensibel reagierender spiritueller Freund erweist. Ich kam diesem Freund näher, indem ich das traditionelle Münzritual ausführte und Fragen über den Vorgang der Erleuchtung stellte. Die Antworten des Orakels vereinen den konfuzianischen Sinn für Gleichgewicht mit der taoistischen Wertschätzung des Fließens. Die Aufzeichnung der Ergebnisse soll nicht nur die beispiellose Hingabe und Weisheit der chinesischen Kultur zeigen, sondern auch eine echte Offenbarungserfahrung vorstellen, in der das Medium des Orakels zum spirituellen Führer wurde.

Die in den Hexagrammen, den vierundsechzig Grundkonfigurationen, des *Buchs der Wandlungen* vorgefundenen Pole der Lebensenergie sind Yin und Yang. Wir studieren hier nicht die statistischen Möglichkeiten, drei Münzen sechsmal hochzuwerfen. Vielmehr werden durch dieses Ritual der Weissagung, das sich auf Wandlung konzentriert, archetypische symbolische Muster offenbart. Der alte chinesische Weise Laotse nannte seine eigene spirituelle Erfahrung von Yin und Yang, den polaren Energien der Veränderung, eine »Rei-

1 Vgl. *I Ging. Text und Materialien,* übersetzt von Richard Wilhelm, Köln [13]1986 (Anm. d. Ü.).

se zum Anfang des Lebens.« Die Tradition schreibt dem taoistischen Meister die folgenden Worte zu: »Ich sah Yin, die weibliche Energie, in ihrer bewegungslosen Erhabenheit. Ich sah Yang, die männliche Energie, in ihrer feurigen Kraft gegründet. Die bewegungslose Erhabenheit kam über die Erde, die feurige Kraft brach im Himmel aus, die zwei durchdrangen einander, wurden unentwirrbar vermischt, und aus ihrer Vereinigung entstanden die Dinge der Welt.« Wenn wir das *Buch der Wandlungen* zu Rate ziehen, sollten wir wie der ehrwürdige Laotse daran denken, daß wir zum Anfang des Lebens reisen und daß das Medium des Orakels uns befähigt, das Universum an seinem Ursprung, dem Tao, zu beobachten und zu verstehen. Diese Reise ist der Prozeß der Erleuchtung, wie er sich in der chinesischen spirituellen Kultur ausdrückt: Das Yin repräsentiert die taoistische Wertschätzung des formlosen Lebensflusses, des Yang das konfuzianische Interesse am empfindlichen Gleichgewicht der menschlichen Gesellschaft.

Als erstes fragte ich das Orakel, ob zwischen den verschiedenen Hingabe- und Weisheitspfaden Harmonie besteht. Kann spirituelles Leben als eine globale Symphonie verstanden werden, die zahllose kulturelle Instrumente vereint? Das Orakel antwortete mit Hexagramm 24: Wiederkehr bzw. Wendezeit. Der alte Kommentar interpretiert das Muster dieses Hexagramms wie folgt: »Die Wendezeit wird dadurch angedeutet, daß, nachdem die dunklen Linien die lichten alle nach oben hinausgedrängt haben, nun wieder ein lichter Strich von unten her in das Zeichen eintritt. Die Zeit des Dunkels ist vorüber.« Mit der Zeit des Dunkels ist die gespannte, von Widersprüchen bestimmte Atmosphäre gemeint, die aufgrund der kulturellen Unterschiedlichkeit zwischen den religiösen Praktiken und Vorstellungen besteht. Jetzt befinden wir uns in einer Wendezeit, in der die Harmo-

nie aller Wege zur Erleuchtung als grundlegendes Prinzip des kulturellen Ausdrucks und des persönlichen spirituellen Wachstums akzeptiert zu werden beginnt. Das Urteil des Orakels lautet: »Wiederkehr. Gelingen.« Dies ist die Rückkehr zur ursprünglichen Harmonie am Anfang des Lebens, die Heimkehr zur urinnersten Dimension, in der es Zersplitterung und Entfremdung nicht gibt. Die ursprüngliche Harmonie ist in jeder heiligen Tradition und in jeder Epoche erreichbar, aber wenn wir wissen, daß wir eine einzige irdische Zivilisation sind und ein globales Gewahrsein besitzen, das Erleuchtung ist, wird sie als besonders zugänglich empfunden.
Das Orakel fährt fort: »Ausgang und Eingang ohne Fehl. Freunde kommen ohne Makel. Hin und her geht der Weg.« Dies weist auf eine Atmosphäre hin, in der nicht geurteilt wird. Jeder Weg ist der Weg zur Erleuchtung. Die taoistische Erfahrung intuitiver Freundschaft mit der Natur weitet sich zur Freundschaft mit allen Sprachen und Bildern der spirituellen Suche. Der Kommentar sagt: »Es gibt Bewegung. Diese Bewegung ist aber nicht erzwungen.« Die Stimmung der Harmonie erzeugt eine spontane spirituelle Bewegung. In der Zeit des Dunkels, wenn verschiedene Hingabe- und Verständnisformen in Spannung und Konflikt nebeneinander bestehen, wird Gewalt auf die Menschen ausgeübt, damit sie unter Ausschluß aller übrigen Pfade einem bestimmten Ritual, einer Lehre folgen. Da ist zum Beispiel die spirituelle Gewalt, die von übernatürlichen Mächten und Ereignissen ausgeübt wird, die psychische Gewalt, die durch einzelne starke Persönlichkeiten oder den Gruppendruck erzeugt wird, und die politische Gewalt, mit der Regierungen den Menschen in ihrem Herrschaftsbereich Weltanschauungen aufzwingen. Im Gegensatz dazu wird der Anbruch der Harmonie nicht erzwungen. Die Stimmung der Harmonie möch-

te niemanden einschränken. Jeder kann auf seinem eigenen Weg heimkehren, und diese ineinander verwobenen Wege werden jetzt als komplementär erkannt.
Der Kommentar zum Orakel fährt fort: »Das obere Zeichen Kun hat als Charakter die Hingebung. Es ist also eine natürliche Bewegung, die sich von selbst ergibt.« Hingebung, Liebe und intuitive Sympathie kennzeichnen die beginnende Harmonie der spirituellen Pfade. Das Schwert des befreienden Wissens durchschneidet den Knoten der Verwirrung in bezug auf die verschiedenen religiösen Sekten und bringt Lehren und Rituale in der Vision der höchsten Realität zum Verschwinden. Aber die Überwindung der Spannung und die Harmonisierung der verschiedenen Pfade kann nicht durch Gewalt bewerkstelligt werden, noch nicht einmal durch die subtile Gewalt des befreienden Wissens. Das Orakel empfiehlt die spirituelle Gewaltlosigkeit des taoistischen Weges, der mit allen Formen des Lebens Freundschaft schließt, im fruchtbaren Boden der Hingebung gründet und liebevoll nährt, anstatt zu beherrschen. Denn alle Wesen wachsen auf demselben Boden; sie sind voneinander verschieden wie Kräuter, Gemüse und Blumen und doch im Grunde in Harmonie. Aber diese Haltung der Sympathie und der Liebe ist von einer Klarheit gekennzeichnet, die die kulturgebundenen, oft mit religiöser Hingabe verbundenen Emotionen nicht kennt. Die blinde Hingabe an bestimmte Rituale oder Lehren ist Ursache des Konflikts der Sekten, die Zeit des Dunkels, die durch die Rückkehr zur ursprünglichen Harmonie verbannt wird. Das Orakel beschreibt, wie diese Vision sich im Praktischen manifestieren kann: »Vereinigungen von Gleichgesinnten bilden sich. Aber dieser Zusammenschluß vollzieht sich in voller Öffentlichkeit, er entspricht der Zeit, und darum ist jedes egoistische Sonderbestreben ausgeschlossen, und aus diesen Vereinigungen ergibt sich kein Fehler.« Dieses Bild enthält

echte spirituelle Vielfalt. Harmonie kann nie beinhalten, daß die Einzelnoten, aus denen sie besteht, unterdrückt werden. Der Stil jeder heiligen Tradition bleibt klar und stark, und doch entfallen alle Trennungstendenzen.

Aus taoistischer Sicht besteht diese Harmonie der verschiedenen Seinsweisen bereits von Natur aus. Wir müssen zum natürlichen Gleichgewicht zurückkehren und alle Wege als Rückkehr zum Ursprung erkennen. Das Orakel fährt fort: »Die Wiederkehr ist im Naturlauf begründet. Die Bewegung ist kreisförmig. Der Weg ist in sich geschlossen. Darum braucht man nichts künstlich zu überstürzen. Es kommt alles von selber, wie es an der Zeit ist. Das ist der Sinn von Himmel und Erde.« Echte spirituelle Reifung geschieht von selbst. Die taoistische Gewaltlosigkeit beinhaltet die Abwesenheit des Bemühens. Es ist nicht notwendig, auf uns oder andere Druck auszuüben, denn die Rückkehr zur ursprünglichen Harmonie, die Erleuchtung, kommt »von selber, wie es an der Zeit ist«. Die dieser Rückkehr angemessene meditative Stimmung läßt sich eher als eine Form der Ruhe denn als Bemühen beschreiben. »Die Bewegung ist in ihren ersten Anfängen. Darum muß man sie durch Ruhe kräftigen, damit sie nicht durch vorzeitigen Verbrauch sich verläuft.« Bestimmt religiöse oder esoterische Übungen werden nicht mehr als direkte Ursache spirituellen Wachstums betrachtet. Die kontemplative Stimmung des Ausruhens vom Bemühen unterstützt lediglich die Rückkehr zur Harmonie, die natürlich und unvermeidlich geschieht. Das Orakel sagt: »Die wiederkehrende Gesundheit nach einer Krankheit, die wiederkehrende Verständigung nach einer Entzweiung: alles muß im ersten Anfang zart und schonend behandelt werden, damit die Wiederkehr zur Blüte führt.« Diese Zartheit repräsentiert die taoistische Abwesenheit von Bemühen und Gewalt, die dem neuen Erwachen, der Wendezeit, angemessen ist.

Das Orakel warnt vor einer speziellen Gefahr auf diesem Weg zur Harmonie. Im Kommentar heißt es: »Es gibt Menschen von einer gewissen inneren Unbeständigkeit. Für sie ist fortwährend Umkehr der Willensrichtung nötig. In diesem fortwährenden Abwenden vom Guten aus unbeherrschter Neigung und Wiederzuwenden aus besserem Entschluß liegt eine Gefahr.« Ein unreifer Mangel an Entschlossenheit und Disziplin zeigt sich oft daran, daß mit einer spirituellen Praxis nach der anderen experimentiert wird. Die Harmonie aller Pfade befreit uns nicht von der Verantwortung, uns zu binden, obwohl diese Bindung anderes nicht mehr auszuschließen oder zu beurteilen braucht. Das Orakel zeigt keine Strenge in bezug auf die Neigung, in verschiedene Richtungen zu gehen: »Aber da auf diese Weise eine Verfestigung im Bösen doch auch nicht eintritt, ist die allgemeine Richtung auf Ablegung des Fehlers nicht ausgeschlossen.«

Die Freiheit des Experimentierens mit verschiedenen religiösen Übungen und Sprachen ist für die Stimmung der Harmonie zentral, obwohl solche Experimente von einem authentischen spirituellen Leben ablenken können. Aber die anfängliche Verwirrung, die sich aus vielen Bindungen ergeben kann, erscheint nicht gefährlicher als die fanatische oder enge Bindung an eine einzige religiöse Tradition. Das Orakel bringt diese Haltung der Freiheit wie folgt zum Ausdruck: »Mehrfache Wiederkehr. Gefahr. Kein Makel.«

Das rituelle Werfen der Münzen verweist oft auf ein zweites Hexagramm, das die Bewegungsrichtung oder die Entwicklung anzeigt. Auf meine erste Frage antwortete das Orakel mit Wendezeit bzw. Wiederkehr. Wir sollen in die natürliche, ursprüngliche Harmonie zurückkehren, die immer ist. Die weitere Entwicklungsrichtung wurde durch Hexagramm 63 angezeigt: Nach der Vollendung. Vollendung kann in diesem Zusammenhang als Erleuchtung verstanden werden, die Einsicht, die tatsächlich in allen Situationen die ursprüngliche Harmonie erkennt. Der Kommentar zum Orakel beschreibt dieses Erleuchtung mit dem konfuzianischen Ideal des Gleichgewichts bzw. der Ordnung: »Das Zeichen ist die Ausgestaltung des Zeichens Tai, der Friede (Nr. 11). Der Übergang aus der Verwirrung zur Ordnung ist vollzogen, und nun ist auch im einzelnen alles auf seinem Platz.« Die durch das Akzeptieren aller Wege als Tao respektive wahrer Weg hervorgerufene Verwirrung entwickelt sich allmählich in das beständige Gefühl des Gleichgewichts hinein, das Erleuchtung ist.

Die anfängliche Erleuchtung birgt jedoch weitere spirituelle Gefahren, deren der Übende sich deutlich bewußt sein muß. Die chinesische Kultur ist auf die in jeder Situation gegebenen Möglichkeiten der Veränderung und Verwandlung intuitiv eingestimmt. Zum Zustand »Nach der Vollendung« warnt der Kommentar: »Gerade wenn das vollkommene Gleichgewicht erreicht ist, kann jede Bewegung dazu führen, daß aus dem Zustand der Ordnung wieder der Zerfall entsteht ... So deutet das Zeichen auf die Verhältnisse eines Höhepunkts, die äußerste Vorsicht nötig machen.« Die ursprüngliche Harmonie, die als Essenz aller Wesen und ihrer Lebensumstände entdeckt werden kann, ist kein statischer Zustand der Vollkommenheit, sondern eine dynamische Strömung, in der man leicht das Gleichgewicht verlieren kann. Dieses Gleichgewicht sollte aber in den sich ständig verändernden Umständen stets beibehalten werden.

Deshalb wird nach der ersten Erleuchtungserfahrung jede Einzelheit des Denkens und Handelns äußerst wichtig; das eben erwachte Gewahrsein muß gerade im Bereich der Einzelheiten auch wach bleiben. Das Orakel erklärt in Zusammenhang mit dieser neuen Zeit, der Erleuchtung: »Der Übergang von der alten in die neue Zeit ist schon vollzogen ...

Dabei kommt es jedoch darauf an, daß man stets die rechte Gesinnung wahrt. Es geht alles seinen Gang wie von selbst. Das verführt zu leicht dazu, daß man in seiner Anspannung erlahmt und die Dinge laufenläßt, ohne sich im einzelnen darum zu kümmern.« Das anstrengungslose Treiben auf dem Fluß der ursprünglichen Harmonie schließt Verantwortlichkeit oder Anteilnahme nicht aus. Erleuchtete Wesen achten intensiv und diszipliniert auf jedes Detail. Sarada Devi, die Frau Ramakrishnas, sah einmal, wie eine Frau die Veranda fegte. Als sie fertig war, warf sie den Besen in eine Ecke. Sarada ermahnte sie: »Auch der Besen sollte achtsam und respektvoll behandelt werden.« Als jemand Sarada einen Korb mit Früchten brachte, ihr diese anbot und den Korb auf den Müllhaufen warf, ging Sarada ruhig nach draußen, brachte den Korb zurück, wusch ihn sorgsam ab und stellte ihn ins Regal. Vielleicht gleicht eine solche Aufmerksamkeit die Seligkeit aus, die im erleuchteten Bewußtsein spontan entsteht. Diese Seligkeit führt den Übenden leicht in transzendentale Stimmungen, so daß die tägliche Wachsamkeit nachläßt.

Das Orakel mahnt Menschen, die eine erste Erleuchtungserfahrung hatten und sich im Zustand »Nach der Vollendung« befinden, noch einmal zur Achtsamkeit: »Das Wasser ist oberhalb des Feuers: das Bild des Zustands nach der Vollendung ... Wenn das Wasser im Kessel über dem Feuer hängt, so stehen beide Elemente in Beziehung, und es wird dadurch Kraft erzeugt. (Vgl. die Entstehung des Dampfes.) Allein die dadurch entstehende Spannung gebietet Vorsicht. Läuft das Wasser über, so wird das Feuer ausgelöscht, und seine Kraftwirkung geht verloren. Ist die Hitze zu groß, so verdampft das Wasser und geht in die Luft.« Die Achtsamkeit muß ein ständiges Gleichgewicht aufrechterhalten, das der Wechselwirkung zwischen Wasser und Feuer gleicht. Die ursprüngliche Harmonie der Geschöpfe und ihrer Lebensformen muß trotz subtil sich verändernder Zustände Augenblick für Augenblick neu entdeckt werden. Wir dürfen uns durch einen flüchtigen, beseligenden Anblick der Harmonie nicht in Schlaf wiegen lassen.

Das Orakel fährt fort: »So gibt es auch im Leben Verhältnisse, da alle Kräfte ausgeglichen sind und zusammenwirken ... Der Weise allein erkennt in solchen Zeiten die Momente der Gefahr und weiß sie durch rechtzeitige Vorkehrungen zu bannen.« Der Weise ist der erleuchtete Lehrer. Unabhängig davon, ob man ihm persönlich begegnet oder er durch die Orakel verschiedener Traditionen beschworen wird – wir brauchen die Führung des Weisen, wenn wir die machtvollen Energien ausgleichen müssen, die wir im Universum des Verstandes antreffen. Die spirituelle Dimension der Kultur öffnet uns den Zugang zu dieser Führung, indem sie rituelle Situationen schafft, in denen die ursprüngliche Harmonie – der göttliche Ursprung, das Tao – durch uns verständliche Sprachen und Bilder offenbart wird. Das Orakel hat auf die Bitte um Führung durch das komplexe Gewebe der spirituellen Pfade mit der Versicherung geantwortet, daß wir uns an einem Wendepunkt befinden und die Rückkehr zur ursprünglichen Harmonie möglich ist.

Das Orakel weist uns jedoch darauf hin, daß nach dieser mystischen Rückkehr, also im Zustand »Nach der Vollendung«, Achtsamkeit notwendiger ist als je. Mit konfuzianischer Vorsicht und Anteilnahme sollen wir uns durch den taoistischen Strom der natürlichen, anstrengungslosen Harmonie bewegen.

Ich wiederholte das rituelle Werfen der Münzen und fragte das Orakel diesmal nach der Essenz der Phänomene, die kollektiv als Universum bezeichnet werden. Sind nicht alle Energieformen Verfestigungen des höchsten Bewußtseins? Gleicht die Welt, auch wenn sie stofflich erscheint und auf der normalen Erfahrungsebene als wirklich akzeptiert werden sollte, im Grunde nicht einem Traum?

Das als archetypischer chinesischer Weiser antwortende Orakel überging die metaphysische Frage und empfahl die Verpflichtung gegenüber dem Universum, was auch immer dessen essentielle Natur sei. Die Durchführung des Münzrituals ergab Hexagramm 18: Die Arbeit am Verdorbenen. Thema ist die konfuzianische Anteilnahme am Wohlergehen der Menschen, die inmitten von Unwissenheit und Verfall kämpfen.

Im Kommentar heißt es: »Das chinesische Zeichen Gu stellt eine Schüssel dar, in deren Inhalt Würmer wachsen. Das bedeutet das Verdorbene. Das ist dadurch gekommen, daß die sanfte Gleichgültigkeit des unteren Urzeichens mit der starren Trägheit des oberen Urzeichens zusammengekommen ist, so daß die Verhältnisse in Stagnation gerieten.« Verfall wird hier als Symbol für das Leid verwendet, das in der Welt der Menschen erlebt wird – jener Schüssel, die nicht richtig gereinigt und gepflegt wurde. Das Verderben des menschlichen Reichs entsteht aus der Disharmonie zwischen zwei Dimensionen unseres Seins, die im vorliegenden Hexagramm durch das untere und das obere Trigramm dargestellt werden: die aktive und die kontemplative Dimension oder, gemäß den traditionellen chinesischen Bildern, Erde und Himmel. Die Erleuchtung ist die Heilung dieser Disharmonie, denn sie erlaubt der himmlischen Kontemplation, ihre Trägheit zu überwinden, und verwandelt die irdische Gleichgültigkeit, die Stagnation, in mitfühlende Aktivität zum Wohl aller. Für den erleuchteten Menschen wirken Himmel und Erde als strahlende Klarheit und mitfühlende Sorge perfekt zusammen.

Das Orakel verlangt von uns eine Verpflichtung: »... so enthalten diese Zustände die Aufforderung zu ihrer Beseitigung. Daher ist die Bedeutung des Zeichens nicht einfach ›das Ver-

dorbene‹, sondern ›das Verdorbene als Aufgabe‹, die ›Arbeit am Verdorbenen‹.«
In jeder Kultur beruht der spirituelle Rückzug von der Welt bis zu einem gewissen Grad auf der Einsicht in die traumähnliche immaterielle Natur des manifestierten Universums. Ein solcher Rückzug verstärkt jedoch die kontemplative Trägheit und die praktische Gleichgültigkeit, die in diesem Hexagramm als Ursache des menschlichen Leids erkannt werden. Der Rückzug weg von der Welt hinein in die Kontemplation nimmt die mystische Einheit von Shiva und Shakti, Yang und Yin, Himmel und Erde nicht wahr und versäumt es, dem Prozeß der Erleuchtung weiter zu folgen. Eine Vertiefung der Erleuchtung würde die Qualität des menschlichen Alltags bedeutend verändern. Das Orakel erklärt: »Die Arbeit am Verdorbenen hat erhabenes Gelingen ... Was durch Schuld von Menschen verdorben ist, kann durch Arbeit von Menschen wiedergutgemacht werden.« Die Kraft der transzendenten Kontemplation, die die traumähnliche Natur des Universums richtig erkannt hat, muß jetzt eingesetzt werden, um den menschlichen Traum zu verwandeln.
Das höchste Bewußtsein, das erleuchtete Wesen als essentielle Natur unseres Universums erkennen, kann nicht verdorben werden. Die Kenntnis der intrinsischen Reinheit kann zu einer starken Kraft werden, in dem Bereich, den die Menschen durch egoistische Gleichgültigkeit verdorben haben, praktisch zu dienen. Dieses Dienen müßte auf kontemplativer oder himmlischer Einsicht gründen, nicht auf dem irdischen Ehrgeiz, zu herrschen oder zu kontrollieren. Der erleuchtete Mensch arbeitet für die Verwandlung des menschlichen Leids, ohne von seinem riesigen Ausmaß überwältigt zu werden, denn er hat die illusorische, traumähnliche Natur dieses Leids klar erkannt. Die Mutter, die ihr weinendes Kind aus einem Alptraum weckt, weiß, daß es nur ein Traum ist, aber

dies trübt ihr Gefühl der Dringlichkeit und Verpflichtung nicht. Weil sie weiß, daß ihr Kind nur im Traum leidet, kann sie es in ruhigem Vertrauen aufwecken.

Das Orakel weist darauf hin, daß Leid der menschlichen Disharmonie entstammt und nicht die intrinsische Natur des Bewußtseins ist. Durch den Prozeß der Erleuchtung, der mitfühlendes Handeln auf allen Ebenen einschließt, kann das Leid bzw. das Verdorbene verwandelt werden. Der Kommentar sagt: »Es ist nicht unabänderliches Geschick ... sondern eine Folge von Mißbrauch der menschlichen Freiheit, was den Zustand des Verderbens herbeigeführt hat. Deshalb ist die Arbeit an der Besserung aussichtsvoll.« Durch die richtige Verpflichtung kann der spirituell Übende das Leid im Universum beträchtlich vermindern. Wir sollten alle Möglichkeiten nutzen, von auf echtem Mitgefühl beruhender sozialer oder politischer Aktion bis zum Lehren kontemplativer Traditionen, die die scheinbare Zweiteilung in Himmel und Erde beenden.

Verlangt wird die totale Hingabe unserer Energie an das Wohl der Menschheit, die als eine Familie betrachtet wird. Dies ist nicht nur ein hohes Ideal, sondern eine tatsächliche Praxis. Das Orakel erklärt: »Nur darf man vor Arbeit und Gefahr ... nicht zurückschrecken, sondern muß energisch zugreifen.« Im selben Geist der Energie und Hingebung sagte Vivekananda oft: »Ich verehre und diene Gott in der Form des Armen, des Kranken, des Unwissenden und des Unterdrückten.« Dies ist keine metaphysische Arbeit vom Schreibtisch aus, auch wenn sie eine starke metaphysische und kontemplative Grundlage haben muß. Die Arbeit ist nicht nur physisch, sondern auch spirituell gefährlich, denn das Sicheinlassen auf die Probleme der Welt kann unser spirituelles Gleichgewicht durcheinanderbringen, und ohne himmlisches Gleichgewicht können wir das irdische Leid nur verschlimmern. Das Orakel weist darauf hin: »Das Gelingen hat jedoch zur Vorbedingung die rechte Überlegung.« Die konfuzianische Verantwortlichkeit, das heißt reife spirituelle Verpflichtung, für das Wohl des Planeten beruht auf Überlegung und Kontemplation. Wir können das Durcheinander in der Welt nicht verändern, wenn wir es nicht durch die Erleuchtung überwunden haben. Durch sie erkennen wir nicht nur die Grundursachen der menschlichen Disharmonie; sie hilft uns auch, die unerschöpfliche Kraft der ursprünglichen Harmonie anzuzapfen. Auf der Grundlage der Erleuchtung können wir unsere Verpflichtung und unsere Energie ohne egoistische Motivation beibehalten. Im Orakel heißt es weiter: »Erst muß man die Gründe kennen, die zum Verderben geführt haben, ehe man sie abstellen kann.« Es gibt reale Gründe für Leid, aber nur die kontemplative Einsicht kann sie durchdringen und sich den neuen Weg vorstellen, der die Ursachen des Leids beseitigt und nicht nur die Symptome lindert. Das Orakel empfiehlt: »Und dann muß man sorgen, daß das neue Geleise sich sicher einfährt, so daß ein Rückfall vermieden wird … An die Stelle der Gleichgültigkeit und Trägheit, die zum Verderben geführt haben, müssen Entschlossenheit und Energie treten.« Die Notwendigkeit wachsamer Energie wird stärker, wenn die Kontemplation sich mit mitfühlendem Handeln verbindet, denn sonst scheinen Himmel und Erde sich wieder voneinander zu entfernen.

Das Orakel bietet dazu folgendes Bild: »Unten am Berg weht der Wind: das Bild des Verderbens. So rüttelt der Edle die Leute auf und stärkt ihren Geist.« Uns wird geraten, im sozialen Kontext umfassend aktiv zu werden und uns nicht nur auf spirituelles Wachstum im Kreis von einigen fortgeschrittenen Kontemplierenden zu konzentrieren. Das Orakel verkündet, der Edle müsse »die Gesellschaft erneuern«. Dieser Edle ist einfach der erwachende Mensch, der anderen nicht von Natur aus überlegen ist, aber das Gewissen und die aktive Betroffenheit der ganzen menschlichen Familie anregt, am Verdorbenen zu arbeiten, während er weiter in der Kontemplation der ursprünglichen Harmonie wurzelt. Das Orakel fährt fort: Der Edle »muß die Stagnation beseitigen durch Aufrütteln der öffentlichen Meinung (wie der Wind aufrüttelnd wirkt) und dann den Charakter der Leute stärken und beruhigen (wie der Berg Ruhe und Nahrung allem Wachstum in seiner Umgebung gibt)«. Das hier entworfene Ideal ist starke, wachsame Anteilnahme inmitten heiterer Gelassenheit. Wir müssen sowohl den dynamischen Wind des mitfühlenden Handelns als auch den ruhigen, fruchtbaren Berg der Kontemplation zum Ausdruck bringen. Das Orakel ermahnt uns, den Hunger der Menschen auf allen Ebenen zu stillen. Die volle Verpflichtung gegenüber dem Leben der menschlichen Familie ist Inhalt des chinesischen Weges.

Als nächstes fragte ich das Orakel, wie man sich alle Phänomene als Äußerungen der göttlichen Natur, in der chinesischen Terminologie als Tao, zu eigen machen kann. Wie können wir zur Erleuchtung erwachen? Die Antwort war Hexagramm 45: Die Sammlung. Der Kommentar erklärt: »Das Zeichen ist dem Zeichen Bi, Zusammenhalten (Nr. 8), nach Form und Bedeutung verwandt. Dort das Wasser über der Erde, hier ein See über der Erde. Der See ist der Sammlungspunkt des Wassers, daher ist die Idee der Sammlung hier noch stärker ausgedrückt als in jenem Zeichen.« Dies ist die vollständige Sammlung aller Phänomene, die integrierende Erfahrung, die wir als Erleuchtung bezeichnet haben. Himmlische und irdische Dimensionen werden nicht länger getrennt. Der erleuchtete Weise begibt sich in alle Formen des Lebens, die göttliches Leben, Tao, sind, vollkommen hinein. Der Weg des Tao beinhaltet wie der tantrische Weg die Sammlung aller Gedanken und Wahrnehmungen, aller himmlischen und irdischen Formen zu einer einzigen Essenz. Nichts wird ausgeschlossen.

Der in diesem Hexagramm beschriebene Prozeß der Erleuchtung, die Sammlung aller Phänomene, ist kein einfaches Projekt, das isoliert unternommen werden kann. Das Orakel rät: »Fördernd ist es, den großen Mann zu sehen.« Der schwierige und sogar gefährliche Weg der Erleuchtung erfordert die Führung des Weisen. Auch die authentischen liturgischen Formen heiliger Tradition müssen verwendet werden. Das Orakel sagt, daß im Tempel Opfer dargebracht werden müssen: »Die Sammlung. Gelingen. Der König naht sich seinem Tempel … Große Opfer zu bringen schafft Heil.«

Diese regenerierende Sammlung oder Vereinigung aller Welten und Wesen in der heiligen Dimension des Tempels unter der Führung des Weisen, des »Edlen«, wird vom Orakel durch die Metapher der Sammlung von Menschen ausgedrückt: »Die Sammlung der Menschen in größeren Gemeinschaften ist entweder eine natürliche, wie innerhalb der Familie, oder eine künstliche, wie im Staat … Die Fortsetzung dieser Sammlung vollzieht sich durch die Ahnenopfer, bei denen sich der ganze Klan versammelt.« Der einende, integrierende Prozeß der Erleuchtung gleicht nicht der künstlichen Organisation von Menschen in einem Staat, sondern der natürlichen Form der Sammlung in der Familie. Der erleuchtete Weise erlebt alle Wesen und Phänomene als einen Klan, eine intrinsische Natur, als Tao.

Das Orakel charakterisiert die Liturgie der Sammlung als Opfer an die Ahnen. Die kontemplative Vereinigung unseres individuellen Wesens mit dem Wesen verschiedener beschützender und anleitender Gottheiten, die unsere metaphysischen Ahnen sind, ist in vielen Traditionen ein zentraler Punkt für den Prozeß der Erleuchtung. Im Kontext der chinesischen spirituellen Kultur fungieren menschliche Ahnen als Gottheiten. Indem wir unser isoliertes Wesen den Ahnen darbieten, wird die leitende und schützende Kraft der himmlischen Familie tief ins Leben der irdischen Familie integriert. Dies ist der Prozeß der Sammlung, der Erleuchtung. Der Kommentar erklärt: »Die Ahnen werden durch die gesammelte Andacht der Hinterbliebenen in ihrem Geiste konzentriert, so daß sie sich nicht zerstreuen und auflösen.« Durch die intensive und disziplinierte Anrufung der Gottheiten oder Ahnen werden diese lebendig. Fortgeschrittene Übende sprechen von Angesicht zu Angesicht mit verschiedenen Gottheiten, aber die Integration des Hexagramms »Sammlung« geht über transzendentale Visionen hinaus. Alle irdischen und himmlischen Formen werden jetzt als Mitglieder derselben Bewußtseinsfamilie gesehen, die um den Edlen, den erleuchteten Weisen, versammelt sind.

Das Orakel erklärt diese Konzentration auf den lebenden Weisen: »Wo die Menschen gesammelt werden sollen, bedarf es der religiösen Kräfte. Aber es muß auch ein menschliches Haupt als Mittelpunkt der Sammlung dasein. Um andere sammeln zu können, muß dieser Mittelpunkt der Sammlung erst in sich selbst gesammelt sein.« Um uns alles als das Tao, den wahren Weg, zu eigen zu machen, müssen wir der Führung erleuchteter Menschen folgen, die jedes Geschöpf, jeden Ahnen, jedes Phänomen, jede Gottheit in einen einzigen Strom versammelt, integriert haben. Frei von allen Gefühlen der Trennung oder Zersplitterung erleben sie nur das Tao. Wenn wir an unserer Getrenntheit festhalten, können wir nicht zum Prozeß der Erleuchtung erwachen. Machtvolle Hindernisse und Verzerrungen werden auftauchen. Das Orakel läßt wissen, daß heilige Kräfte benötigt werden. Die verschiedenen schützenden und leitenden Kräfte des Geistes sind mit bestimmten Elementen unserer eigenen und der kollektiven Psyche verbunden; sie müssen versöhnt werden, damit die

Grenzen zwischen den Geschöpfen und die Trennung zwischen Himmel und Erde gefahrlos aufgehoben werden können. Die schützenden und leitenden Kräfte konzentrieren sich idealerweise im Edlen bzw. Weisen, der in der Rolle des spirituellen Freundes und Führers verständig und vertraulich mit uns sprechen kann.

Das Orakel legt uns nahe, wachsam zu sein, wenn wir kontemplierend auf dem See aller Phänomene treiben. »Der See ist oberhalb der Erde: das Bild der Sammlung. So erneuert der Edle seine Waffen, um Unvorhergesehenem zu begegnen.« Nur der Erwachte weiß, welche Gefahren, welche heimtükkischen Reaktionen und Rückfälle beim umwälzenden Prozeß der Sammlung auftreten können und wie man sich auf sie vorbereitet. Unterscheidungen zwischen rein und unrein, gut und böse, heilig und weltlich sind wichtige Formen des psychologischen Schutzes. Wenn wir diese Unterscheidungen in der Umarmung von allem als Tao aufgeben, lassen wir unseren normalen Schutz fallen. Zum Ausgleich müssen wir das entwickeln, was das Orakel Waffen nennt: Hingabe an die Gottheiten, die Ahnen, und klare Einsicht in die intrinsische Natur, die wir mit ihnen als Tao teilen.

Das Orakel erläutert diese mögliche Gefahr: »Wenn das Wasser im See sich sammelt, so daß es über die Erde emporsteigt, so droht ein Durchbruch. Dagegen muß man Vorkehrungen treffen.« Als Ramakrishna wieder einmal mit verschiedenen Formen des spirituellen Übens experimentierte, schoß plötzlich dunkles Blut aus seiner Nase und seinem Mund. Zufällig lebte damals ein fortgeschrittener Yogi im Tempelgarten, der ihn untersuchte und berichtete, Ramakrishna wäre sofort tot gewesen, wenn der Blutstrom bis ins Gehirn weitergegangen wäre. Die gesamte vulkanische Energie des Universums ist in Keimform in Körper und Geist des Menschen vorhanden. Wie das Orakel sagt, besteht die Gefahr des Durchbruchs dieser Energie. Wahnsinn oder sogar Tod können die Folge sein, wenn wir aufs Geratewohl »Sammlung spielen«. Das Orakel fährt fort: »Man soll in Zeiten der Sammlung seinen Weg nicht willkürlich wählen. Es sind geheime Kräfte am Werk, die die Menschen zusammenführen, die zueinander passen. Dieser Anziehung muß man sich überlassen, dann macht man keinen Fehler. Wo innere Beziehungen vorhanden sind, da sind keine großen Vorbereitungen und Förmlichkeiten nötig. Man versteht sich ohne weiteres, wie die Gottheit auch ein kleines Opfer gnädig annimmt, wenn es von Herzen kommt.« Wenn wir intuitiv von einem spirituellen Führer und einer spirituellen Familie angezogen werden, zu denen wir eine sofortige natürliche Verwandtschaft fühlen, wird unser Wachstum gefahrlos vonstatten gehen. Strenge rituelle Forderungen entfallen dann allmählich. Wahrhaftigkeit wird zum einzigen Kriterium. Das Orakel empfiehlt: »Sich ziehen lassen bringt Heil und bleibt ohne Makel. Wenn man wahrhaftig ist, ist es auch fördernd, ein kleines Opfer zu bringen.« Gleich, wie wir die Gottheiten oder Ahnen begreifen – wenn wir uns in eine aufrichtige, von reiner Absicht geleitete Verbindung zu diesen Kräften des Geistes hineinziehen lassen können, wird unsere spirituelle Familie in verschiedenen unerwarteten Formen erscheinen, um uns zu empfangen.

Die Spontaneität unseres Angezogenseins vom Guru oder Weisen ist das Maß seiner Authentizität. Der Kommentar erläutert: »Wenn sich die Menschen von selbst um einen sammeln, so ist das, wenn es einem ungesucht zuteil wird, nur gut.« Wenn die spirituelle Anziehung innerlich ruhig und wirklich ist und nicht auf den charismatischen Kräften oder dem Ruf des Gurus bzw. Suggestion von seiten seiner Schüler beruht, ist der Stand des Schülers fruchtbar. Im Hinblick auf das Angezogensein von einem Lehrer, das auf oberflächlichen Motiven beruht, warnt das Orakel: »Aber damit ist natürlich auch die Möglichkeit gegeben, daß sich manche um einen sammeln, die nicht aus innerem Vertrauen kommen, sondern nur um der einflußreichen Stellung willen. Das ist gewiß bedauerlich.« Der Stand des Schülers kann neurotisch werden, wenn die Motivation nicht rein oder die Anziehung nicht spontan ist, wenn der Lehrer oder der Schüler den jeweils anderen beherrscht.

Nachdem das Orakel versichert hat, daß Erleuchtung oder die Sammlung aller Phänomene als Tao mit Hilfe des Weisen möglich ist, rät es also wieder zur Vorsicht. Es ist nicht nur schwierig, einen wirklichen Weisen zu finden; wenn man ihn gefunden hat, muß er achtsam als liebevoller, weiser Mensch geschätzt werden und nicht als Mensch mit charismatischer Macht.

Ich befragte das Orakel dann nach der richtigen Haltung zur formalen Kontemplationspraxis. Die taoistische Neigung, im Bereich des spirituellen Lebens die formale Struktur und strenge Kontrolle mit Argwohn zu betrachten, wurde in der Antwort des Orakels offenkundig. Es ergab sich nämlich Hexagramm 47: Erschöpfung bzw. Bedrängnis. »Oben ist der See, das Wasser darunter. Der See ist leer und erschöpft ... Das obere Zeichen gehört dem dunklen Prinzip an, während das untere dem lichten Prinzip angehört. So sind überall die Edlen von den Gemeinen unterdrückt und in Schranken gehalten.« Von formalen spirituellen Übungen oder dogmatischen Lehrern in Schranken gehalten, kann der Übende sich erschöpfen. Streng rituelles Verhalten und vorgeschriebene Kontemplationstechniken können Mittel werden, sich und andere zu unterdrücken, denn sie erschöpfen den natürlichen Fluß der spirituellen Energie und schränken die uns innewohnende spirituelle Freiheit ein.

Trotzdem liegt im Druck einer spirituellen Disziplin der Keim der Befreiung. Das Orakel sagt: »Notzeiten sind das

Gegenteil von Erfolg. Aber sie können zu Erfolg führen, wenn sie den rechten Menschen treffen.« Die stark vom Taoismus beeinflußten Ochsenbilder des Zen zeigen, daß wir der stärksten Illusion unterliegen, wenn wir mit Hilfe spiritueller Disziplin und Konzentration den Ochsen respektive das Tao zu suchen beginnen, denn wir glauben, der Ochse sei von unserer wahren Natur getrennt. Wir unterwerfen uns strengen religiösen Übungen oder »Notzeiten«, um etwas zu finden, was nie verloren wurde und daher nie gefunden werden kann. Hexagramm 47 spiegelt diese Phase der Not, der Askese und der Suche, die allmählich im Zustand des Nichtsuchens aufgeht, der das Tao ist, der wahre Weg.
Das Orakel empfiehlt, in der Phase des formalen Übens heiter zu bleiben: »Wenn ein starker Mensch in Not kommt, so bleibt er trotz aller Gefahr heiter, und diese Heiterkeit ist die Grundlage späterer Erfolge ... Wer sich durch Erschöpfung innerlich brechen läßt, der hat freilich keinen Erfolg.« Ein Mensch, dem die Ernsthaftigkeit der spirituellen Disziplin Energie und Freiheit raubt – das Orakel bezeichnet dies als Erschöpfung –, taucht vielleicht nie aus der Phase der Askese oder der illusorischen Suche auf. Wer aber heiter bleibt und die Komik schätzt, nach dem eigenen urinnersten Gewahrsein zu suchen, hat schließlich Erfolg. Das Orakel erinnert: »Aber wen die Not nur beugt, in dem erzeugt sie eine Kraft der Gegenwirkung, die sicher mit der Zeit ans Licht kommt.« Viele Erleuchtungserlebnisse spiegeln diese spontane Reaktion auf die stark formale Struktur des meditativen Sitzens, die uns krümmt wie einen Bogen und uns doch die Kraft gibt, über das formale Üben hinauszugehen, wenn der Pfeil plötzlich vom Bogen schnellt. Gerade die von spirituellen Disziplinen auferlegten Einschränkungen geben uns die Stärke, schließlich über diese Disziplinen hinauszugelangen. Dann sind wir völlig frei und natürlich im Tao.

Das rituelle Werfen der Münzen ergab eine besondere strenge Warnung vor dem Druck formal-religiösen Übens. Das Orakel führt aus: »Man läßt sich bedrängen durch Steine und stützt sich auf Dornen und Disteln. Man geht in sein Haus und sieht nicht seine Frau. Unheil!« Der Stein, Dornen und Disteln bedeuten die Härten, die Askese, die wir uns in der irrigen Vorstellung, sie brächten uns irgendwie zur Erleuchtung, selbst auferlegen. Der Mann, der seine Frau nicht sieht, symbolisiert den spirituell Übenden, der in der Welt lebt, aber seine Verantwortlichkeit für die gesamte menschliche Familie ignoriert; er möchte die Erde zugunsten des Himmels transzendieren, indem er der falschen Annahme folgt, die Erde sei vom Himmel getrennt.

In der chinesischen Tradition existieren Erzählungen über fiktive Begegnungen zwischen Konfuzius und dem taoistischen Meister Laotse. Diese Geschichten spiegeln die Spannungen, die zwischen der konfuzianischen und der taoistischen Herangehensweise an das Tao, den wahren Weg, bestehen, obwohl die chinesische spirituelle Kultur als Ganzes eine Verbindung dieser beiden spirituellen Strömungen darstellt. Hier eine dieser traditionellen Geschichten, die die auch in der Antwort des Orakels zum Ausdruck kommende taoistische Kritik an systematischer Disziplin illustriert: »Konfuzius entrollt ein Dutzend Abhandlungen und begann, sie zu erläutern. Laotse unterbrach ihn und sagte: ›Das dauert zu lange. Was ist der Kern der Sache?‹ – ›Der Kern der Sache‹, erwiderte Konfuzius, ›ist Rechtschaffenheit und Respekt.‹ – ›Glaubst du‹, fragte Laotse, ›daß diese Eigenschaften in der Natur des Menschen liegen?‹ – ›Ja, das tun sie‹, antwortete Konfuzius. Darauf sagte Laotse: ›Wenn du wirklich willst, daß die Menschen die Eigenschaften, die ihnen natürlich sind, nicht verlieren, wenn du nicht willst, daß sie etwas verlieren, was sie schon haben, hättest du besser untersucht, wieso

Himmel und Erde sich immer weiter drehen ... Du nimmst die Natur der Menschen auseinander. Hilf nie einem Menschen, das Unvermischte zu vervollkommnen, das in ihm ist.‹« Formales religiöses Üben zerlegt, denn es erzeugt einen imaginären Prozeß der Vervollkommnung unserer Natur, die schon vollkommener Ausdruck des Tao ist. Zwischen der taoistischen Haltung und der indischen tantrischen Literatur besteht eine enge Parallele. Der alte bengalische Weise Saraha singt in einem seiner Lieder über die spontane Erleuchtung von Sahajayana, dem natürlichen Weg: »Mantras und Tantras, Meditation und Konzentration sind Ursache der Selbsttäuschung. Beschmutze nicht durch Kontemplation das, was seiner Natur nach rein ist, sondern weile in deiner eigenen Seligkeit und beende diese Qualen.« Erleuchtung ist ein anfälliges natürliches Gleichgewicht, das wir nicht stören dürfen. Menschliches Leid, Disharmonie, ist nichts anderes als die Störung dieses angeborenen Gefühls für Gleichgewicht, das das Unvermischte, seiner Natur nach Reine, ist. Das Hexagramm Erschöpfung wandelte sich bei meinem Werfen der Münzen in Hexagramm 29: Das Abgründige. Es spricht ebenfalls die Gefahr formalen spirituellen Übens an, obwohl es auch einen Weg durch diese Phase andeutet. Der Kommentar, der die Konfiguration des Hexagramms interpretiert, besagt: »Ein Yangstrich ist zwischen zwei Yinstriche hineingestürzt und wird von ihnen eingeschlossen wie das Wasser in einer Talschlucht.« Durch verschiedene Konzentrationsübungen begrenzen wir unsere Energie und zwingen sie, wie Wasser in einer Schlucht gefährlich schnell zu werden, anstatt daß wir einfach dem urinnersten Gewahrsein erlauben, sich harmonisch als Tao auszudrücken. In diesem Hexagramm ist das Wasser ein Symbol unserer intrinsischen Natur, unseres urinnersten Gewahrseins, das beim Fließen jede Form annimmt. Die Essenz unseres Wesens, das Unvermischte, ist Gewahrsein, das sich selbst läutert und klärt, weil es wie Wasser von Natur aus rein und durchsichtig ist.

Der Strom des urinnersten Gewahrseins ist in der engen Schlucht des formalen spirituellen Übens konzentriert worden. Der Kommentar erklärt: »Der Name des Zeichens hat, weil es wiederholt ist, den Zusatz: Wiederholung der Gefahr.« In dieser engsten und abschüssigsten aller Schluchten lauert eine ständige psychologische Gefahr. Für unser angeborenes Gleichgewichtsgefühl ist es gefährlicher, ein spirituell Suchender zu sein, als überhaupt keine spirituellen Ambitionen zu haben, auch wenn wir auf dem Weg zur Erleuchtung die Phase der formalen Disziplin passieren müssen. Der Kommentar erläutert: »Darum wird die Gefahr auch als Schlucht bezeichnet, d. h. ein Zustand, in dem man sich befindet wie das Wasser in einer Schlucht, und aus der man herauskommt wie das Wasser, wenn man sich richtig verhält.« Die Schlucht der spirituellen Disziplin steigert Kraft und Geschwindigkeit des Wassers, und wenn wir reagieren, indem wir uns hingebungsvoll nach vorn stürzen, können wir über die Gefahr hinausgelangen. Der Kommentar erklärt: »Das Wasser gibt das Beispiel für das rechte Verhalten in solchen Zuständen. Es fließt immer weiter und füllt alle Stellen, durch die es fließt, eben nur aus, es scheut vor keiner gefährlichen Stelle, vor keinem Sturz zurück und verliert durch nichts seine wesentliche eigne Art. Es bleibt sich in allen Verhältnissen selber treu.« Das mutige Vorwärtsstürzen führt den Übenden in weitere Dimensionen der Erleuchtung.

Wenn man sich immer weiter mit jeder früheren Phase der spirituellen Entwicklung identifiziert, ist man in den gefährlichen Illusionen gefangen, vor denen dieses Hexagramm warnt. Der fortgeschrittene spirituelle Übende entdeckt schließlich nicht intellektuell, sondern mit der ganzen Kraft der direkten Erfahrung, daß unsere essentielle Natur, unsere

»wesentliche eigne Art«, sich in allen Verhältnissen selber treu bleibt. Die Erkenntnis, daß die Erleuchtung während des gesamten Weges vollkommen ist, verwandelt den Übenden in den Weisen. Nichts kann bewirken, daß das urinnerste Gewahrsein seine essentielle Natur verliert, ob wir nun träumen oder wachen, eine bestimmte Gottheit anbeten, einem bestimmten Ahnen opfern oder in der Kontemplation des Taos versunken sind.

Der Rat des Orakels ist im Bild des Fließens enthalten. Obwohl das Tao nie strukturiert ist, ist der Initiationsritus, das Hineinstürzen in die Schlucht der formalen Disziplin, unvermeidlich. Aber die essentielle Natur des Fließens ist immer rein und immer dieselbe. Der Anfänger und der Weise haben an derselben essentiellen Natur teil, dem Tao. Das Orakel sagt: »Das Wasser erreicht sein Ziel durch ununterbrochenes Fließen. Es füllt jede Vertiefung aus, ehe es weiterfließt. So macht es der Edle.« Dies ist der natürliche Weg. Jede Vertiefung wird ausgefüllt, keine Dimension des Lebens wird ausgeschlossen. Die Erleuchtung wird als die mühelos fließende Natur allen Bewußtseins offenbart, nicht als einzelnen Wesen zuweilen zustoßendes isoliertes Ereignis.

Als letztes fragte ich das Orakel nach der Natur des philosophischen Verstands und seinem Streben nach einem kohärenten, ausgewogenen Verständnis. Obwohl 64 Hexagramme möglich sind, antwortete das Münzritual wieder mit Hexagramm 29: Das Abgründige. Es verwies so darauf, daß die Gefahr der formalen Struktur bei der intellektuellen Suche genauso besteht wie bei der spirituellen. Aber diesmal verändert die taoistische Warnung vor Struktur sich in die konfuzianische Bejahung des Vorhabens, denn das Abgründige wandelte sich bei diesem Münzritual in das Hexagramm des Brunnens, der die Zentrierung der Gesellschaft symbolisiert. Die Suche nach philosophischem Verständnis unterliegt der

gleichen Gefahr wie formales spirituelles Üben; bei beiden geht es darum, das Gewahrsein zu konzentrieren, zu strukturieren und zu organisieren. Das Geheimnis besteht darin, das Wasser des Gewahrseins fließen zu lassen. Bei der philosophischen Betätigung dürfen wir die vom Intellekt wahrgenommenen Muster nicht fest und starr werden lassen. Der Intellekt muß dieses Muster durchfließen, und die Muster selbst müssen in unaufhörlicher Entwicklung zergehen und fließen. Die Richtung, in die der philosophisch forschende Verstand sich bewegt, wenn er die Gefahren des Abgründigen überwunden hat, wurde vom Orakel durch Hexagramm 48 angegeben: Der Brunnen. Es wird ein Bild vorgestellt, in dem alles harmonisch funktioniert. Das lebende Wasser des Gewahrseins schießt nicht mehr gefährlich durch die Schlucht, sondern dient der Gesellschaft als Nahrung. Der Kommentar sagt: »Der Brunnen, aus dem man Wasser schöpft, enthält außerdem den Gedanken der unerschöpflichen Nahrungsspende.« Authentisches philosophisches Forschen ist kein abstraktes Spiel, sondern eine zuverlässige Quelle lebengebender Nahrung. Reifes philosopisches Denken, das Wasser dieses archetypischen Brunnens, ist dasselbe Wasser, das durch die Schlucht stürzt, das Wasser unserer essentiellen Natur, das jetzt kanalisiert wurde, um menschlichen Grundbedürfnissen zu dienen. Das Wasser des urinnersten Gewahrseins strömt wild durch die Berge, aber es entspringt auch friedlich dem Alltag der Menschheit und sichert das Gleichgewicht des einzelnen und der Gesellschaft. Das Orakel bemerkt: »Man mag die Stadt wechseln, aber kann nicht den Brunnen wechseln. Er nimmt nicht ab und nimmt nicht zu. Sie kommen und gehen und schöpfen aus dem Brunnen.«
Der Kommentar führt aus: »Die Hauptstädte wurden im alten China zuweilen verlegt, teils aus Gründen der Gunst der Lage, teils bei dem Wechsel der Dynastien.« Dies ist die

Geschichte des Intellekts, in der verschiedene Weltanschauungen in unendlicher Verwandlung erscheinen, Gestalt annehmen und gehen, während der Brunnen, der Intellekt, das Medium des philosophischen Verständnisses als Archetyp weiter präsent bleibt. Der Kommentar fährt fort: »Der Baustil wechselte im Lauf der Jahrhunderte, aber die Form des Brunnens ist von uralter Zeit bis auf den heutigen Tag dieselbe geblieben. So ist der Brunnen ein Bild der gesellschaftlichen Organisation der Menschheit in ihren primitivsten Lebensnotwendigkeiten, die von allen politischen Gestaltungen unabhängig ist.« Das lebengebende Wasser des Brunnens symbolisiert reine Intelligenz, die Energie des Denkens und Forschens, die von allen philosophischen, wissenschaftlichen, künstlerischen, religiösen und politischen Formen unabhängig ist. Zahllose Menschen versammeln sich um den Brunnen, um Nahrung für ihre verschiedenen kulturellen Kontexte zu schöpfen, aber der Prozeß des Wasserschöpfens und das Wasser selbst bleiben dieselben. Der Kommentar erläutert: »Die politischen Gestaltungen, die Nationen wechseln, aber das Leben der Menschen mit seinen Erfordernissen bleibt ewig dasselbe. Das läßt sich nicht ändern. Dieses Leben ist auch unerschöpflich. Es wird nicht weniger noch mehr und ist für alle da. Geschlechter kommen und gehen, und sie alle genießen das Leben in seiner unerschöpflichen Fülle.« Dies ist das chinesische Gefühl des unerschöpflichen Lebens, das trotz ständiger Veränderung als das Tao, der wahre Weg, immer bleibt. Durch das Medium des Brunnens zapfen wir als Intellekt oder Intelligenz dieses Leben an und schaffen Entwürfe des gesellschaftlichen und persönlichen Daseins. Diese Verwendung des Intellekts ist nicht auf Wissenschaftler oder Gelehrte beschränkt, sondern gehört allen Menschen, die sich um den Brunnen versammeln, um das Grundbedürfnis nach Verständnis zu stillen.

Trotzdem ist das Schöpfen von Wasser aus einem Brunnen ein Prozeß, der ihm eigene Komplikationen und Gefahren birgt. Das Orakel weist darauf hin: »Wenn man beinahe das Brunnenwasser erreicht hat, aber noch nicht mit dem Seil drunten ist oder seinen Krug zerbricht, so bringt das Unheil.« Wir müssen tief hinablangen, um das Wasser der Intelligenz zu schöpfen. Der Kommentar führt aus: »Für eine gute staatliche oder gesellschaftliche Organisation der Menschen (für eine gute philosophische Weltanschauung) ist aber ein Doppeltes nötig. Man muß bis auf die Grundlagen des Lebens hinuntergehen. Alle Oberflächlichkeit in der Lebensordnung, die die tiefsten Lebensbedürfnisse unbefriedigt läßt, ist ebenso unvollkommen, als hätte man gar keinen Versuch zur Ordnung gemacht. Ebenso ist eine Fahrlässigkeit, durch die der Krug zerbricht, vom Übel.« Mit Oberflächlichkeit ist ein Denken gemeint, das nur eine Seite und nicht das gesamte Panorama sieht; Fahrlässigkeit meint ein Denken, dem die Disziplin der Klarheit fehlt. Um philosophisch zu forschen, müssen wir das Gleichgewicht des Seiltänzers entwickeln. Philosophisches Forschen kann nicht gelegentliches Spekulieren sein. Maßstäbe der Kohärenz müssen erfüllt werden, aber sie sind keine automatisch bindenden logischen Regeln, durch die jede einzelne Behauptung als gültig oder ungültig identifiziert werden kann. Philosophie ist kein technisch-akademisches Unterfangen, sondern ein intuitives Denken, das Prinzipien der Kohärenz verkörpert und unseren Durst mit Wasser aus dem Brunnen stillt.

Der Kommentar zum Orakel erklärt das Bild des kurzen Seils und des zerbrochenen Krugs: »Und jeder Mensch kann bei seiner Bildung aus dem unerschöpflichen Born der göttlichen Natur des Menschenwesens schöpfen. Aber auch hier drohen zwei Gefahren: einmal, daß man in seiner Bildung nicht durchdringt bis zu den eigentlichen Wurzeln des Menschtums, sondern in Konvention steckenbleibt ... oder daß man plötzlich zusammenbricht und die Bildung seines Wesens vernachlässigt.« Jeder Mensch, gleich, ob er intellektuell geübt ist oder nicht, kann aus dem Brunnen schöpfen, wenn er »in die Tiefe denkt« – an die eigentlichen Wurzeln des Menschtums – und sich der Bildung seines Wesens, dem Prozeß der Erleuchtung, verpflichtet. Das Orakel offenbart, daß die Dimension des Intellekts sich mit der Dimension des Geistes, dem Göttlichen in der Natur des Menschen, überschneidet.

Bei einer früheren Unterhaltung mit dem Orakel hatte ich nach den spirituellen Implikationen des philosophischen Forschens gefragt. Die Antwort war Hexagramm 50 gewesen: Der Tiegel. Es ist ein dem Brunnen gleichartiges Hexagramm. Während Wasser aus dem »Brunnen« unser praktisches und intellektuelles Wesen nährt, enthält der Tiegel Nahrung für den Geist. Der Kommentar erläutert: »Der Tiegel, aus Bronze gegossen, war das Gerät, das im Ahnentempel ... die gekochten Speisen enthielt.« Der Brunnen stellt die unerläßliche Nahrung der geistigen Wachsamkeit und Kreativität zur Verfügung, das klare Wasser, das für alle Zwecke des Alltags notwendig ist. Aber die im Tiegel enthaltene Nahrung ist mächtiger, seltener und intensiver. Im Kommentar heißt es: »Während der Brunnen die soziale Grundlage der Gesellschaft [die intellektuellen Ressourcen] behandelt, die wie das Wasser ist, das dem Holz zur Nahrung dient, so wird hier der kulturelle Überbau der Gesellschaft [unsere spirituellen Ressourcen] angedeutet. Hier ist es das Holz, das der Flamme, dem Geistigen, zur Nahrung dient.« Das Wasser des Brunnens bzw. der Intelligenz nährt das Gehölz der sozialen und philosophischen Strukturen, deren Holz schließlich dazu dient, als Opfergabe die Flamme des Geistes zu nähren.

Der Kommentar fährt fort: »Alles Sichtbare muß sich steigern und fortsetzen ins Unsichtbare hinein. Dadurch bekommt es die rechte Weihe und rechte Klarheit und wurzelt in den Weltzusammenhängen fest. So ist hier die Kultur gezeigt, wie sie ihren Gipfel in der Religion hat. Der Tiegel dient zum Opfern für Gott. Das höchste Irdische muß dem Göttlichen geopfert werden. Aber das wahrhaft Göttliche zeigt sich nicht abgesondert vom Menschlichen.« Die göttliche Natur manifestiert sich nicht getrennt von der menschlichen Natur, sondern kommt ganz als unser urinnerstes Gewahrsein zum Ausdruck, das erleuchtete Weise als das Tao erleben. Der erleuchtete Weise ist daher der Tiegel, das Gefäß, in dem Erde und Himmel in heiliger Alchimie verschmelzen. Der Kommentar erklärt: »Gottes höchste Offenbarung ist in Propheten und Heiligen. Ihre Verehrung ist die wahre Gottesverehrung. Der Wille Gottes, der durch sie geoffenbart wird, muß demütig entgegengenommen werden, dann entsteht eine innere Erleuchtung und das wahre Weltverständnis, das zu großem Heil und Erfolg führt.« Die Verehrung des erwachten Weisen ist nicht Konzentration auf ein einzelnes menschliches Wesen, sondern Zelebration des Tao, des urinnersten Gewahrseins, das durch alle Wesen zum Ausdruck kommt.

Wie das Orakel sagt, wird das Holz, das vom Wasser der Intelligenz genährt wird, schließlich verbrannt, um den alchimistischen Tiegel zu erhitzen. Alle gesellschaftlichen, künstlerischen, wissenschaftlichen und philosophischen Unternehmungen schüren das Opferfeuer des Geistes. Ohne diesen Brennstoff gäbe es keine Flamme, keine Verwandlung, keine Erleuchtung. Dies zeigt die enge Verbindung zwischen der intellektuellen und der künstlerischen Kreativität der Menschheit und ihrer spirituellen Erleuchtung. Die spirituelle Vision entzündet und verzehrt die Strukturen von Verstand und Kultur. So wird alles irdische und himmlische Sein im Tiegel des urinnersten Gewahrseins vermischt.

KAPITEL X

Entwurf einer Kontemplation

Dem Turiya des Advaita-Vedanta entgegen

Die bis hierhin erörterten Wege zur Erleuchtung können als kontemplativ beschrieben werden, aber die das kontemplative Leben ausmachende tatsächliche Praxis von Gebet und Meditation wurde bislang noch nicht eingehend behandelt. Aus diesem Grund möchte ich hier ein spirituelles Experiment vorstellen, das jeder unternehmen kann, der das Wesen der kontemplativen Praxis von innen zu sehen bekommen möchte. Das Experiment ist so allgemein gehalten, daß einerseits alle heiligen Traditionen mit ihren verschiedenen Hingabe- und Weisheitsformen in ihm Platz haben und es andererseits auch ohne irgendwelche religiösen Vorstellungen durchgeführt werden kann.

Ich spreche von einem Experiment, um diese allgemeinen Vorschläge für Gebet und Meditation von der spirituellen Unterweisung zu unterscheiden, die direkt von einem Lehrer erteilt wird, der einer bestimmten Tradition angehört. Jeder Suchende sollte die traditionelle Einweihung und die persönliche Anleitung mindestens eines authentischen spirituellen Lehrers erhalten. Dann experimentiert er nicht nur mit der Kontemplation, sondern lebt kontemplative Praxis. Das hier dargestellte Experiment kann Menschen, die nie eine traditionelle spirituelle Unterweisung erhalten haben, und auch solchen, die einer bestimmten heiligen Tradition verbunden sind, eine nützliche globale Perspektive geben.

Wenn wir verschiedene Methoden untersuchen, um das Gewahrsein zu kontrollieren, zu steigern und zu klären, sollten wir an die tiefgründige Lehre erleuchteter Menschen aus verschiedenen Traditionen denken: Ein harmonisches, ausgeglichenes Leben ist nicht nur die Vorbereitung zur Kontemplation, sondern auch ihre Praxis und ihr höchstes Ziel. Die kontemplative Stimmung ist die Essenz unseres Bewußtseins, nicht ein ihm aufgezwungener Zustand. Auch die intrinsische Natur des Lebens und die Natur des Seins sind von sich aus kontemplativ.

Wenn wir verstanden haben, daß Kontemplation in erster Linie bewußtes Leben und nur sekundär formale Praxis bedeutet, können wir eine Art des kontemplativen Lebens wählen, eine bestimmte Gebets- oder Meditationsdisziplin. Zum Vergleich möchte ich den Tanz nennen. Wenn wir körperliche Bewegungen als Tanz betrachten und mit einem bestimmten Tanztraining beginnen, vertieft sich unsere Bewunderung für natürliche Anmut und Ungezwungenheit und verliert sich nicht in der Strenge oder Theorie des Trainings. Ähnlich sollten wir, wenn wir unser Leben in einen formal liturgischen, kontemplativen Tanz verwandeln, unsere vollständige Bewegungsfreiheit behalten. Mit dieser Freiheit ist das mystische Gefühl gemeint, das vollkommenes Gebet bzw. vollkommene Meditation als Zentrum unseres Wesens begreift und unmittelbar dem Zentrum des Seins entstammt. Die wunderbare Struktur unserer spirituellen Praxis sollte direkt dem strukturlosen Urgrund des urinnersten Gewahrseins entwachsen. Wir sollten uns an der Schönheit der formalen Struktur genauso erfreuen wie an ihrem formlosen Ursprung. Viele Suchende, die durch religiöse Verpflichtung oder esoterisches Studium ein spirituelles Leben beginnen, beschäftigen sich zu sehr mit dem Aspekt der Struktur. Genauso extrem ist die Weigerung, den Wert einer strukturierten Praxis anzuerkennen. Ein Mensch, für den die spirituelle Praxis eng strukturiert ist, kann zumindest beginnen, sich zu entwickeln – wie ein Same, der zunächst in einen kleinen Topf gelegt und später ins offene Feld verpflanzt wird. Ein Mensch ohne spirituelle Praxis jedoch ist wie ein Same ohne Boden: Er kann keimen, aber keine Wurzeln in den Boden senden.

Wenn wir verschiedene Kontemplationsformen untersuchen, sollten wir auch daran denken, daß die persönliche moralische Entwicklung die einzig verläßliche Grundlage solcher Experimente ist. Mitgefühl und Klarheit sind das Ergebnis der moralischen Disziplin, deren Ziel nicht ist, innerhalb eines bestimmten Systems als gut oder schlecht definierte Handlungen und Impulse mechanisch anzuwenden, sondern im gesamten Denken und Verhalten Wahrhaftigkeit und liebevolle Anteilnahme auszudrücken. Ohne das Gleichgewicht, das durch diese moralische Disziplin geschaffen wird, können wir die kontemplative Praxis und die von ihr hervorgerufenen berauschenden Erfahrungen verzerren. Ehrlichkeit uns selbst und Verantwortlichkeit anderen gegenüber erdet gegen die potentiell gefährliche Elektrizität des spirituellen Lebens.

Es hängt von uns ab, wie sehr Gebet und Meditation nach außen sichtbar werden. Unabhängig vom gewählten Weg sollten wir uns bewußt sein, daß der magische Kreis der kontemplativen Praxis respektvoll und vorsichtig gezogen werden muß. Die andächtige meditative Stimmung kann einfach, aber nie unachtsam oder wahllos herbeigeführt werden. Die traditionellen Texte beschreiben jedes rituelle Detail einschließlich der Errichtung des Heiligtums bzw. der Visualisierung von Körper und Geist als Heiligtum. Die weltliche Haltung der zeitgenössischen Gesellschaft kann dabei durchaus übermäßigen Ritualismus ausgleichen und hat insofern ihren Wert. Wir brauchen uns nicht in eine völlig traditionelle Atmosphäre zurückzuziehen, in der jedes Detail des Lebens formal ist. Und doch müssen wir für formale Kontemplationsregeln empfänglich bleiben, wie etwa das Singen bestimmter Gebete oder Mantras, das Tragen bestimmter Kleider, das Essen bestimmter Speisen, das Erlernen neuer Sprachen und die Beschäftigung mit verschiedenen esoterischen Formen körperlichen und geistigen Trainings. Die ursprüngliche Verpflichtung zu Wahrhaftigkeit und Mitgefühl wird diese Gewohnheiten davor bewahren, rein theatralisch zu werden.

Als Beispiel einer Kontemplation möchte ich die Meditation des Theravada-Buddhismus erörtern, die den Atem beobachtet. Die Theravada-Tradition hält diese Praxis nicht nur für einen leichten und daher für Anfänger geeigneten Zugang zur kontemplativen Stimmung, sondern auch für eine machtvolle Übung, die uns durch alle Evolutionsstufen zur vollen Erleuchtung bringen kann. Der Buddha soll den Atem auch nach seiner Erleuchtung beobachtet haben, um sich zu erfrischen. Es ist eine universelle Praxis, die wir versuchen können, ob wir nun eine religiöse Bindung haben oder nicht. Die Beruhigung, Zentrierung und Vertiefung unseres Gewahrseins mit Hilfe dieser spirituellen Übung kann als Vorbereitung auf die vier Dimensionen der Kontemplation betrachtet werden, die später dargestellt werden.

Die Beobachtung des Atems bietet vielleicht den nächsten, greifbarsten Zugang zum urinnersten Gewahrsein, der dem spirituell Übenden leicht erreichbar ist. Der Atem kann nicht nur bei ruhiger Stimmung, sondern auch dann, wenn die Aufmerksamkeit auf verschiedene Weise abgelenkt ist, direkt beobachtet werden. Die Theravada-Tradition betont, daß der Atem eins der wenigen Meditationsobjekte ist, das man wirklich berühren kann. Der Übende denkt nicht über den Atem nach, er stellt ihn sich nicht vor und visualisiert ihn nicht, sondern berührt ihn ständig. Die traditionellen Texte beschreiben vier Stufen der Beobachtung des Atems.

1. Auf der ersten Stufe wird langsam gezählt: Ein- und Ausatmen werden als Eins gezählt, das nächste Ein- und Ausatmen als Zwei. Der Prozeß geht weiter bis zur Zehn und beginnt dann wieder bei der Eins. Das langsame Zählen wird fortgesetzt, bis die immer noch aufsteigenden Gedanken und Wahrnehmungen uns nicht mehr aus dem Zählen herausbringen.

2. Auf der zweiten Stufe wird der Atem langsamer, das Zählen aber schneller und daher komplizierter. Das Einatmen wird als Eins gezählt, das Ausatmen als Zwei, das folgende Einatmen als Drei, das folgende Ausatmen als Vier, was bis zur Zehn geht und dann wieder bei der Eins beginnt. Wir zählen jetzt zweimal so schnell und beginnen so, die Atemzüge zu verbinden, anstatt jedes Ein- und Ausatmen als getrennte Einheit zu betrachten. Das schnellere Zählen wird fortgesetzt, bis die einzelnen Atemzüge in einem unaufhörlichen Strom von Atemgewahrsein zu verschwinden beginnen.

3. In der dritten Phase hört das Zählen auf. Da der Atem als kontinuierlich erlebt wird, gibt es nichts zu zählen. An diesem Punkt kommt es zu dem, was die Tradition das Kontaktzeichen nennt. Wie die Texte sorgfältig erklären, erscheint dieses Zeichen auf der Oberlippe, wenn wir flachnasig sind, oder in der Nasenspitze, wenn wir eine vorstehende Nase haben. An dieser Stelle treffen Ein- und Ausatmung aufeinander. Der Punkt wird zu einem Mandala, einem Bereich, in dem das Gewahrsein konzentriert ist; er schimmert in unser Bewußtsein wie ein Kreis, wenn wir die Sonne anstarren und dann wegschauen. Wir hören jetzt auf, den Atem als zyklisches Strömen zu beobachten. Statt dessen wird das Kontaktzeichen, diese schimmernde Präsenz von Gewahrsein, zu unserem Brennpunkt. Andere Gedanken und Wahrnehmungen verschwinden oder werden nebensächlich. Die traditionellen Texte führen als Beispiel das Holzsägen an. Die Säge berührt

nur einen Punkt. Auf ihn konzentriert sich die Aufmerksamkeit des Bearbeiters, denn in ihm ist die Kraft des Prozesses konzentriert, an ihm geschieht die Verwandlung.

4. Auf der vierten Stufe wird nicht nur der Atem, sondern das gesamte Netzwerk von Körper und Geist zurückgelassen. Das Kontaktzeichen beginnt sich zu verändern. Die Texte sprechen davon, daß es zu verschiedenen visionären Erfahrungen kommen kann. Das Kontaktzeichen erscheint wie Funken oder fühlt sich wie Baumwolle oder Nebel an. Diese Erfahrungen spiegeln subtile Ereignisse im Nervensystem, die eintreten, wenn das Gewahrsein sich mehr und mehr konzentriert. Der Meditierende wird dann angewiesen, das Kontaktzeichen, das Mandala des Gewahrseins, in den Raum zwischen den Augenbrauen zu verlagern. Hier hört es auf, Kontaktzeichen zu sein, denn es gibt nichts mehr, das kontaktieren oder kontaktiert werden kann. Die Verdichtung des Bewußtseins, die wir Körper und Geist nennen, verschmilzt allmählich mit dem urinnersten Gewahrsein, wenn wir sie mit Hilfe des psychischen Zentrums zwischen den Augenbrauen konzentrieren.

Diese Übung konzentriert sich immer feiner auf den Geist-Körper und läutert allmählich unser Gewahrsein, bis der Geist-Körper als das Strahlen des höchsten Bewußtseins offenbart wird. Wir können nun alle Bilder aus verschiedenen heiligen Traditionen visualisieren, die aus diesem ursprünglichen Strahlen auftauchen, seine intrinsische Natur teilen und uns anziehen. Oder wir bleiben einfach beim Strahlen des urinnersten Gewahrseins selbst. Wir sollten diese vier Übungsstufen nun kurz versuchen, dabei aber daran denken, daß die wirkliche Beherrschung schon nur der ersten Stufe Wochen geduldigen Bemühens erfordern kann.

Bei der buddhistischen Praxis der Beobachtung des Atems wird nicht versucht, den Atem bewußt zu verkürzen, zu verlangsamen oder zurückhalten. Man versucht nur, sich einfach und natürlich auf die Stetigkeit bzw. Einheit des Atems einzustimmen. Im Verlauf dieser Übung erleben wir jedoch von selbst das, was die Tradition als subtiles Atmen bezeichnet. Die alten Texte illustrieren es wie folgt: Unser normales Atmen verhält sich zum subtilen Atmen wie der Atem eines Menschen, der eine Anhöhe hinaufwandert, zum Atem eines Menschen, der am Gipfel dieser Anhöhe rastet. Was wir für entspanntes Atmen halten, ist im Vergleich zum subtilen Atmen holprig und hektisch. Der Blick von der Hügelspitze des subtilen Atmens erlaubt uns, den Geist-Körper als das Strahlen des höchsten Bewußtseins zu erkennen.

Durch die Kontemplation des Atems auf jeder der vier Stufen wird unser Gewahrsein allmählich ruhiger und intensiver. Auf diesem universellen Fundament können wir unter Verwendung der Grundelemente Stimmung, Mantra und Visualisierung weitere Gebets- und Meditationsübungen aufbauen. Jeder von uns kann so sein eigenes, einzigartiges Kontemplationsexperiment entwerfen.

Zu Beginn sollten wir eine kontemplative Stimmung wählen, die unserem Temperament entspricht, eine Intuitions- oder Gefühlsform, in der unsere spirituelle Praxis sich so entwikkeln kann wie eine Symphonie in einer bestimmten Tonart. Wir können von vier grundlegenden kontemplativen Stimmungen sprechen: Energie, Liebe, Friede und Einsicht. Möglicherweise wollen wir am Ende wie ein Komponist, der die Tonarten wechselt, die vier verbinden, aber wir sollten eine Hauptstimmung wählen, in der wir unser Experiment beginnen. Jede Grundstimmung hat ihre charakteristische Konzeption der Realität, ihre spezielle Haltung zu kontemplativer Praxis und spiritueller Erfahrung – strukturelle Ähnlichkeiten, die der unendlichen Vielfalt spiritueller Stimmungen in verschiedenen Kulturen zugrunde liegen.

Die Stimmung der Energie stellt uns auf alle Formen schöpferischen Handelns ein. Körper, Seele und Geist nehmen die vom Zentrum des Lebens ausströmende Kraft auf. Jeder Atemzug bekräftigt das Leben und die Verbindung mit allem Leben. Ein persönlicher Gott ist hier nicht notwendig. Wir betrachten die transzendentale Sonne reiner bewußter Energie am Ursprung des Universums und setzen diese Kontemplation in Handlung um, indem wir gestalten und dienen.

In der Stimmung der Liebe werden verschiedene Manifestationen der höchsten Person als essentielle Natur der Realität angesprochen. Wir erleben die Ekstase, durch unsere Person mit der höchsten Person des Göttlichen zu kommunizieren. Wir schauen die göttliche Liebe, die heilige Formen annimmt, um alle Wesen zu leiten, zu nähren und zu schützen. Mit freudiger Intensität beschäftigen wir uns mit verschiedenen Formen der Verehrung und des Gebets und lieben alle Menschen als Abbild des Göttlichen.

In der Stimmung des Friedens bewegen wir uns auf das Ideal der völligen Befreiung zu, das Eintauchen in die transzendente Gottheit. Kontemplativ betrachten wir den See des reinen Bewußtseins, dessen Oberfläche unbeweglich bleibt und von den Stürmen der Begierde nicht berührt wird. Unser einziger Gedanke ist, daß alle Menschen schließlich jenes Absolute erleben, in dem Personen und Ereignisse völlig in ihrem Ursprung aufgehen.

In der Stimmung der Einsicht betrachten wir alle Phänomene als Ausdruck derselben intrinsischen Natur. Diese einzige Essenz ist als das transzendente Absolute in Ruhe und als das Drama der Existenz zugleich in Bewegung. Es gibt weder Gefangenschaft noch Befreiung. Wir schauen die Identität unserer essentiellen Natur, die urinnerstes Gewahrsein ist, mit der essentiellen Natur aller irdischen und himmlischen Phänomene. Wir freuen uns an allen Formen und erkennen

sie gleichzeitig als vollkommen transparente Strukturen des Bewußtseins.
Wenn wir eine kontemplative Hauptstimmung gewählt haben, die unserem Gefühl und unserer Intuition entsprechend entwickelt und vertieft wird, können wir ein Mantra wählen. Die Essenz der Mantra-Praxis ist Wiederholung, die aber nicht hypnotisch, sondern offenbarend wirkt. Abgestimmt auf unseren durch die Beobachtung des Atems feiner gewordenen Atemzyklus sollten wir nun im Geist immer wieder ein kurzes Gebet, eine Anrufung, einen Satz, ein Wort oder einen Laut wiederholen, der an die von uns gewählte kontemplative Stimmung erinnert. Dieses Mantra, das wir durch Versuche wählen oder das sich uns offenbart, braucht keiner bestimmten heiligen Tradition zu entstammen; es sollte einfach die Kraft haben, die Stimmung der Energie, der Liebe, des Friedens oder der Einsicht in uns zu wecken.
Dem Klang des Mantras, das zwar nicht laut wiederholt wird, aber doch durch unser ganzes Gewahrsein tönt, entspricht das Licht unserer Visualisierung. Die Wahl eines Bildes, das visualisiert werden soll, gleicht der Wahl eines Mantras. Wir können uns vorstellen, daß irgendeine menschliche oder göttliche Gestalt, irgendein irdisches oder himmlisches Objekt, das für uns als Sakrament fungiert, aus dem Strahlen des urinnersten Gewahrseins auftaucht und unsere kontemplative Stimmung konzentriert. Der innere Ton des Mantras und das innere Licht der Visualisierung verschmelzen und schimmern melodisch im Zentrum unseres bewußten Wesens. Dieses Zentrum, das der Tempel oder der Urgrund unserer kontemplativen Praxis ist, kann man sich als strahlende Präsenz zwei Fingerbreit rechts vom Brustbein vorstellen.
Der Sanskrit-Begriff für diese visualisierte Bild ist Ishta-Deva, das »Erwählte Ideal« oder die unsere Kontemplation anleitende Gottheit. Jede traditionelle Manifestation des Göttli-

chen kann zu unserem Ishta-Deva werden: Shiva, Allah, Christus, Krishna, Buddha, Yahwe oder eine andere der zahllosen Formen der Gottheit, wie etwa Kali oder Maria. Unser Ishta-Deva könnte auch ein lebender Mensch sein, den wir als Lehrer lieben und respektieren, oder eine spirituelle Eigenschaft wie Friede oder Harmonie, Wahrheit oder Mitgefühl. Auch wenn unser spezieller Ishta-Deva nicht als Bild darstellbar ist, stimmt man sich auf seine Präsenz, seine Realität, ein, indem man mit ihm zusammenhängende symbolische Formen visualisiert, etwa bestimmte heilige Texte, Lehrer, Wallfahrtsstätten oder Orte natürlicher Schönheit. Ob unser »Erwähltes Ideal« eine funkelnde Leere, ein heiliger Berg oder ein heiliges Kind ist, die Essenz des kontemplativen Prozesses bleibt dieselbe.

Zu Beginn ist das Visualisieren eine bewußte Anstrengung der Vorstellungskraft, aber allmählich entwickelt sie sich zur mystischen Vision des Ishta-Deva. Dies ist jener Bereich der spirituellen Erfahrung, in dem man die machtvolle Präsenz des Ishta-Deva erkennt oder fühlt, ohne die Vorstellungskraft anzustrengen. Die Kontemplation wird zur Offenbarung. Wir unterscheiden vier Dimensionen der Kontemplation, in denen das »Erwählte Ideal« das Ishta-Deva sich jeweils anders offenbart. Zum Abschluß unseres Kontemplationsexperiments sollten wir unser Gewahrsein in jede dieser vier Offenbarungsformen vertiefen und dabei unsere Stimmung, unser Mantra und unseren Ishta-Deva benutzen. Durch eine solche spirituelle Imagination können wir einen ersten flüchtigen Blick auf die Natur der offenbarenden Erfahrung werfen.

Die erste Dimension ist andächtige Kontemplation. Die Form oder Präsenz des Ishta-Deva wird durch das Mantra angerufen und erscheint pulsierend lebendig, bestehend aus dem Strahlen des Bewußtseins. Dabei projizieren wir das »Erwählte Ideal« nicht. Tatsächlich ist es so, daß das ursprüngliche

Strahlen, das die Form des Ishta-Deva annimmt, alle Phänomene projiziert, die wir als Universum bezeichnen. Der von uns gewählte Ishta-Deva stellt den Archetyp bzw. die Tür der Kraft dar, durch die wir zu Anfang aus dem ursprünglichen Strahlen auftauchten und durch die wir jetzt heimzukehren suchen. In dieser ersten Dimension der Kontemplation drückt die mystische Verwandtschaft zwischen Übendem und »Erwähltem Ideal« sich zunächst als Verehrung oder Ehrfurcht aus und dann allmählich als Freundschaft, als Nähe. Anbetung und Verehrung des Göttlichen reifen in die Unterhaltung, die Kommunion, mit dem Göttlichen hinein. Diese Vertrautheit entsteht unabhängig davon, ob das »Erwählte Ideal« ein persönliches Wesen ist oder nicht. Der Ishta-Deva führt den Übenden durch Worte, Bilder oder einfach seine machtvolle Präsenz.

Die volle spirituelle Erleuchtung des Übenden kann in dieser ersten Dimension beginnen, aber es gibt eine zweite Dimension, die sich mit der ersten überschneidet. In ihr geht die Andacht über in die stille Meditation, wenn unser Gefühl für die Vertrautheit oder Kommunion mit dem Ishta-Deva sich weiter vertieft. Der Kontemplierende und sein »Erwähltes Ideal« gehen ineinander über und verschmelzen schließlich völlig. Wir erkennen allmählich, daß die göttliche Form, die göttliche Präsenz, unser eigener Archetyp ist, ein Bild unserer eigenen essentiellen Natur. Aber der Ishta-Deva verschwindet nicht in uns; wir als Individuen gehen in ihm auf, der als einziger bleibt. Trotzdem verlieren wir unser individuelles Wesen nicht, wenn wir mit dem Objekt unserer Kontemplation verschmelzen, denn es war von Anfang an unser eigener Archetyp, der Ursprung des fragmentarischen Widerscheins, den wir als unsere individuelle Person bezeichnen. Wir sind jetzt ein transzendentes Zentrum des Bewußtseins, das sich durch die formlose Präsenz des Ishta-Deva ausdrückt. Wir erfahren das Leben des Ishta-Deva von innen. Wir begegnen uns bewußt und werden in unserer archetypischen und ewigen Natur zu uns selbst.

Während in der zweiten Dimension der Kontemplation unser scheinbares Selbst von der edelsteingleichen Flamme seines göttlichen Archetyps verzehrt wird, löst dieser Archetyp selbst sich in der dritten Dimension in seiner eigenen Essenz, seinem Urgrund, auf. Im Zentrum des Ishta-Deva ist das ursprüngliche Strahlen, aus dem er aufgetaucht ist, zu dem er zurückkehrt und in dem er jetzt aufgeht. Auch bei dieser Auflösung geht nichts verloren. Das Entzücken und der Wert aller irdischen und transzendentalen Lebensformen gehen von ihrer essentiellen Natur aus, die formloses Strahlen ist. Jetzt kommt es zur völligen Befreiung in das Strahlen des formlosen Bewußtseins. Es gibt keinen Ishta-Deva, keinen Meditierenden und keine Meditation – und auch kein Gewahrsein, daß eins von diesen nicht da ist. Es gibt nur Strahlen. Diese dritte Dimension der Kontemplation kann keinen Brennpunkt haben. Wir können das ursprüngliche Strahlen nicht beobachten, denn es gibt nichts Abgesondertes, das man beobachten könnte, und keinen Beobachter. Trotzdem kann dieses Strahlen nicht ignoriert werden, denn es ist reine Aufmerksamkeit.

Diese dritte Dimension der Kontemplation sollte man sich nicht als einfach leer vorstellen. Die Welt des Verstands und der Sinne kann über den Himmel des reinen Bewußtseins jagen wie Wolken an einem hellen, windigen Tag. Oder der Himmel des Bewußtseins bleibt völlig klar und doch voll strahlenden Gewahrseins. Es muß nicht gekämpft werden, um die Wolken des Denkens und Empfindens zu zerstreuen, als ob sie die Kontemplation unterbrechen könnten, denn nichts kann das ursprüngliche Strahlen unterbrechen, in dem wir und unser Ishta-Deva nun entschwunden sind. Es ist nicht mehr notwendig zu meditieren. Auch wenn wir es versuchen würden, könnten wir das ursprüngliche Strahlen, das durch alle auftauchenden Gedanken und auch die Abwesenheit von Gedanken vollkommen ausgedrückt wird, nicht ignorieren. Diese dritte Dimension gleicht der Erfüllung, die der Hörer nach dem letzten Akkord eine Symphonie erlebt, wenn die Stille als reine Musik erfahren wird. Die Symphonie der Formen und Archetypen war ergreifend und mitreißend, aber jetzt existiert sie nur, um die Stille des ursprünglichen Strahlens, die allmählich als in sich vollständig erkannt wird, zu vertiefen und zu betonen. In dieser dritten Dimension besteht nie das Gefühl, daß Formen oder Klänge tatsächlich da sind. Sie sind höchstens transparente Träume.

Wenn wir die vierte Dimension betreten, kommt es zu einem weiteren unerwarteten Übergang. Noch subtiler als der Schritt von der archetypischen Form zum formlosen Strahlen ist das Wiederauftauchen unseres Ishta-Deva, der sich als alle Menschen, alle Lebensformen, alle Planeten und Galaxien in allen Räumen und Zeiten sowie alle göttlichen Formen und ihre himmlischen Reiche jenseits des physischen Raums und der physischen Zeit manifestiert. Wir sind immer noch Ausdruck unseres speziellen Archetyps, und dies in Ewigkeit, aber damit ist keine Ausschließung mehr verbunden: Alle Archetypen durchdringen einander vollkommen. Keine der anderen drei Dimensionen wird durch die vierte gelöscht. Die vollkommene Stille der dritten Dimension bleibt als Gegenstück der universellen Musik des Ishta-Deva zurück, die in der vierten Dimension als ein Leben auf allen Ebenen widerhallt. Auch die ersten beiden Dimensionen bleiben zugänglich: Wir können andächtig mit dem Ishta-Deva kommunizieren, und wir können in ihm aufgehen. Die vier Dimensionen durchdringen einander, ohne sich zu behindern oder auszuschließen.

In der ersten Dimension betrachten wir eine göttliche Form oder Präsenz. In der zweiten Dimension entschwindet das begrenzte Individuum und lebt als göttliche Präsenz weiter. In der dritten Dimension geht die göttliche Präsenz im ursprünglichen Strahlen auf. In der vierten Dimension offenbart dieses ursprüngliche Strahlen seinerseits sich als alle Muster des Seins, die in ewigem Fließen wiedererscheinen und vom Zentrum des speziellen Ishta-Deva oder Archetyps ausgehen, der wir sind.

In der vierten Dimension wird nichts von unserer Kontemplation ausgeschlossen. Ursprüngliches Strahlen und die zahllosen Ausdrucksformen des Lebens sind verschmolzen. Unser Ishta-Deva ist überall. Die heiligen Sakramente aller Kulturen sind zu unseren Sakramenten geworden, die Wege aller Wesen zu unseren Wegen. Jeder Bewußtseinsinhalt verkündet die Verschmelzung der Formen und das formlose Strahlen, das ihre Essenz ist. In diesem Augenblick erkennt jeder von uns mit offenen Augen die Verschmelzung aller Phänomene als ursprüngliches Strahlen direkt. Es ist nicht mehr nur ein kontemplativer Begriff. Sogar unsere körperlichen, normal funktionierenden Sinne registrieren diese Verschmelzung. Alles ist Verschmelzung. Die vier Dimensionen sind eins.

Die genannten vier Dimensionen der Kontemplation spiegeln die von der Schule des Advaita-Vedanta vor ungefähr fünfzehnhundert Jahren auf dem indischen Subkontinent entwikkelte Analyse des Bewußtseins. Diese alten Denker, die in erster Linie Praktiker der Kontemplation waren, sprechen auch von einer vierfachen Struktur: drei grundlegenden Bewußtseinszuständen – Wachen, Träumen, traumloser Schlaf – und Turiya, das kein besonderer Bewußtseinszustand ist, sondern das urinnerste Gewahrsein selbst.

Der Wachzustand präsentiert uns eine Welt getrennter Wesen

und ist der ersten Dimension der Kontemplation vergleichbar, in dem zwischen dem Verehrenden und dem Gegenstand der Verehrung (dem Ishta-Deva) eine Trennung besteht. Im Traumzustand tendieren die Wesen dazu, ineinander zu verschmelzen, weil die gesamte Traumwelt aus unserem eigenen Bewußtsein besteht, auch wenn sie kompliziert oder objektiv erscheint. Daher ist der Traumzustand der zweiten Dimension der Kontemplation vergleichbar, in der der Meditierende mit dem Gegenstand der Meditation verschmilzt und erkennt, daß der Ishta-Deva die Essenz seines eigenen Bewußtseins ist. Der Zustand des traumlosen Schlafs ist der dritten Dimension der Kontemplation vergleichbar, in der alle Formen in formlosem Strahlen verschwinden. Und Turiya, der Sanskrit-Begriff für »das vierte«, entspricht der vierten Dimension der Kontemplation. Wie die vierte Dimension die anderen drei Dimensionen umfaßt, so umfaßt Turiya oder urinnerstes Gewahrsein die drei Zustände des Wachens, Träumens und traumlosen Schlafs. Ich möchte nun die alte Vedanta-Analyse der drei Zustände und Turiyas mit modernen Begriffen erhellen, um so unser kontemplatives Experiment in einem philosophischen Verständnis zu verankern.

Das Wachbewußtsein ist Ursprung der rationalen, moralischen, organisatorischen und technologischen Aspekte des menschlichen Tuns und Denkens. Turiya hebt den Wachzustand nicht auf, sondern drückt sich durch ihn aus. Deshalb darf der Wachzustand mit seinen präzisen und praktischen Anforderungen und Verantwortlichkeiten nicht als eine niedrigere Ebene betrachtet werden, die wir durch den Prozeß der Erleuchtung am Ende transzendieren. Die Dimension des Wachens muß geschätzt, verfeinert und entwickelt und schließlich als vollkommene Ausdrucksform von Turiya, dem höchsten Bewußtsein, erkannt werden.

Im Wachzustand existiert der Urwunsch zu besitzen, der das

in ihm bestehende Gefühl der Trennung zum Ausdruck bringt. Das Traumbewußtsein, das Ursprung der romantischen, künstlerischen, zeremoniellen und spielerischen Aspekte des menschlichen Tuns und Denkens ist, dreht sich um den Urwunsch, besessen zu sein, und setzt so das Verschwinden der Trennung in Szene. Der Zustand des traumlosen Schlafs ist Ursprung der menschlichen Sehnsucht nach Freiheit von Begrenzungen, der Sehnsucht, mit der göttlichen Transzendenz zu verschmelzen oder auf andere Weise erlöst zu werden. Damit impliziert er jedoch den Urwunsch, sich von Denken und Tun zurückzuziehen. Wenn diese drei Urwünsche – zu besitzen, besessen zu sein und sich zurückzuziehen – durch das Erwachen zu Turiya ausgemerzt werden, werden die drei elementaren Bewußtseinszustände nicht gelöscht, sondern als strahlender Ausdruck des urinnersten Gewahrseins gelebt.

Turiya bzw. urinnerstes Gewahrsein drückt sich als Wachen, Traum und traumloser Schlaf aus, aber es ist weder in diesen Zuständen enthalten noch durch sie definierbar. Turiya ist nicht der rationale, moralische, organisatorische, technologische Kontext des Wachbewußtseins. Turiya ist nicht der romantische, künstlerische, zeremonielle, spielerische Kontext des Traums, der ins Wachbewußtsein eindringt. Turiya ist auch nicht die Abwesenheit von Aktivität und die vollständige Befreiung von Anteilnahme, die der Zustand des traumlosen Schlafs liefert. Und doch existieren diese drei Bewußtseinszustände nicht getrennt von Turiya.

Verschiedene Bilder für Turiya sind vorgeschlagen worden, aber seinem Wesen nach ist es nicht darstellbar. Die traditionelle Vedanta-Philosophie beschreibt Turiya oft als den »Zeugen der drei Zustände«. Diese Formulierung ist nicht ganz angemessen, weil sie auf eine Dualität zwischen Turiya und den drei bezeugten Zuständen hindeutet. Moderne Vedanta-Denker vergleichen Turiya mit einer Leinwand und die drei Bewußtseinszustände und alle Phänomene als Filmprojektionen auf dieser Leinwand. Aber auch dieses Bild ist unvollständig, weil Turiya im Gegensatz zur Leinwand nicht träge, statisch, materiell oder objektivierbar ist. Turiya ist auch nicht von den Phänomenen getrennt wie die Leinwand von den auf sie projizierten Filmen. Mein Vedanta-Lehrer, Swami Nikhilananda, sagte oft, daß Turiya alle Phänomene des Universums durchdringt, wie die Wüste durch die Luftspiegelung hindurch da ist, und daß die Luftspiegelung kein einziges Sandkorn näßt. Betrachten wir diese Analogie genauer. Die Phänomene des Universums sind nichts als Turiya, genauso wie die Wassertropfen der Luftspiegelung an sich nur Sand sind. Es gibt nichts von Turiya Getrenntes, das als Luftspiegelung von Phänomenen isoliert werden kann. Die Luftspiegelung ist nichts weiter als die Wüste in einem bestimmten Zustand. Ähnlich ist die Fata Morgana des Wachens, Träumens und traumlosen Schlafs unter bestimmten Bedingungen erfahrenes Turiya, urinnerstes Gewahrsein. Trotzdem können wir nicht behaupten, daß Turiya tatsächlich vom Reich der Phänomene berührt wird; dies wäre genauso absurd wie die Vorstellung, daß die Luftspiegelung tatsächlich den Wüstensand näßt.

Genausowenig wie Turiya ein Bewußtseinszustand ist, sondern sich durch alle Bewußtseinszustände ausdrückt, ist es eine Erfahrung. Aus unserer Perspektive als Suchende stellen wir uns vielleicht vor, daß wir irgendwann einmal um eine bestimmte »spirituelle Ecke« biegen und dann schließlich die unermeßliche, neue Vision dessen erleben, was wirklich das Höchste ist. Aber damit würden wir das Höchste mißverstehen.

Turiya ist keine besondere Erfahrung, sondern das, was alle Erfahrungen ausmacht. Turiya stellt keine neuen Daten und keine neue Perspektive zur Verfügung. Turiya ist das urinnerste Gewahrsein, aus dem jede unserer himmlischen oder irdischen Erfahrungen besteht.

Das Prinzip einer mathematischen Serie ist nicht Teil dieser mathematischen Serie. Wenn wir die Serie 2, 4, 6, 8, 10, 12 betrachten, wird uns klar, daß hier ein Prinzip vorliegt, durch das wir diese Serie unendlich fortsetzen könnten. Genauso erwacht das Verständnis von Turiya. Turiya ist weder eine weitere Zahl noch eine weitere Erfahrung, noch ein weiteres Phänomen. Turiya ist das Prinzip der Serie. Und wir wußten immer von Turiya. Ein kleines Kind singt: »Zwei, vier, sechs, acht, und die Nacht kommt ganz sacht.« Wenn das Kind dann das Prinzip dieser Serie versteht und endlos ganze Zahlen erzeugen kann, hat sich an seiner frühen intuitiven Vertrautheit mit »Zwei, vier, sechs, acht« nichts wirklich geändert. Aus dem gleichen Grund machen Zen-Meister oft abschätzige Bemerkungen über angebliche Erleuchtungserlebnisse. Wenn wir laut unsere Erleuchtung verkünden, weisen sie darauf hin, daß wir uns mit »Unsinn« beschäftigen oder »nach Zen stinken«, denn wenn wir einen flüchtigen Blick auf das Prinzip der Serie geworfen haben, stellen wir uns vielleicht irrtümlich vor, wir hätten plötzlich Turiya erlebt. In Wirklichkeit haben wir das Prinzip der Serie, das einfach urinnerstes Gewahrsein ist, intuitiv immer gekannt.

Vivekananda erzählte seinem Lehrer Ramakrishna einmal, sein höchstes spirituelles Ziel sei, tagelang in Nirvikalpa-Samadhi versunken zu sein, dem Sichauflösen aller Formen in der absoluten Gottheit. Er sehnte sich aufrichtig nach dem, was er damals als höchste spirituelle Erfahrung betrachtete. Aber Ramakrishna, der einmal sechs Monate, während deren er zwangsweise ernährt werden mußte, in ununterbrochenem Nirvikalpa-Samadhi verbracht hatte, antwortete: »Du bist ein Narr. Es gibt eine Erkenntnis, die höher ist als Nirvikalpa-

Samadhi.« Vivekananda beschäftige sich damals mit dem, was wir als dritte Dimension der Kontemplation bezeichnet haben, und Ramakrishna versuchte, ihn auf die vierte Dimension, Turiya, hin zu orientieren.
Vivekananda lebte schließlich ständig in der natürlichen Erkenntnis von Turiya, das Ramakrishna ihm als höher respektive umfassender als Nirvikalpa-Samadhi beschrieben hatte. Gelegentlich brachte Vivekananda seiner Umgebung gegenüber zum Ausdruck, wie er Turiya verstand, das er auch als Brahman bezeichnete. Sein Biograph Nikhilananda schreibt: »Einmal sahen wir, wie Swami Vivekananda auf einem Feldbett unter dem Mangobaum im Hof des Klosters saß. Die Mönche und Novizen um ihn herum erledigten geschäftig ihre täglichen Pflichten. Einer kehrte den Hof mit einem großen Besen. Swami Premananda stieg nach seinem Bad die Stufen zum Heiligtum hinauf. Plötzlich sagte Swami Vivekananda zu einem Schüler: ›Wohin gehst du, um Brahman zu suchen? Hier, hier ist der sichtbare Brahman! Schande über jene, die den sichtbaren Brahman vernachlässigen und ihren Verstand mit anderen Dingen beschäftigen. Seht ihr nicht? Hier, hier, hier ist Brahman!‹ Diese Worte trafen die ihn Umstehenden wie ein elektrischer Schlag. Der Besen in der Hand des Kehrenden hielt inne. Jeder erlebte einen unbeschreiblichen Frieden. Schließlich sagte der Swami zu Premananda: ›Jetzt kannst du zur Anbetung gehen.‹« Alle Strukturen der Arbeit und Verehrung bleiben, wenn das Verständnis von Turiya erwacht, aber sie werden jetzt mit etwas erlebt, das »unbeschreiblicher Friede« genannt werden kann, obschon damit nicht eine vom reinen Fluß des Gewahrseins deutlich getrennte Eigenschaft gemeint ist.
Obwohl Turiya das Höchste ist, ist es unmittelbar zugänglich. Wir brauchen kein erleuchteter Weiser wie Vivekananda zu sein, um Turiya bewußt zu leben. Das erste Erwachen zu

Turiya kann für jeden sofort geschehen. Es erfordert keine langen Jahre der Meditation. Wie Ramana Maharshi bemerkte, brauchen wir keinen Spiegel, um zu wissen, daß wir existieren. Unser bewußtes Wesen besitzt die unwandelbare Eigenschaft der Unmittelbarkeit, und diese ist Turiya, urinnerstes Gewahrsein. Turiya verbirgt weder Strukturen des Bewußtseins, noch wird es durch Phänomene verborgen. Die gesamte Skala ethischer Verantwortung, sozialer Aktion, wissenschaftlicher Forschung und künstlerischen Schaffens sowie alle Formen der Meditation und Verehrung bleiben auch nach dem Erwachen zu Turiya wirksam und wichtig, aber sie werden nicht mehr, wie Suzuki Roshi sagt, mit der »Vorstellung des Erreichens« in Angriff genommen.

In Turiya gibt es weder Erreichen noch Verlieren. Das urinnerste Gewahrsein geht nirgendwohin, aber es steht auch nicht still. Turiya ist kein statischer Zustand, der keine Lebensformen enthält; dies ist ein Bild aus dem traumlosen Schlaf. Turiya ist das »Ist«, das in allem und durch alles, das *ist*, auf allen Ebenen und jenseits aller Ebenen intensiv und lebendig *ist*. Das »Ist« ist das Prinzip der Serie. Durch den Umgang mit den Gliedern der Serie – »Dies ist, das ist, sie ist, er ist« – erkennen wir auf natürliche Weise, daß es ein Prinzip gibt, durch das in jedem Augenblick zahllose Glieder der Serie erzeugt werden, daß das Prinzip selbst aber nicht Glied der Serie ist. Das höchste Prinzip ist daher nicht »etwas, das ist«. Es gibt nichts, das wir begrifflich oder experimentell erfassen können, um »Dies ist Ist« behaupten zu können; und doch ist nichts so allgegenwärtig oder bleibend wie das »Ist«. Es gibt keine erhabene spirituelle Erfahrung, die wir fördern können, um dem »Ist«, das bereits Zentrum aller weltlichen und spirituellen Erfahrung ist, zu begegnen. Daher kann es in Turiya keine »Vorstellung des Erreichens« geben.

Bei unerleuchtetem Leben in den drei Zuständen steht die

Vorstellung des Erreichens im Vordergrund: traumloser Schlaf ist der Wunsch, von Sorge und Aktivität erlöst zu werden, Träumen ist Wunscherfüllung, der Wachzustand wird vom Besitzwunsch genährt. Die Vorstellung des Erreichens durchdringt alle drei Bewußtseinszustände, wenn man sich nicht im Verständnis für Turiya auf sie einläßt; wenn jedoch das Verständnis für Turiya erwacht, kann man sich ohne die Vorstellung des Erreichens auf sie einlassen. Am allerwenigsten kann man Turiya verdienen. Es ist völlig unangemessen, Turiya zu wollen oder sich zu bemühen, Turiya anzuziehen. Wir können Turiya weder näher kommen, indem wir Erfahrungen ablehnen, noch, indem wir sie suchen.

Suzuki Roshi weist darauf hin, wie die Vorstellung des Erreichens in die kontemplative Praxis eindringen kann, was dann unser irriges Gefühl der Getrenntheit von Turiya bestätigt: »Wenn du Zazen praktizierst, wirst du im allgemeinen sehr idealistisch, und du setzt dir ein Ideal oder ein Ziel, das du zu erreichen und zu erfüllen suchst. Aber wie ich oft gesagt habe, ist dies absurd. Wenn du idealistisch bist, hast du die Vorstellung des Erreichens in dir. Wenn du dein Ideal oder dein Ziel erreicht hast, schafft deine Vorstellung des Erreichens ein anderes Ideal. Du opferst dich immer jetzt für irgendeine Zukunft. Du endest mit nichts.« Suzuki Roshi, ein moderner Zen-Meister, erinnert daran, daß die Erfahrung der kontemplativen Seligkeit auch dann, wenn sie nicht gesucht wurde, subtile imaginäre Barrieren für das Verständnis von Turiya aufbauen kann. »Ein weiterer Fehler wäre, um der Freude willen zu üben, die du [am Zazen] findest ... Am besten ist es, wenn du Zazen ohne Freude an ihm übst, auch ohne spirituelle Freude ... und beim Üben alles über dich vergißt.« Turiya ist keine Erfahrung, um Seligkeit oder Freude zu *erreichen.* Die Schüler Vivekanandas, die ihn den sichtbaren Brahman oder Turiya anrufen hörten, waren spirituell erwacht und erlebten daher eine gewisse Seligkeit. Aber ihre Seligkeit war die Beseitigung allen Strebens, Seligkeit zu *erreichen.* Ihr Friede war die Abwesenheit des Bedürfnisses, Frieden zu *erreichen.* Auch nur einen Augenblick lang von der Vorstellung des Erreichens frei zu sein gibt in diesem höchsten Sinne Seligkeit und Frieden. Aber man kann die Vorstellung des Erreichens auch nicht zwanghaft unterdrücken. Die Vorstellung des Erreichens muß sich ganz natürlich in der Vollständigkeit und Einfachheit von Turiya auflösen.

Swami Nikhilananda sagte oft, daß der erleuchtete Mensch »jede Erfahrung als Turiya betrachtet«; er erinnert uns so daran, daß wir sorgsam vermeiden müssen, zwischen den drei Zuständen und Turiya eine Dualität zu schaffen. Aber das Verständnis von Turiya kehrt unsere normale Erfahrung der drei Zustände völlig um, was das erste trügerische Gefühl erklärt, Erleuchtung sei eine Revolution im Alltagsbewußtsein. Wenn wir die Innenseite eines rechten Handschuhs nach außen kehren, wird er zu einem linken Handschuh, obwohl wir seine Bestandteile nicht verändert haben. Genausowenig verändern wir die drei Zustände des relativen Bewußtseins, wenn wir erkennen, daß sie Turiya sind, und doch ist unsere Ausrichtung völlig anders. Für den erleuchteten Menschen gibt es keine unabhängigen Bewußtseinszustände, die Turiya irgendwie durchdringt. Es gibt nur Turiya. Die drei Zustände zeigen sich bei näherer Betrachtung als ein Bewußtseinskontinuum, ein Spektrum, in dem das klare Licht von Turiya sich in drei Hauptfarben bricht. Mit ihnen färben wir unsere Welt. Die Schriften des buddhistischen Mahayana schildern die Welt oft als Widerschein des Mondes im Wasser. Wir greifen ins Wasser, aber wir können den reflektierten Mond nie fassen. Trotzdem können wir diesen Mond klar erkennen und die Jahreszeiten mit ihm messen. Daher sind Gegenstände und Begriffe wichtig, auch wenn sie einfach Turiya und daher so unfaßbar wie der reflektierte Mond sind. Auf einige Gegenstände und Begriffe kann man sich für praktische Zwecke berufen, während andere sich als imaginär oder falsch erweisen. Die Phänomene des Wachzustands nennen wir Universum, und die Unterscheidungen, die wir zwischen ihnen treffen, sollten nicht aufgegeben werden. Phänomene sind einfach nicht so da, wie wir es uns gemeinhin vorstellen. Ein kleines Kind stellt sich vielleicht vor, daß tatsächlich der Mond im Teich schwimmt. Wie dieses Kind bilden wir uns ein, daß ein wirklicher Gegenstand oder Begriff auf dem Teich unseres Wahrnehmens oder Denkens schwimmt, obwohl da nur das strahlende Wasser des urinnersten Gewahrseins bzw. Turiya ist.

Weit davon entfernt, nicht ausdrückbar zu sein, wird Turiya unvermeidlich durch alle Sprachen und Bilder ausgedrückt. Die Sprache des Pferderennens beispielsweise drückt Turiya genauso aus wie die komplizierte philosophische Sprache des Vedanta oder des Mahayana. Während einige Sprachen im Hinblick auf ihr Fundament im urinnersten Gewahrsein bewußter sind als andere, baut keine mehr als eine andere auf ihm auf. Wir behaupten dies gerne, aber eine solche Unterscheidung existiert nur vom relativen Standpunkt aus und ist nichts als ein weiterer Versuch, den im Teich sich spiegelnden Mond zu fassen. Die Teilnahme an einem Pferderennen drückt Turiya genauso aus wie das Meditieren. Eine Rose ist nicht »entwickelter« als eine Apfelblüte. Auch wenn sie ziemlich verschieden erscheinen, wachsen sie beide auf demselben Boden und gemäß demselben grundlegenden Prinzip. Ähnlich ist der Weise nicht »entwickelter« als ein gewöhnlicher Mensch. Beide entwachsen dem Boden von Turiya. Deshalb bestehen Weise so oft darauf, nicht außergewöhnlicher zu sein als irgend jemand anders.

Turiya oder urinnerstes Gewahrsein entwickelt sich nicht.

Der Evolutionsprozeß im Reich der Phänomene wird nicht geleugnet. Aber im Grunde entwickelt sich nichts, denn die essentielle Natur aller Wesen und Phänomene ist bereits das Strahlen des höchsten Bewußtseins bzw. Turiya. Suchende haben Ramana Maharshi oft geklagt: »Mein gewöhnliches Selbst ist so begrenzt. Ich sehne mich danach, das höchste Selbst zu erfahren.« Ramana antwortete immer mit einer Frage: »Sind da wirklich zwei Selbst? Ist das Bewußtsein zwei?« Das gewöhnliche Bewußtsein ist nichts anderes als höchstes Bewußtsein. Das gewöhnliche »Ist« ist das höchste »Ist«. Ein »Ist« ist alles, was ist. Eine solche Behauptung ist jedoch ohne die von einem erleuchteten Menschen wie Vivekananda oder Ramana Maharshi gelieferte tiefe Inspiration schwer zu verinnerlichen.

Wenn wir die drei Bewußtseinszustände nicht voll gelebt und geliebt haben, können wir zudem die überwältigende Heftigkeit und Kraft der erleuchteten Behauptung, daß alle Bewußtseinszustände bereits Turiya sind, nicht schätzen. Wir müssen erst alle möglichen Erfahrungen und Bewußtseinszustände durchleben oder intuitiv erforschen. Die Philosophie des Mahayana und des Vedanta bezeichnen unsere Wanderung durch die unendliche Vielzahl der Erfahrungen als anfanglose Maya. Die riesige Fata Morgana der Erfahrung zeigt sich seit einer Ewigkeit, und deshalb haben wir in diesem Leben bereits jede Erfahrung erlebt, wenn wir uns mit dem Bewußtsein aller Geschöpfe identifizieren und uns nicht als begrenzte Individuen abtrennen. Daher ist das Verständnis von Turiya immer hier und jetzt zugänglich, auch wenn das Heraufdämmern dieses Verständnisses voraussetzt, daß man alle möglichen Erfahrungen abgeschlossen hat.

Wir haben also alle Erfahrungen durchlebt und wären bewußt erleuchtet, wenn wir nicht ständig unsere eigene intrinsische Erleuchtung unterdrückten. Ein Kind, das schwimmen lernt, unterdrückt unwillkürlich das Gefühl seiner eigenen Schwimmfähigkeit. Das Erwachen zu Turiya gleicht dem Schwimmenlernen: Wir müssen lernen, wie wir unserer Schwimmfähigkeit nachgeben können, ohne sie durch hektische Anstrengungen, über Wasser zu bleiben, zu stören. Wir müssen lernen, vollkommen zufrieden im urinnersten Gewahrsein zu treiben und Erfahrungen weder abzulehnen noch zu suchen.

Das Bewußtsein hat sich immer gezeigt, um durch die Zustände des Wachens, Träumens und traumlosen Schlafs zu reisen – auf diesem Planeten, auf Planeten in anderen Galaxien, in Zivilisationen, die jetzt in Blüte stehen, und in anderen, die schon seit Äonen verschwunden sind. Sie alle sind ihrem Wesen nach unsere eigenen Erfahrungen. Der Zen-Meister Bassui schreibt: »Der Laie Ho fragte Baso: ›Was geht über alle Dinge im Universum hinaus?‹ Baso antwortete: ›Ich werde es dir sagen, wenn du das ganze Wasser des westlichen Flusses in einem Schluck heruntergespült hast.‹ Als Ho dies hörte, wurde er tief erleuchtet.« Der Zen-Meister fährt fort: »Wie schluckst du das ganze Wasser des westlichen Flusses auf einmal? Wenn du den Geist des Ganzen erfaßt, kannst du zehntausend Koans gleichzeitig bearbeiten und erkennen, daß das Gehen auf dem Wasser wie das Gehen auf dem Boden ist und das Gehen auf dem Boden wie das Gehen auf dem Wasser.« Das Wasser des ganzen westlichen Flusses zu schlucken bedeutet vielleicht das Wissen, daß alle Erfahrungen der zahllosen vergangenen, gegenwärtigen und zukünftigen Zivilisationen in allen Galaxien unsere eigene innere Erfahrung, unser eigenes urinnerstes Gewahrsein sind. Wir schlucken alles auf einmal. Wie können wir durstig sein?

Die vier Dimensionen der Kontemplation und ihre Verbindung zu den drei Zuständen und Turiya wurden mir zuerst durch eine intensive Meditationserfahrung nahegebracht, die sich zu Beginn meines Übens ereignete und sich vollständiger ungefähr fünf Jahre später wiederholte. Es erscheint angebracht, von unserer philosophischen Meditation über Turiya zu den spontanen Bildern der spirituellen Erfahrung zurückzukehren, auf der sie beruht. Ohne Grundlage in der persönlichen Erfahrung können kontemplative Wahrheiten ausgesprochen werden, ohne verstanden zu sein.

Zu meiner speziellen Praxis gehörte die Visualisierung der höchsten Realität in der strahlenden Form eines erleuchteten Weisen, der in Meditation sitzt. Ich wurde gelehrt, zunächst eine Flamme in meinem Herzen zu visualisieren und mir dann vorzustellen, daß mein Ishta-Deva, ein göttlich erleuchtetes menschliches Wesen, in dieser Flamme saß. Die Kontemplation beginnt also mit einer Anstrengung der Vorstellungskraft. Nachdem ich dies einige Monate geübt hatte, geschah die Transformation, in der das Bemühen, mir etwas vorzustellen, zumindest zeitweise durch die offenbarende Kraft des Ishta-Deva ersetzt wurde. Während ich versuchte, vor einem schwarzen Hintergrund eine Flamme zu visualisieren, erschien plötzlich tatsächlich ein goldenes Licht, das von meinen Konzentrationsbemühungen ziemlich unabhängig war. Das Licht war keine Flamme, sondern eine wie eine Flamme geformte Tür zu einem flammenfarbigen Reich. Das Schwarze war einfach eine Mauer zwischen den Dimensionen. Spontan näherte ich mich dieser offenen Tür und erkannte in dem goldenen Reich meinen Ishta-Deva; sein Körper hatte dieselbe Farbe wie das umgebende Licht. Als ich über die Schwelle ging, erschien auch mein eigener Körper als goldenes Strahlen. Mich noch einmal umwendend, bemerkte ich eine kleine schwarze Flamme: die Tür, durch die ich gekommen war. Ich saß vor dem Ishta-Deva, der mich leitenden Gottheit, und fühlte starke Verehrung, die allmählich zu herzlicher Vertrautheit wurde. Dann bemerkte ich im Herzen des Ishta-

Deva eine weiße Flamme und spürte sofort, daß dies eine weitere Tür war. Als ich über diese zweite Schwelle in ein glänzendweißes Reich trat, entdeckte ich den Ishta-Deva, der auch dort saß. Der Körper des erleuchteten Wesens und mein eigener glänzten wie Schnee im Sonnenlicht. Es gab keine persönliche Beziehung mehr, sondern ein Gefühl der Einheit. Unsere beiden Abbilder schienen fast mit dem weißen Strahlen zu verschmelzen, das eher unermeßlich als vertraut war. Intuitiv sah ich zum Herzen des Ishta-Deva und erkannte dort eine farblose bzw. transparente Flammentür. Als ich über diese Schwelle in ein transparentes Reich ging, erschienen keine Formen. Es gab nichts als reine Transparenz und das universelle Gewahrsein, das diese Transparenz bezeugt.
Als die kontemplative Stimmung allmählich aufhörte, blieb mir die innere Sicherheit, daß höher umfassendere spirituelle Dimensionen existieren und erfahren werden können. Obwohl diese dramatische Vision sich nicht wiederholte, verwandelte meine kontemplative Praxis sich subtil von aktiver Imagination zu einer ruhigen Rezeptivität, die auf die Offenbarung wartet.
Fünf Jahre später, an einem Dienstagabend, saß ich mit meinem Lehrer, Swami Nikhilananda, in seinem Arbeitszimmer. Unerwartet öffnete sich die vierte Dimension der Kontemplation, Turiya. Ich hatte die erste Erfahrung jahrelang nicht bewußt herbeigerufen. Spontan und sehr lebendig kam das goldene Reich zu mir zurück, dann das weiße Reich, dann das transparente. Die Einsicht dämmerte, daß auch dieses transparente Reich eine Tür haben müsse. Es gibt keine visuelle Metapher, die eine rein transparente Tür darstellen könnte, aber ich wußte, daß sie da war. Als ich über die letzte Schwelle ging, verschwand der transzendente Zeuge genauso, wie vorher beim Betreten des transparenten Reichs meine persönliche Identität verschwunden war. Plötzlich erschienen die drei

Reiche – das goldene, das weiße und das transparente – gleichzeitig, ohne sich zu behindern; sie tauchten auseinander auf und verschwanden ineinander. Alle Reiche waren dieselbe Reichlosigkeit. Sogar die Alltagswelt erschien ohne Bruch und hatte an dieser vierten Ebene der Kontemplation teil: Swami Nikhilananda saß in seinem Lehnstuhl, rauchte eine indische Zigarette und las ruhig die *New York Times.* Es gibt nur Turiya.